はじめてのつり道具は、2000円で揃えました！

超かんたん！
家族・親子つり入門

上田 歩 著

はじめに

思《おも》い起《お》こせば、たった一日《いちにち》の釣行《ちょうこう》からぼく自身《じしん》の釣《つ》りははじまった。
少年《しょうねん》だったあの日《ひ》、釣《つ》りを終《お》えて川原《かわら》に上《あ》がったぼくを大人《おとな》たちは取《と》り囲《かこ》み、
魚籠《びく》をのぞき込《こ》みながら「ウキ下《した》は？」、「ハリは何号《なんごう》？」、「エサは？」と、
こぞって聞《き》かれているときのそれまでに経験《けいけん》したことのなかった
高揚感《こうようかん》と意気揚々《いきようよう》とした気持《きも》ち。
少年《しょうねん》のくせにぼくは恥《は》ずかしいほど鼻《はな》を高《たか》くしていたに違《ちが》いない。

あれから何十年《なんじゅうねん》かが過《す》ぎ、何百《なんびゃく》という魚《さかな》を釣《つ》ってきた
今《いま》でも、“ジ――ッ”とリールが悲鳴《ひめい》を上《あ》げ、サオが弧《こ》を描《えが》くときの
褪《あ》せない興奮《こうふん》に、「自分《じぶん》の心《こころ》は子《こ》どものころから大《たい》して成長《せいちょう》していない」と、改《あらた》めて実感《じっかん》する。

釣《つ》りの楽《たの》しさやおもしろさを伝《つた》えることは、相手《あいて》が初心者《しょしんしゃ》であればあるほど
容易《ようい》なことではないだろう。しかし、自身《じしん》の経験《けいけん》を頼《たよ》りにするなら、
子《こ》どもは、大人《おとな》が意外《いがい》にも無邪気《むじゃき》であることを知《し》り、大人《おとな》は子《こ》どもの
意外性《いがいせい》や成長《せいちょう》を見《み》て取《と》れるという一面《いちめん》が釣《つ》りには存在《そんざい》する。
もしも、自然《しぜん》を相手《あいて》に釣《つ》りというそんな遊《あそ》びの世界《せかい》を親子《おやこ》や家族《かぞく》で共有《きょうゆう》できるとしたら、
とても素晴《すば》らしいことではないだろうか。

上田《うえだ》　歩《あゆむ》

CONTENTS《コンテンツ》 —もくじ—

はじめてのつり道具《どうぐ》は、2000円《えん》で揃《そろ》えました! **超《ちょう》かんたん! 家族《かぞく》・親子《おやこ》 つり入門《にゅうもん》**

CONTENTS《コンテンツ》 —もくじ—

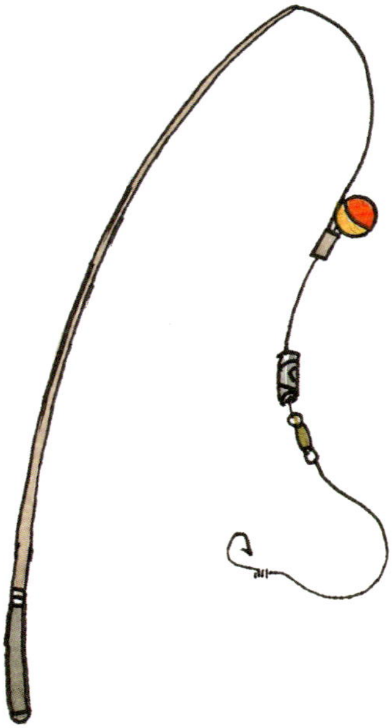

PART 2

PART 3

いろいろな魚《さかな》を釣《つ》っちゃおう!

PART 4

いろいろな魚《さかな》を釣《つ》っちゃおう!

CONTENTS《コンテンツ》 －もくじ－

PART 5

PART 6

PART 1

ようこそ、釣りの世界へ

釣《つ》りのおもしろさって何《なに》?

実《じつ》はシンプルでかんたんな質問《しつもん》だけに、その答《こた》えには奥深《おくふか》いものが…

釣《つ》りとは、子《こ》どもから大人《おとな》、老若男女《ろうにゃくなんにょ》が、自然《しぜん》を相手《あいて》に、しかもみんながいっしょになって楽《たの》しむことができる**数少《かずすく》ない"かんたん"な遊《あそ》び**です。
決《けっ》してテレビゲームを否定《ひてい》するわけじゃありませんが、せっかく**家族《かぞく》そろっての休日《きゅうじつ》、**サオを片手《かたて》にぶらりと出《で》かけて、画面《がめん》!? ではなく、魚相手《さかなあいて》に遊《あそ》んでみませんか。

たとえ小《ちい》さくても食《た》べられる魚《さかな》を釣《つ》るのって楽《たの》しいし、自然《しぜん》からの恵《めぐ》みはやっぱりうれしい

別《べつ》に目的《もくてき》の魚《さかな》でなくてもいい。
釣《つ》れればそれだけで、
みんながこーんなに楽《たの》しくなれる

大物《おおもの》がかかると一同騒然《いちどうそうぜん》！
さらに釣《つ》り上《あ》げることができれば、
いちやくヒーローになれる

日本《にほん》はお魚《さかな》アイランド！

実《じつ》は釣《つ》って楽《たの》しい魚《さかな》たちは、私《わたし》たちの身近《みぢか》にこ～んなにもたくさんいるのです。

日《に》本《ほん》は四季折々《しきおりおり》おだやかな気候《きこう》に恵《めぐ》まれて四方《しほう》を海《うみ》に囲《かこ》まれています。
陸《りく》には河川《かせん》や湖《みずうみ》なども多《おお》いので、さまざまな種類《しゅるい》の魚《さかな》が生息《せいそく》しています。
釣《つ》りというとあれこれと準備《じゅんび》をして、わざわざ出《で》かけるイメージがありますが…。
しかし、魚《さかな》は私《わたし》たちの身近《みぢか》にいるのです。
だから、あれこれむずかしく考《かんが》えず、出《で》かけた『ついで』にでも
気軽《きがる》に釣《つ》りを始《はじ》めてみませんか。

例《たと》えば、海水浴《かいすいよく》に出《で》かけたとき

釣《つ》り好《ず》きの人《ひと》からすれば、海水浴《かいすいよく》だけして帰《かえ》るなんて
もったいない話《はなし》です。
帰《かえ》る時間《じかん》をちょっと遅《おく》らすだけで、絶好《ぜっこう》の釣《つ》りタイムが
待《ま》っているのです。

せっかく海《うみ》へ来《き》たのに釣《つ》りをしないのはもったいないよー
何《なに》が釣《つ》れるのかしら？
釣《つ》りザオを持《も》ってくればよかったよ…

■例《たと》えば、いつもの通勤《つうきん》コースに

もしも通勤電車《つうきんでんしゃ》が川《かわ》の上《うえ》を走《はし》っているなら、せっかくの楽《たの》しい時間《じかん》を見過《みす》ごしていたといっても過言《かごん》ではありません。

なぜなら橋脚《きょうきゃく》の下《した》は、いろいろな種類《しゅるい》の大物《おおもの》たちが潜《ひそ》んでいるからです。

あれっ? あんな所《ところ》で釣《つ》りをしているぞ。何《なに》が釣《つ》れるのかな

釣《つ》りをしているよ。やりたかったなぁ
よぉし! 今度《こんど》は釣《つ》りザオを持《も》ってこよう
管理《かんり》つり場《ば》
すぐそこ!

■例《たと》えば、ハイキングコースの近《ちか》くには

自然《しぜん》を満喫《まんきつ》できるハイキングは、昔《むかし》も今《いま》も変《か》わらぬ人気《にんき》があります。

歩《ある》いているときに清流《せいりゅう》のせせらぎが聞《き》こえたら、足《あし》を止《と》めてみてください。

こんな施設《しせつ》があったりするのです。

釣《つ》り道具《どうぐ》ってめんどう!?

ちょっとむずかしい釣《つ》り道具《どうぐ》の選《えら》び方《かた》。
しかし、魚《さかな》はとてもシンプルな道具《どうぐ》だけで釣《つ》れちゃうのです。

どんな趣味《しゅみ》でも興味《きょうみ》をもてば道具選《どうぐえら》びも楽《たの》しいはずですが、「とりあえずどんなものか一度《いちど》やってみようかな？」と、思《おも》っている人《ひと》には、釣《つ》りの道具選《どうぐえら》びはちょっとした悩《なや》みのタネになってしまうかもしれません。
でも、心配無用《しんぱいむよう》なのです。
そもそも釣《つ》りはとてもリーズナブルな遊《あそ》びで、
必要最低限《ひつようさいていげん》の道具《どうぐ》さえあれば十分楽《じゅうぶんたの》しめるものなのです。

■道具《どうぐ》をたくさん用意《ようい》するのはいいけれど…

よく目《め》にするのがたくさんの道具《どうぐ》を持参《じさん》して釣《つ》っている人《ひと》です。
刻一刻《こくいっこく》と変化《へんか》する状況《じょうきょう》を考《かんが》えてのことなのですが、
これでは魚《さかな》に笑《わら》われてしまいます。

■これだけあれば魚《さかな》は釣《つ》れます

釣《つ》りには“六物《ろくぶつ》”といって、サオとイト、ウキ、オモリ、ハリ、そしてエサさえ用意《ようい》すれば基本的《きほんてき》に釣《つ》りは十分楽《じゅうぶんたの》しめます。

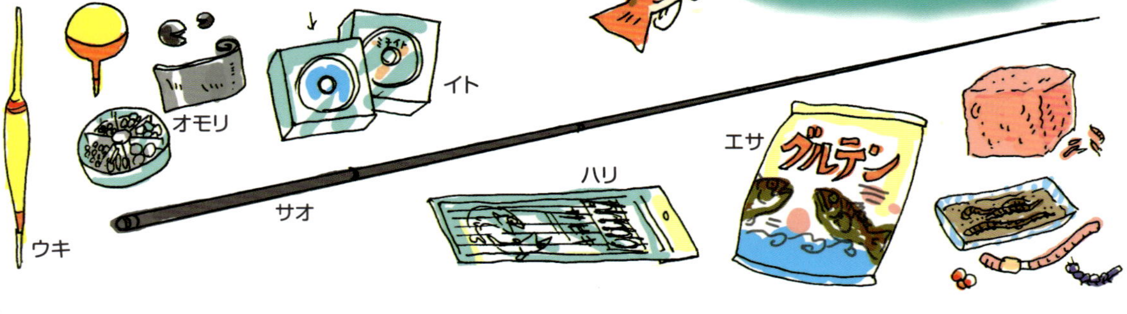

釣具店《つりぐてん》とは、こんなところ!!

初心者《しょしんしゃ》にはちょっと敷居《しきい》が高《たか》いかも。 でも、 安心《あんしん》して来店《らいてん》しよう。

釣《つり》具店《ぐてん》には、道具《どうぐ》のすべてはもちろんのこと、
釣《つ》りのウエアから活《い》きのよい釣《つ》りエサまで何《なん》でもあります。
ただし、たくさんの物《もの》にあふれていることは初心者《しょしんしゃ》にとってハードルです。
でも、心配無用《しんぱいむよう》！　釣具店《つりぐてん》は釣《つ》り人《びと》にとってはいこいの場《ば》。
釣《つ》り好《ず》きに悪《わる》い人《ひと》などいませんから、**超初心者《ちょうしょしんしゃ》でも気兼《きが》ねなく買《か》い物《もの》ができるコツ**を教《おし》えましょう。

SALE
SALE
ビギナー!
店長オススメ!
←一般《いっぱん》に初心者用《しょしんしゃよう》の釣《つ》りザオはこんな感《かん》じで売《う》られている。

何《なに》も決《き》めていないと、棚《たな》が迫《せま》ってくる。
そう、まるでこんな感《かん》じ。

現在《げんざい》、釣《つ》り人口《じんこう》の裾野《すその》を広《ひろ》げることをメーカーや釣具店《つりぐてん》は第《だい》1に考《かんが》えています。つまり、釣《つ》りのベテランよりも、むしろみなさんのような超初心者《ちょうしょしんしゃ》の方《かた》が大歓迎《だいかんげい》なことを、ぜひ、知《し》っておいてください。

●まずは、こんなお得《とく》な釣《つ》り具《ぐ》から始《はじ》めるのもひとつの作戦《さくせん》

超初心者《ちょうしょしんしゃ》の親子《おやこ》や、どこか遊《あそ》びに行《い》ったついでに釣《つ》りがしてみたい家族連《かぞくづ》れなどにオススメなのが、このパックセット。エサ以外《いがい》の“六物《ろくぶつ》”がいっしょになっているため、選《えら》ぶ手間《てま》がはぶけるだけでなく、2000円前後《えんぜんご》とてもリーズナブル。

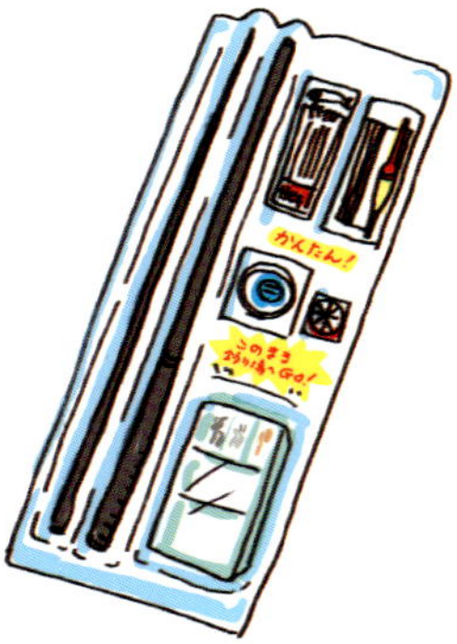

川《かわ》の中《ちゅう》・小物釣《こものつ》りや海《うみ》の小物釣《こものつ》り用《よう》

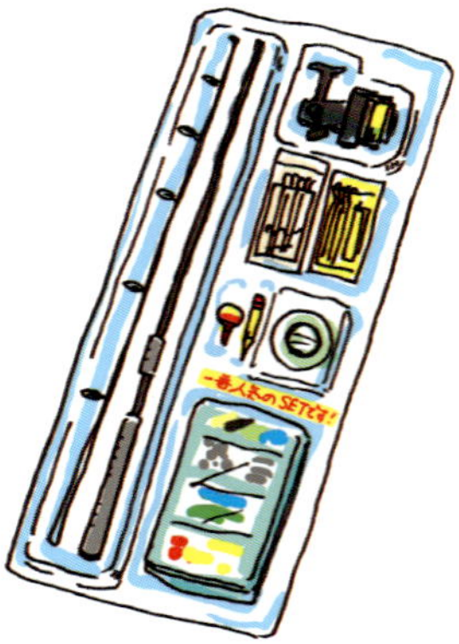

海《うみ》のちょい投《な》げ釣《づ》り用《よう》。コイの投《な》げ込《こ》み釣《づ》りなどにも使《つか》える

釣《つ》りに興味《きょうみ》はあるけれど、実際《じっさい》、ハマるかどうかまだわからない人《ひと》向《む》きでもあるよ

●気負《きお》ったりせず、店員《てんいん》さんにざっくばらんにあれこれ聞《き》いちゃおう

釣《つ》りのベテランでもある店員《てんいん》さんからすれば、初心者《しょしんしゃ》かどうかは一目瞭然《いちもくりょうぜん》です。それこそ遊《あそ》びに行《い》く場所《ばしょ》からでも、最高《さいこう》に楽《たの》しい釣《つ》りを導《みちび》いてくれるので、あれこれと質問《しつもん》してみましょう。

決《けっ》して無理《むり》な買《か》い物《もの》など絶対《ぜったい》にさせません。

○○海岸《かいがん》に潮干狩《しおひが》りですかぁ……フムフム、近《ちか》くに○○釣《づ》り公園《こうえん》があって、今《いま》ならアジが初心者《しょしんしゃ》でもたくさん釣《つ》れますよ!
STAFF

ちなみに

TSURI SHOP STAFF

棚《たな》にある物《もの》については、店員《てんいん》さんに聞《き》いて用意《ようい》してもらいましょう。

余計《よけい》な物《もの》を買《か》わないためにも、店員《てんいん》さんに一切合財《いっさいがっさい》をまかしてしまおう。

初心者《しょしんしゃ》に超《ちょう》オススメなかんたんに釣《つ》れる3つのフィールド

たとえ基本《きほん》の道具《どうぐ》がわかったとしても、まだまだ不安《ふあん》に思《おも》う初心者《しょしんしゃ》の人《ひと》はいることでしょう。
そんな人《ひと》のためにとても良《よ》い方法《ほうほう》があります。
それは最初《さいしょ》に釣《つ》りたいフィールドを決《き》めてしまうといった方法《ほうほう》です。
これによって目的《もくてき》はより明確《めいかく》になり、釣法《ちょうほう》も限定《げんてい》されるためによけいな道具《どうぐ》を買《か》ってしまうというミスもなくなります。

この本《ほん》はチャート方式《ほうしき》に内容《ないよう》を追《お》うことができるよ。
チャートマーク チャート を見《み》つけて、そのページに進《すす》めば、必要《ひつよう》な情報《じょうほう》だけをキャッチできて、違《ちが》った楽《たの》しみ方《かた》もできるよ!

①防波堤《ぼうはてい》&海釣《うみづ》り公園《こうえん》

比較的安全《ひかくてきあんぜん》な場所《ばしょ》で楽《たの》しんで釣《つ》りができ、なおかつ釣《つ》った魚《さかな》を後《あと》で料理《りょうり》して食《た》べたい人《ひと》はココ。

チャート 16ページへGo!

②川《かわ》での中《ちゅう》・小物釣《こものつ》り

身近《みぢか》な川《かわ》でのんびり釣《つ》りをしたい人《ひと》。
またはウキ釣《つ》りをマスターするにはもってこいのフィールド。

チャート 18ページへGo!

③管理釣《かんりつ》り場《ば》

釣《つ》った魚《さかな》をその場《ば》で野外《やがい》料《りょう》理《り》をしたり、ディキャンプを楽《たの》しみたい人《ひと》にはぜひオススメのフィールド。

チャート 20ページへGo!

これがボクのオススメな3つのフィールドだよ。どの場所《ばしょ》もそれぞれに違《ちが》った楽《たの》しさがいっぱいで、何《なに》よりも初心者《しょしんしゃ》向《む》きだから安心《あんしん》! さあ、決《き》まったら、最初《さいしょ》の一歩《いっぽ》を踏《ふ》み出《だ》そう。

防波堤《ぼうはてい》&海釣《うみづ》り公園《こうえん》

港《みなと》と船《ふね》を守《まも》るために造《つく》られた人工物《じんこうぶつ》。しかし侮《あなど》るなかれ。そこは魚《さかな》のパラダイス。

防《ぼう》波堤《はてい》には季節《きせつ》を問《と》わずいろいろな魚《さかな》がいます。ですから、いつもそこは老若男女《ろうにゃくなんにょ》、ビギナーからエキスパートの釣《つ》り人《びと》でにぎわう人気《にんき》のフィールドです。おまけに日本各地《にほんかくち》の湾《わん》に点在《てんざい》していので、そんなに遠出《とうで》しなくてよいのも魅力《みりょく》のひとつといえます。

沖《おき》の防《ぼう》波《は》堤《てい》は渡《と》船《せん》で渡《わた》る、エキスパート向《む》きの釣《つ》り場《ば》。
サビキ釣《づ》りにウキ釣《づ》りと、各々《おのおの》、自分《じぶん》のやりたい釣《つ》りを存分《ぞんぶん》に楽《たの》しめるのが防《ぼう》波《は》堤《てい》のよいところ。

初心者《しょしんしゃ》のみなさんにまずチャレンジしてほしい釣《つ》りは、アジやサバなどのサビキ釣《づ》りやウキ釣《づ》り、ハゼ釣《づ》りなどです。

チャート 25ページへGo!

サバ
イワシ
アジ
シロギス
ハゼ

防波堤《ぼうはてい》の先端部《せんたんぶ》は好《こう》ポイントだけに人《ひと》がよく集《あつ》まるよ。
ルアーフィッシングに挑戦《ちょうせん》だ!
あそこに魚《さかな》いるだワン
お父《とう》さんの晩酌《ばんしゃく》のためにがんばるよ
サヨリ
ウミタナゴ
メジナ
カレイ
イイダコ

川《かわ》での中《ちゅう》・小物《こもの》釣《づ》り

郊外《こうがい》の河川《かせん》でゆったりとした時間《じかん》のなかで、のんびり釣《つ》りを楽《たの》しみましょう。

現《げん》在《ざい》、日本《にほん》の河川《かせん》には約《やく》 300 種《しゅ》の淡水魚《たんすいぎょ》が生息《せいそく》していて、
その多《おお》くは釣《つ》りの対象魚《たいしょうぎょ》になっています。
そしてほんの一部《いちぶ》を除《のぞ》いて、たいていはとてもシンプルな道具《どうぐ》で
釣《つ》れるので、「百聞《ひゃくぶん》は一見《いっけん》にしかず」。
釣《つ》りザオを片手《かたて》に出向《でむ》けば、きっと釣《つ》りの楽《たの》しさを魚《さかな》が教《おし》えてくれます。

チャート 26ページへGo!

■本流《ほんりゅう》からの流《なが》れ出《だ》し付近《ふきん》

田《た》んぼへの用水《ようすい》路《ろ》も、時期《じき》によっては好《こう》ポイントになる。
小物《こもの》、小物《こもの》と言《い》うなかれ。数《かず》が釣《つ》れるから楽《たの》しいよ。
ときにはコイも釣《つ》れるから油断《ゆだん》はできない本流《ほんりゅう》の釣《つ》り。
モツゴ
フナ
コイ
テナガエビ
ウナギ

河川《かせん》の上《じょう》・中流域《ちゅうりゅういき》

オイカワ
カジカ
ナマズ
コイ
ウグイ
ウナギ
このエリアは魚《ぎょ》種《しゅ》も豊富《ほうふ》だから、様々《さまざま》な釣《つ》り方《かた》を楽《たの》しめるよ。

湖《みずうみ》や池《いけ》・沼《ぬま》などの岸辺《きしべ》

ワカサギ
ウナギ
ニジマス
ブルーギル
コイ
岬《みさき》周《まわ》りは絶対《ぜったい》に外《はず》せない湖《みずうみ》の好《こう》ポイント。忘《わす》れずに覚《おぼ》えておこう。
船付《ふなつ》き場《ば》は好《こう》ポイントだけど、ルールはちゃんと守《まも》って釣《つ》りをしよう。
ワンドにも魚《さかな》は集《あつ》まってくるよ。

管理《かんり》釣《つ》り場《ば》

近《ちか》くに良《よ》い釣《つ》り場《ば》がなければ、迷《まよ》わず管理《かんり》釣《つ》り場《ば》へゴー。

昔《むかし》だったら入場料《にゅうじょうりょう》を支払《しはら》って釣《つ》りをするなんて
邪道《じゃどう》といわれた時代《じだい》もどこへやら。
今《いま》や管理《かんり》釣《つ》り場《ば》は日本《にほん》の釣《つ》り人《びと》たちにはなくてはならないフィールドです。
その人気《にんき》の秘密《ひみつ》とは何《なに》か？
魚《さかな》がたくさんいることはもちろんのこと、
アウトドアを満喫《まんきつ》できる施設《しせつ》の充実《じゅうじつ》さにあります。

ルアーフィッシング
エリア
ニジマス
パチリ
管理《かんり》釣《つ》り場《ば》でも
大物《おおもの》が釣《つ》れたら
うれしいね。

イワナ
フライフィッシングエリア
トイレも完備《かんび》
W・C
貸切《かしきり》エリア
必《かなら》ず受付《うけつけ》を済《す》ませて、料金《りょうきん》を払《はら》おう。
ヤマメ
家族《かぞく》みんなで協力《きょうりょく》しあって楽《たの》しいアウトドア料理《りょうり》。
管理釣《かんりつ》り場《ば》には、
それこそいろいろなタイプの釣《つ》り人《びと》がいます。
ルアーフィッシングを楽《たの》しむ人《ひと》。むずかしいフライフィッシングをマスターしようとする人《ひと》。もちろん、**魚《さかな》はたくさんいる**から、**初心者《しょしんしゃ》もワクワクドキドキ**して楽《たの》しめることまちがいなし。

チャート 27ページへGo!

昔《むかし》とはこんなにも変《か》わった、かんたん・便利《べんり》な釣《つ》り!!

初心者《しょしんしゃ》は思《おも》いっきり手《て》をぬいて釣《つ》る。これがボクの独断的主張《どくだんてきしゅちょう》。
なぜならむずかしいことは置《お》いといて、早《はや》く1匹《ぴき》の魚《さかな》を釣《つ》ってほしいからね。

初《しょ》心者《しんしゃ》にとってやっかいなのが、
仕《し》かけの作《つく》り方《かた》とあの不気味《ぶきみ》で気持《きも》ちの悪《わる》いエサの存在《そんざい》だろう。
魚《さかな》を釣《つ》ろうにも、この段階《だんかい》でギブアップしてしまった人《ひと》も多《おお》い。
しかし今《いま》は昔《むかし》と違《ちが》ってとても便利《べんり》なものがあり、
それを使《つか》わなきゃ損《そん》です。いくつか紹介《しょうかい》しましょう。

●仕《し》かけについて

コショコショ
うわーー
ジーーッ

これまでの入門書《にゅうもんしょ》には、早《はや》い段階《だんかい》で仕《し》かけの作《つく》り方《かた》（イトの結《むす》び方《かた》）が解説《かいせつ》されていました。確《たし》かにそれは重要《じゅうよう》なことですが、同時《どうじ》にあの細《ほそ》く透明《とうめい》な釣《つ》りイトを結《むす》ぶことは初心者《しょしんしゃ》には困難《こんなん》なことも事実《じじつ》。

やっぱり。
ダメだぁ
いや〜
むずかしい

最初《さいしょ》はこのような完成《かんせい》されている仕《し》かけを使《つか》えば、ラクに始《はじ》められるよ。もちろん、仕《し》かけ作《つく》りは大切《たいせつ》だし、それを1からトライしてみたいという人《ひと》は、
チャート 28ページへGo!

そこで
ジャーン
ウキ釣り
かんたん!
かんたん
サビキ釣り
しかけ

サオ先《さき》に
取《と》り付《つ》ければ
オッケーよ。

完成《かんせい》されている仕《し》かけ。それぞれ対象魚《たいしょうぎょ》に合《あ》わせた物《もの》があって、種類《しゅるい》も充実《じゅうじつ》している。

●生《い》きエサについて

ミミズやゴカイといったエサについては「慣《な》れるしかない」、としか言《い》いようがありません。ゴニョゴニョと動《うご》くし、ヌルヌルしていて、おまけに若干《じゃっかん》の臭《にお》いもあります。男性《だんせい》でも苦手《にがて》な人《ひと》がいるのだから、女性《じょせい》が感覚的《かんかくてき》に受《う》け付《つ》けないのも当然《とうぜん》でしょう。

しかしだからといって、あきらめる必要《ひつよう》はありません。そんな人《ひと》たちのために、今《いま》では便利《べんり》なものがあります。

人工《じんこう》エサを使《つか》う

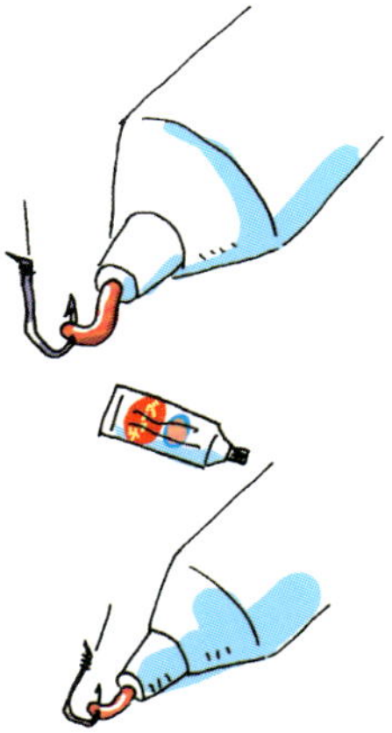

バイオワームは、ミミズやゴカイに似《に》せてハリに刺《さ》し、他《ほか》はそのままハリに付《つ》けるだけのかんたんなエサ。

生《い》きているエサに比《くら》べると人工《じんこう》の物《もの》はどうしても分《ぶ》が悪《わる》い。最初《さいしょ》は無理《むり》でも少《すこ》しずつ慣《な》れていきたいよね。

石粉《いしこ》を使《つか》う

この粉《こな》を使《つか》うと、あのヌメヌメが少《すく》なくなって触《さわ》りやすく、エサ付《つ》けもスピーディに行《おこな》えるので活用《かつよう》しよう。

釣《つ》りの奥行《おくい》きと幅《はば》を広《ひろ》げる道具《どうぐ》たち

ここまでは必要最低限《ひつようさいていげん》の道具《どうぐ》について解説《かいせつ》してきましたが、それ以外《いがい》の道具《どうぐ》もそろえると、さらに充実《じゅうじつ》した楽《たの》しい釣《つ》りが待《ま》っています。

釣《つ》りには“六物《ろくぶつ》”以外《いがい》にまだまだたくさんの道具《どうぐ》があります。
その内容《ないよう》は、必需品《ひつじゅひん》からちょっとしたぜいたく品《ひん》までで、
すべては釣《つ》りを快適《かいてき》にするための道具《どうぐ》たちです。
25～27ページには、それぞれのフィールドに合《あ》ったものを集《あつ》めてみました。

●例《たと》えば、釣《つ》りとは直接関係《ちょくせつかんけい》のないクーラーでも……

とてもシンプルな装備《そうび》のファミリー
釣《つ》り具《ぐ》だけ
コンビニの袋《ふくろ》
シンプルなのはいいことだけど、何《なに》か忘《わす》れているような…

わーい わーい
いっぱい釣《つ》れたよ

やってしまった
どうやって、この魚《さかな》を自宅《じたく》まで持《も》って帰《かえ》るの？しかも鮮度《せんど》を保《たも》って？

クーラーを持《も》っていなかったばかりに残念《ざんねん》な結果《けっか》になってしまった家族《かぞく》

決《けっ》してすべてが必要《ひつよう》というわけではありません。右《みぎ》ページを参考《さんこう》にして、**経験《けいけん》に合《あ》わせて**少《すこ》しずつそろえていくのがベストでしょう。

道具名《どうぐめい》についている魚《さかな》マークは、必携《ひっけい》のアイテム、あると便利《べんり》なもの、できれば用意《ようい》したいものを表《あらわ》しているよ。

防波堤《ぼうはてい》&海釣《うみづ》り公園《こうえん》の基本《きほん》スタイルと道具《どうぐ》

服装《ふくそう》はとりあえず
持《も》っているもので OK。
これは夏《なつ》スタイル。

子どもは必《かなら》ず
ライフジャケットを
着《つ》けよう。

レインジャケット

雨《あめ》だけでなく
防寒着《ぼうかんぎ》にもなる。

ライフジャケット

あくまでも自己責任《じこせきにん》で
用意《ようい》しよう（場所《ばしょ》によっ
ては着用《ちゃくよう》が義務付《ぎむづ》けら
れている。）

ウキ

コマセカゴ

イト

オモリ

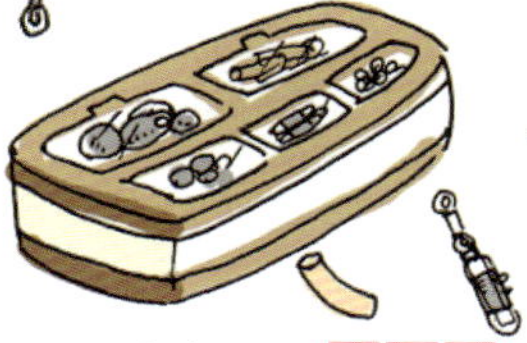

ユニットケース

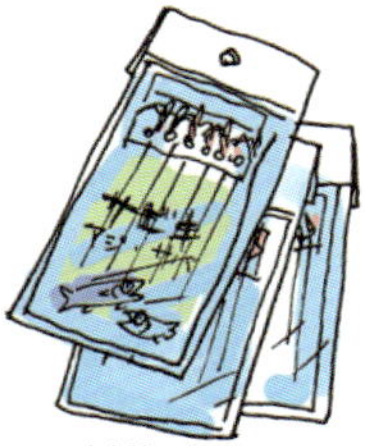

完成仕《かんせいし》かけ

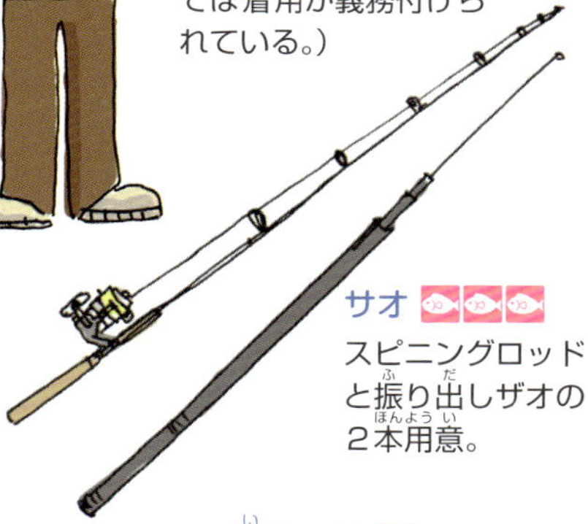

サオ

スピニングロッド
と振《ふ》り出《だ》しザオの
２本用意《ほんようい》。

長靴《ながぐつ》

できればスベリ止《ど》め
タイプを用意《ようい》。

ハサミ

イトを切《き》る以外《いがい》にも
いろいろな用途《ようと》がある。

メゴチバサミ

さわると危険《きけん》な魚《さかな》が
釣《つ》れたときに使《つか》う。

**ロープ付《つ》き
水《みず》くみバケツ**

とても便利《べんり》で必要《ひつよう》な
アイテム。

活《い》きエサ

対象魚《たいしょうぎょ》によっては
必要《ひつよう》な場合《ばあい》がある。

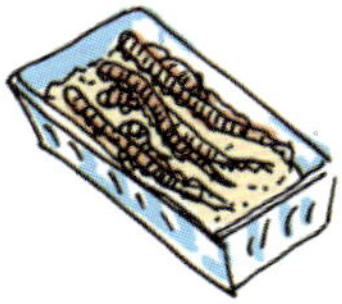

コマセ

冷凍《れいとう》のアミエビ。
現地《げんち》で解凍《かいとう》して使《つか》う。

釣《つ》り用《よう》プライヤー

ハリを外《はず》すときや
オモリのセットに使《つか》う。

ハリ外《はず》し

魚 専用《さかなせんよう》のハリを外《はず》す道具《どうぐ》。

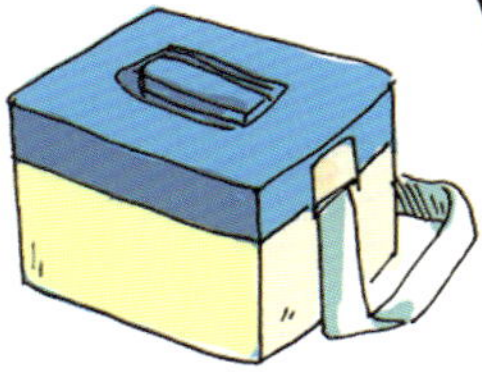

クーラーボックス

行《い》きは飲《の》み物《もの》や食《や》べ物《もの》を、
帰《かえ》りは釣《つ》った魚《さかな》を持《も》ち帰《かえ》る。
サイズは 12ℓ《リットル》 がオススメ。

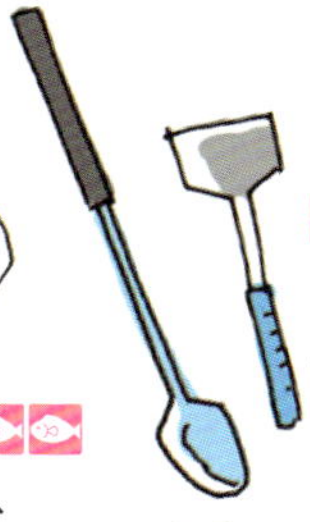

コマセカッター

コマセを混《ま》ぜる
ときに使《つか》う。

ヒシャク

コマセを巻《ま》くのに必要《ひつよう》。

コマセバケツ

トリックサビキ用《よう》
タイプもある。

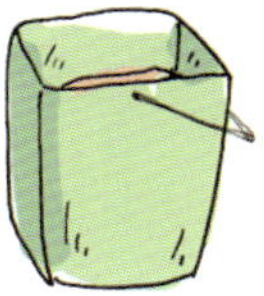

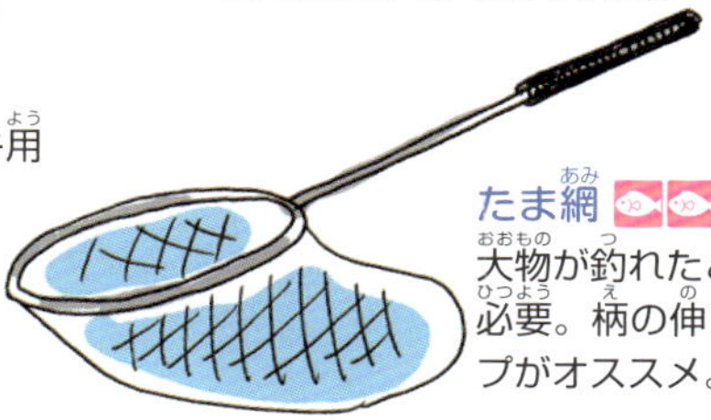

たま網《あみ》

大物《おおもの》が釣《つ》れたときには
必要《ひつよう》。柄《え》の伸《の》びるタイ
プがオススメ。

チャート 36ページへGo!

川《かわ》での中《ちゅう》・小物《こもの》釣《づ》りの基本《きほん》スタイルと道具《どうぐ》

レインギア

釣行時《ちょうこうじ》に晴《は》れていても持《も》ち歩《ある》くのが無難《ぶなん》。防寒対策《ぼうかんたいさく》にもなる。

仕《し》かけに必要《ひつよう》な小物類《こものるい》

タオル

折《お》りたたみがさ

あるととても重宝《ちょうほう》する。

長靴《ながぐつ》

岸際《きしぎわ》のぬかるんだ所《ところ》やちょっとしたヤブのなかにも安心《あんしん》して入《はい》れる。

振《ふ》り出《だ》しザオ

簡易《かんい》イス

対象魚《たいしょうぎょ》によっては待《ま》ちの釣《つ》りになるため、あるととても便利《べんり》。

ハリはずし

ハリをうまく外《はず》すことは、魚《さかな》へのダメージも最小限《さいしょうげん》に止《と》められる。

ハサミ

仕《し》かけを作《つく》るのに必需品《ひつじゅひん》。

布《ぬの》ビク

釣《つ》った魚《さかな》を生《い》かしておくための物《もの》。底《そこ》が金属《きんぞく》製《せい》のタイプもある。

エサ

生《い》きエサや練《ねり》りエサなどがあり、対象魚《たいしょうぎょ》に合《あ》わせて用意《ようい》する。

エサ入《い》れ

特《とく》に生《い》きエサの場合《ばあい》、活《い》きの良《よ》さを保《たも》つために用意《ようい》しよう。

チャート 54ページへGo!

管理《かんり》釣《つ》り場《ば》の基本《きほん》スタイルと道具《どうぐ》

着替《きが》え

自然《しぜん》の河川《かせん》と違《ちが》って整備《せいび》されているため、元気《げんき》な子《こ》どもには余分《よぶん》な着替《きが》えを。

仕《し》かけに必要《ひつよう》な小物類《こものるい》

目印《めじるし》

仕《し》かけ

道糸《みちいと》

完成仕《かんせいし》かけ

オモリケースとオモリ

ハリはずし

管理《かんり》釣《つ》り場《ば》ではよくハリを飲《の》まれるため、必《かなら》ず用意《ようい》しよう。

振《ふ》り出《だ》しザオ

施設《しせつ》によってはレンタルが可能《かのう》なため、事前《じぜん》に問《と》い合《あ》わせておこう。

クーラー

魚《さかな》を持《も》ち帰《かえ》る場合《ばあい》は必需品《ひつじゅひん》。サイズは12ℓ《リットル》くらいを選《えら》ぶ。

ハサミ

仕《し》かけを作《つく》るのに必需品《ひつじゅひん》。

キャンプセット

自分《じぶん》の道具《どうぐ》でのアウトドア料理《りょうり》は、また格別《かくべつ》な楽《たの》しさがある。

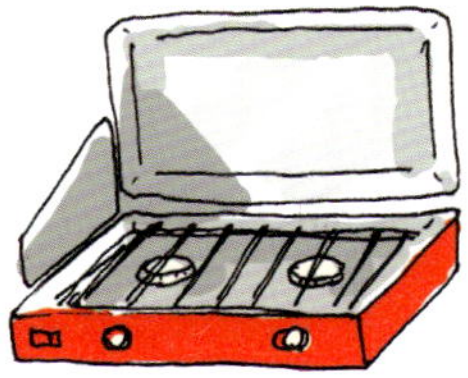

アミ

サオと同様《どうよう》、レンタルは可能《かのう》。

エサ

イクラなど。

チャート 70ページへGo!

いざ、出陣《しゅつじん》！ ちょっとその前《まえ》に!!

何《なに》もかも、ぶっつけ本番《ほんばん》とはいかないのも釣《つ》りのオモシロイところ。

道《みち》糸《いと》とハリスにウキ、オモリ、ハリなどで
作《つく》られたものを仕《し》かけといいます。
釣具店《つりぐてん》には、あらかじめセットされた仕《し》かけも売《う》っています。
ですが、釣《つ》り場《ば》であわてないためにも、
サオの伸《の》ばし方《かた》からもっとも初歩的《しょほてき》な仕《し》かけの作《つく》り方《かた》、
そしてサオの扱《あつか》い方《かた》などをマスターしておくことも大切《たいせつ》です。

●基本的《きほんてき》な仕《し》かけ（ウキ釣《づ》り用《よう》）の作《つく》り方《かた》をマスターしよう

それぞれのパーツを切《き》ったり結《むす》んだりして作《つく》ります。
他《ほか》の仕《し》かけの作《つく》り方《かた》も、この基本《きほん》の仕《し》かけの応用《おうよう》パターンと
考《かんが》えてよいでしょう。

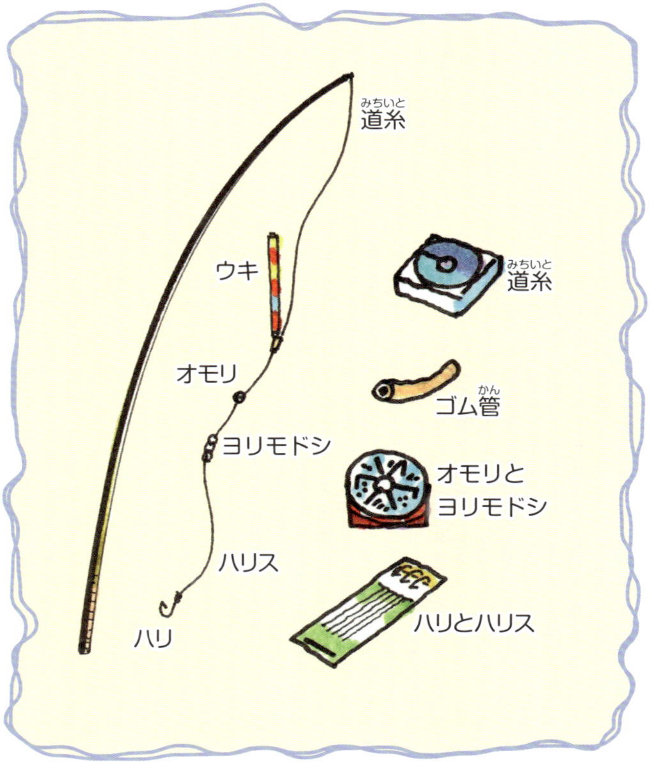

道糸《みちいと》
ウキ
オモリ
ヨリモドシ
ハリス
ハリ
道糸《みちいと》
ゴム管《かん》
オモリと
ヨリモドシ
ハリとハリス

1. サオの伸《の》ばし方《かた》

手順《てじゅん》を間違《まちが》うと破損《はそん》する恐《おそ》れがあるのでしっかり
覚《おぼ》えよう。

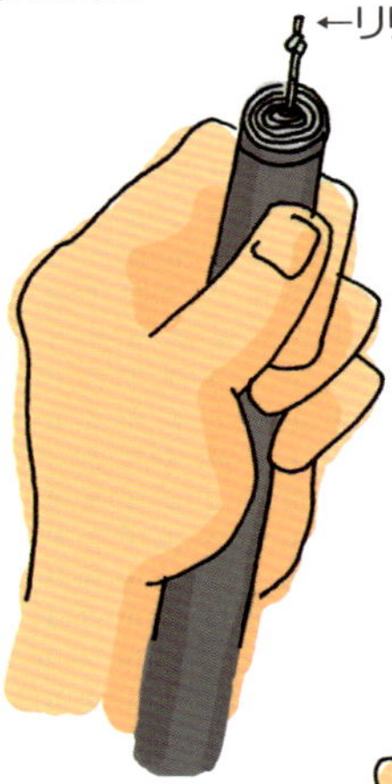

←リリアン

①キャップを外《はず》すとサオ先《さき》のリリアン（道糸《みちいと》を結《むす》ぶひも状《じょう》の部分《ぶぶん》）が出《で》ている。

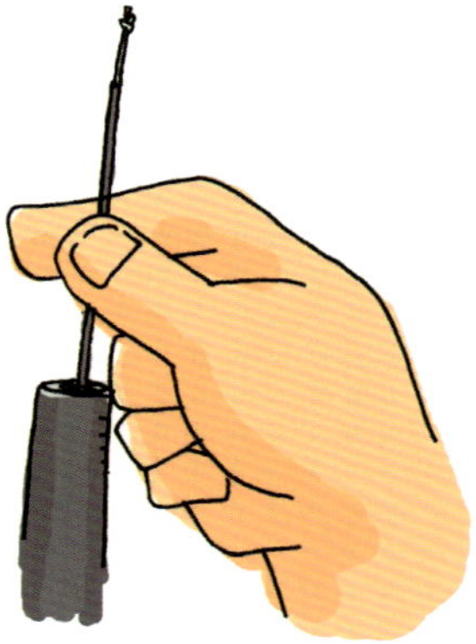

②リリアンか穂先《ほさき》をつまんで伸《の》ばす。サオは、必《かなら》ず穂先《ほさき》から順番《じゅんばん》に伸《の》ばしていくこと。

2. 道糸《みちいと》の先《さき》にチチ輪《わ》を作《つく》る

もっともかんたんで色々《いろいろ》と応用《おうよう》できる結《むす》び方《かた》。必《かなら》ずマスターしよう。

①イトを5cmくらいの長《なが》さで重《かさ》ねる。

②重《かさ》ねた部分《ぶぶん》で輪《わ》を作《つく》る。

③上《うえ》から重《かさ》ねて、合《あ》わせ部分《ぶぶん》は指《ゆび》で押《お》さえる。

④できた輪《わ》に下《した》から先《さき》を通《とお》す。

⑤短《みじか》い先《さき》がぬけないように→方《ほう》へ引《ひ》いて締《し》める。

⑥完成《かんせい》。

3. チチ輪《わ》をサオの穂先《ほさき》(リリアン)に結束《けっそく》

これは不精付《ぶしょうづ》けといい、小《ちい》さい輪《わ》を引《ひ》けばかんたんに結束《けっそく》を緩《ゆる》められる。

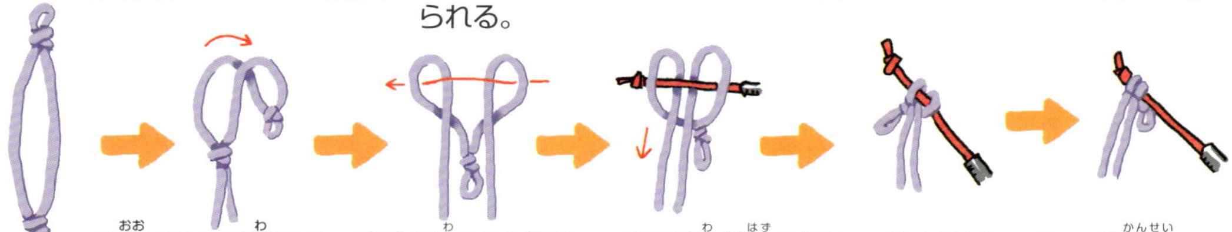

①チチ輪《わ》の先《さき》にもうひとつ小《ちい》さいチチ輪《わ》を作《つく》っておく。

②大《おお》きいチチ輪《わ》のなかに結《むす》んだ先《さき》のイトをくぐらせる。

③この輪《わ》にリリアンを入《い》れる。

④チチ輪《わ》が外《はず》れないように→の方《ほう》へ締《し》めていく。

⑤さらにしっかり締《し》める。

⑥完成《かんせい》。

4. サオを伸《の》ばしていく

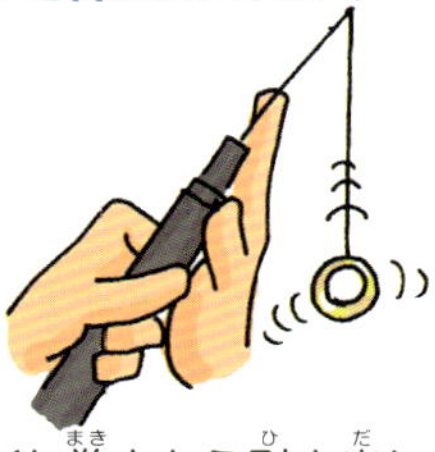

道糸《みちいと》をイト巻《まき》きから引《ひ》き出《だ》しながら伸《の》ばす。正確《せいかく》な長《なが》さがわかりやすいだけでなく、風《かぜ》が強《つよ》かったりしても手際《てぎわ》よく伸《の》ばせる。

5. ゴム管《かん》のセット

道糸《みちいと》を適当《てきとう》な長《さが》さ(ハリスの長《なが》さをたして全体《ぜんたい》の長《なが》さはサオと同《おな》じくらい)に切《き》ったら、約《やく》5mmにカットしたゴム管《かん》を通《とお》す。

6. ヨリモドシと道糸《みちいと》の結束《けっそく》

ゴム管《かん》を通《とお》した道糸《みちいと》の先《さき》にチチ輪《わ》を作《つく》り、ヨリモドシの環《わ》と結束《けっそく》する。

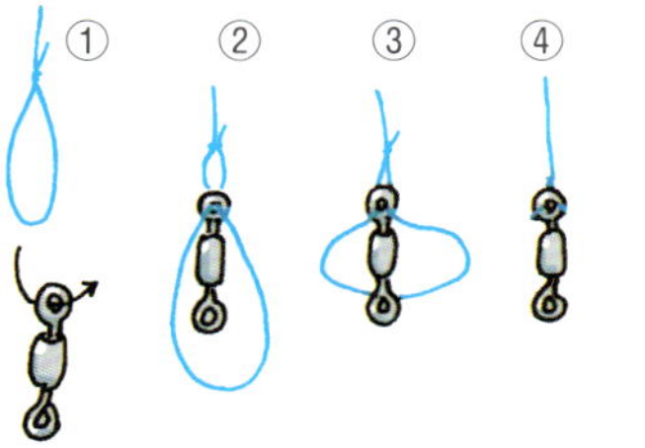

7. ヨリモドシとハリスの結束《けっそく》

市販《しはん》のハリ&ハリス(ハリから引《ひ》きぬくこと)の先端《せんたん》にチチ輪《わ》を作《つく》り、ヨリモドシの下《した》の環《わ》と結束《けっそく》する。

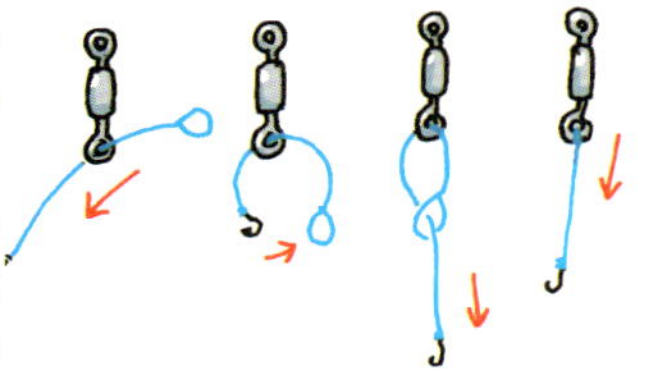

8. オモリを付《つ》ける

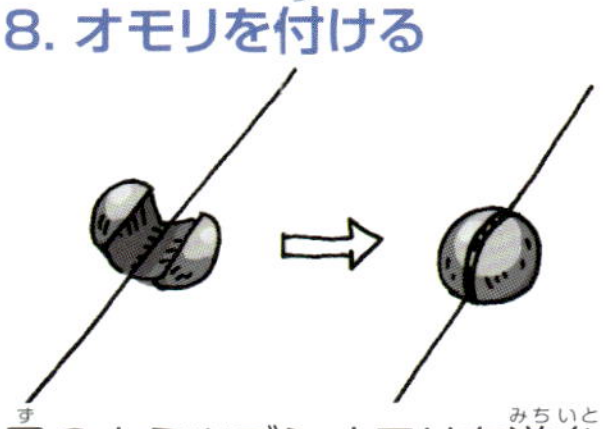

図《ず》のカミツブシオモリを道糸《みちいと》にはさんで付《つ》ける。釣《つ》り用《よう》プライヤーでもいいし、歯《は》でも軽《かる》くかむだけで付《つ》けられる。

9. サオを納《おさ》める

伸《の》ばすときとは逆《ぎゃく》に、今度《こんど》は手元《てもと》から順《じゅん》に縮《ちぢ》めていく。

10. 仕《し》かけを仕《し》かけ巻《ま》きに回収《かいしゅう》

サオを縮《ちぢ》めた分《ぶん》だけたるむ仕《し》かけを巻《ま》いていく。こうすると地面《じめん》に仕《し》かけがたれたりせずに、トラブルなく回収《かいしゅう》できる。

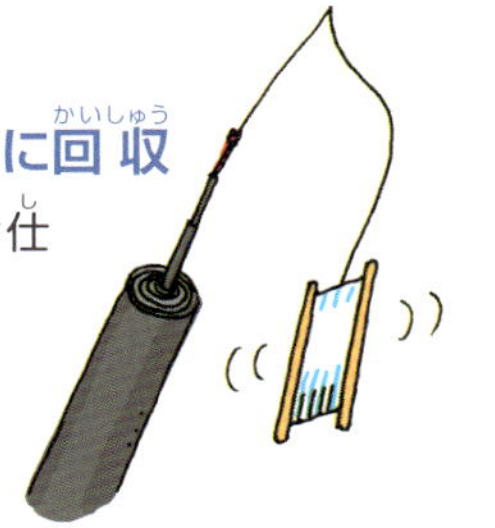

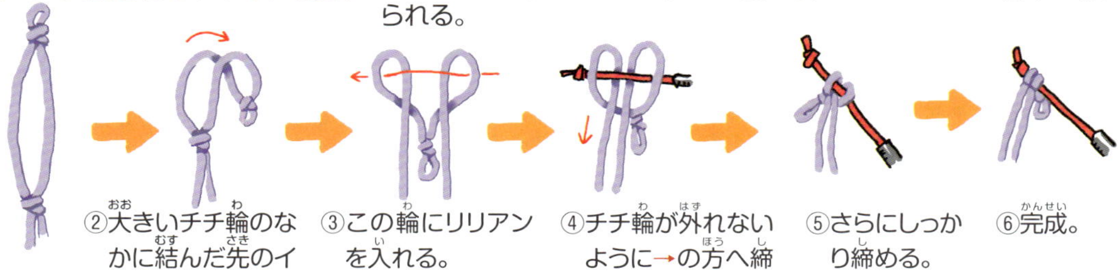

コツさえつかめば、かんたんなサオの使《つか》い方《かた》

釣《つ》りは、ねらったポイントへ仕《し》かけを正確《せいかく》に投入《とうにゅう》できるかどうかにかかっています。
釣《つ》れる魚《さかな》をみすみす逃《のが》してしまわないためにも、しっかりマスターしましょう。

●送《おく》り振《ふ》りこみ

振《ふ》り出《だ》しザオの操作方法《そうさほうほう》がギュッと凝縮《ぎょうしゅく》されているので、基本《きほん》を覚《おぼ》えるにはもっともよい振《ふ》りこみ方《かた》。

スタート時《じ》のかまえ。肩《かた》や腕《うで》を力《りき》まずにリラックスさせる。

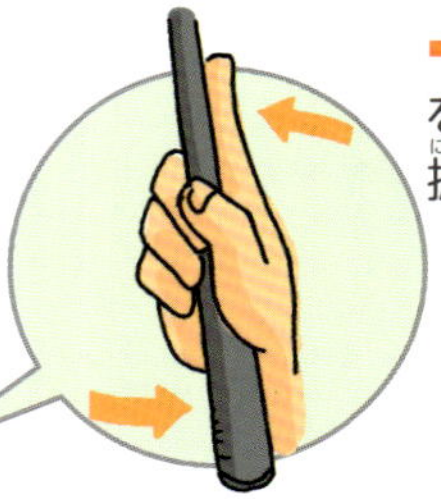

→の位置《いち》でサオを支《ささ》えるように握《にぎ》る。

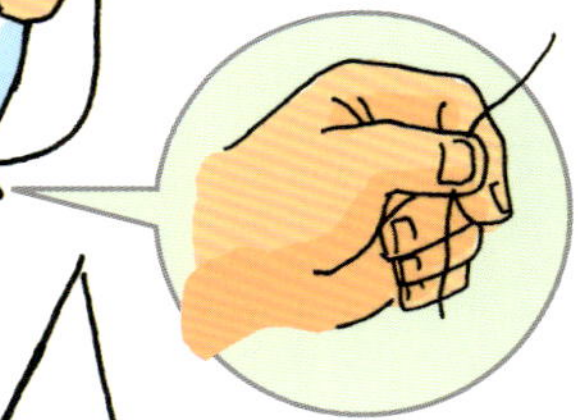

左手《ひだりて》の親指《おやゆび》と人差《ひとさ》し指《ゆび》でハリスを軽《かる》くつまむ。

①反動《はんどう》を利用《りよう》しなければならないので、かまえた位置《いち》から肘《ひじ》を支点《してん》にサオを下《さ》げる。

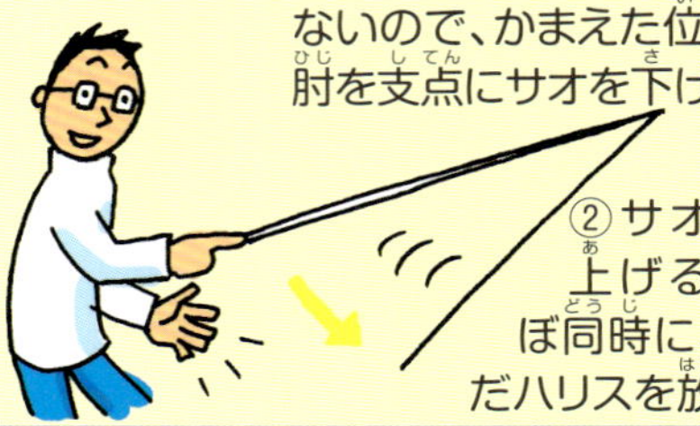

②サオを振《ふ》り上《あ》げるのとほぼ同時《どうじ》に、つまんだハリスを放《はな》つ。

③肘《ひじ》と手首《てくび》を押《お》し上《あ》げるようにすれば、仕《し》かけはスムーズに出《で》ていく。

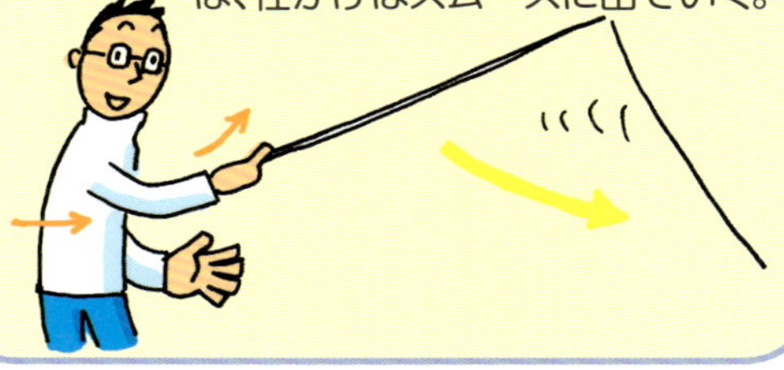

魚《さかな》を取《と》り込《こ》むときも基本《きほん》的《てき》には肘《ひじ》を動《うご》かすだけ。

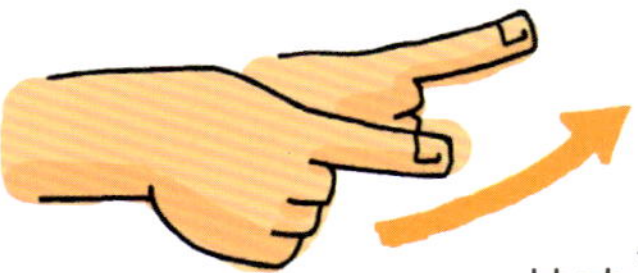

サオ全体《ぜんたい》というよりも、手首《てくび》でクイッとサオ先《さき》をしゃくり上《あ》げるイメージ。

両手《りょうて》の場合《ばあい》は★印《しるし》を支点《してん》にすれば、力《ちから》も入《はい》らずにスムーズ。

かんたんでしょう!
要《よう》はタイミングが重要《じゅうよう》で、
力《ちから》はさほど必要《ひつよう》なく、
手首《てくび》と肘《ひじ》の動《うご》きだけで
十分《じゅうぶん》なのです。

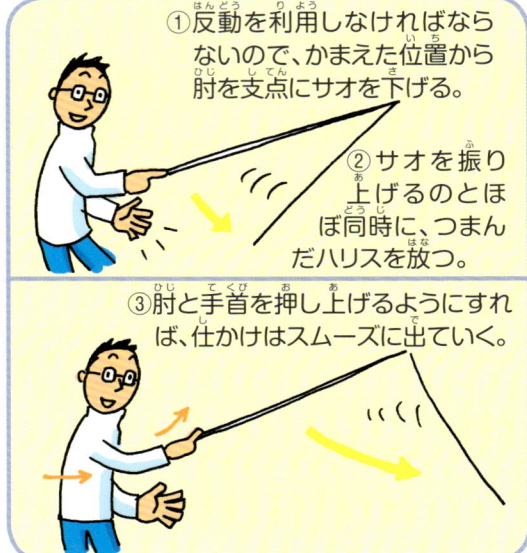

●アタリとアワセについて教《おし》えちゃいましょう

アタリとは、魚《さかな》がエサに
食《く》いついたときに伝《つた》わるものです。
ウキや目印《めじるし》などが動《うご》いたり、
手元《てもと》に直接伝《ちょくせつつた》わることもあります。
また、アタリの後《あと》に行《おこな》うのがアワセです。
これは魚《さかな》の口《くち》にハリを
かけるための動作《どうさ》のことです。

大《おお》きく強《つよ》いアワセは禁物《きんもつ》！
ハリスが切《き》れてしまったり、魚《さかな》が
口切《くちき》れを起《お》こしてしまいます。

イメージはこんな感《かん》じ！
手首《てくび》だけをつかえばよい
のです。決《け》してむずかし
くはないのです。

BISHI!!

gugugu!

一般的《いっぱんてき》に大《おお》きいアタリには、
アワセはやりやすい。

アワセはこんな感《かん》じ。
一見派手《いっけんはで》なモーション
に見《み》えますが、実際《じっさい》は
鋭《するど》く小《ちい》さな動《うご》きで行《おこな》い
ます。

**ちなみに、かかった魚《さかな》と
人間《にんげん》との攻防《こうぼう》を“ヤリトリ”
というよ！**

そ〜っと…

chon chon..

どうしても小《ちい》さいアタリには、
消極的《しょうきょくてき》になってしまいがち。

こんな感《かん》じに……。
これではハリのかかりは
浅《あさ》いため、十中八九《じゅっちゅうはっく》、魚《さかな》に
逃《に》げられてしまいます。

口《くち》からエサごと
ハリが外《はず》れてし
まう。

取《と》り込《こ》みのときに
逃《に》げられる。

NOTHING!!

スピニングザオの準《じゅん》備《び》とちょい投《な》げ方《ほう》法《ほう》

スピニングザオは、ちょい投《な》げ用《よう》には 1.8 ～ 2.3 mを、遠投用《えんとうよう》には 3.6 ～ 4.0 mを目安《めやす》に選《えら》びます。
釣具店《つりぐてん》では、イトが巻《ま》かれたリールとセットになったものが売《う》られているので、それをオススメします。

●スピニングザオの準《じゅん》備《び》

SET!

①サオにリールをセットする。

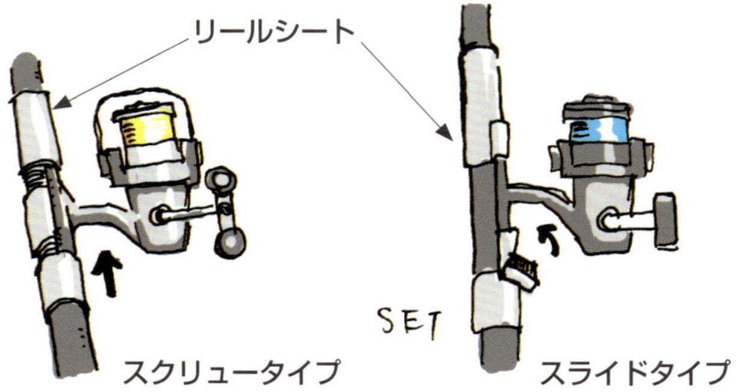
リールシート
SET
スクリュータイプ
スライドタイプ

②ラインを引《ひ》きだす

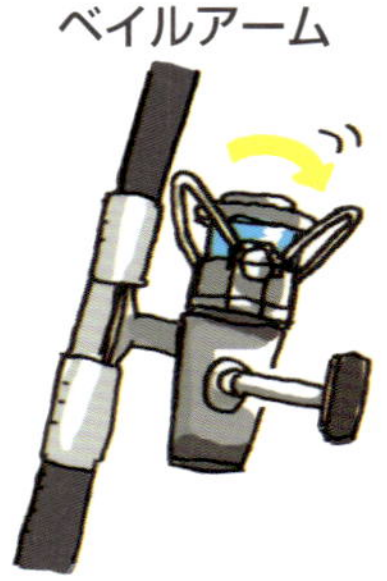
ベイルアーム

リールのベイルアームを起《お》こす。

③サオのガイドにイトを通《とお》して伸《の》ばす。

サオを伸《の》ばす前《まえ》にガイドに道糸《みちいと》を通《とお》しておく。

振《ふ》り出《だ》しザオと同《おな》じように穂先《ほさき》から順《じゅん》に伸《の》ばす。

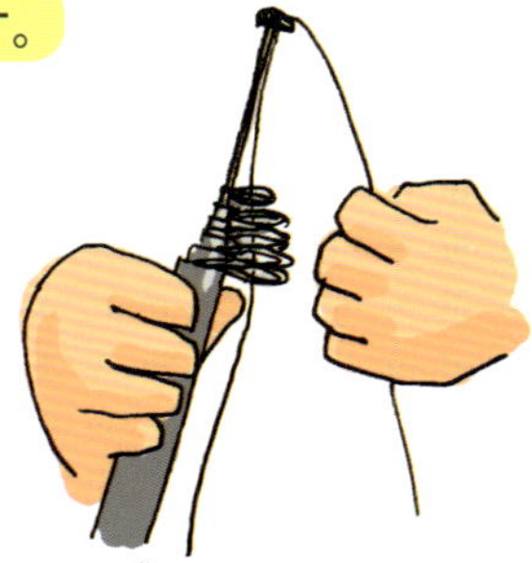

イトがぬけ落《お》ちないようにガイドの向《む》きをそろえながら伸《の》ばしていく。

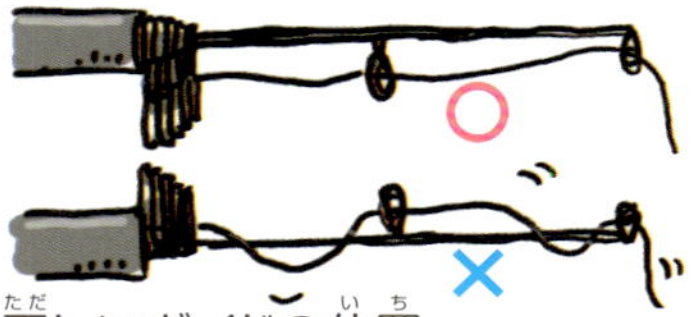

○正《ただ》しいガイドの位置《いち》
×これだと投《な》げたときにサオを傷《きず》つける危険《きけん》がある。

ガイドのチェック方《ほう》法《ほう》

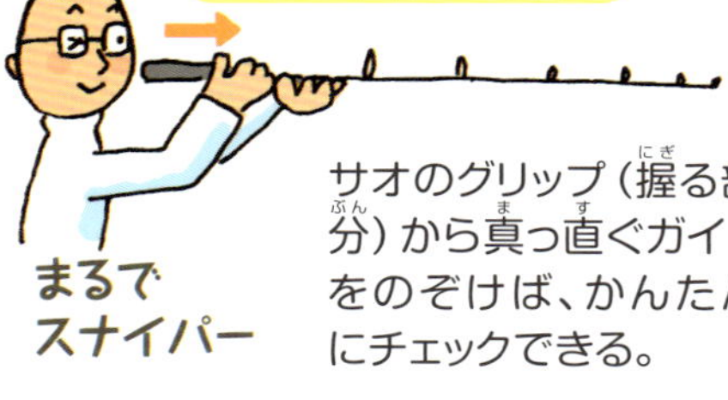
まるで
スナイパー

サオのグリップ（握《にぎ》る部《ぶ》分《ん》）から真《ま》っ直《す》ぐガイドをのぞけば、かんたんにチェックできる。

ベストの状態《じょうたい》はのぞくと、左《ひだり》のようにガイドが連《つら》なって見《み》える。右《みぎ》は当然《とうぜん》ダメな状態《じょうたい》。

ちょい投《な》げ方法《ほうほう》

投《な》げる前《まえ》の準備《じゅんび》

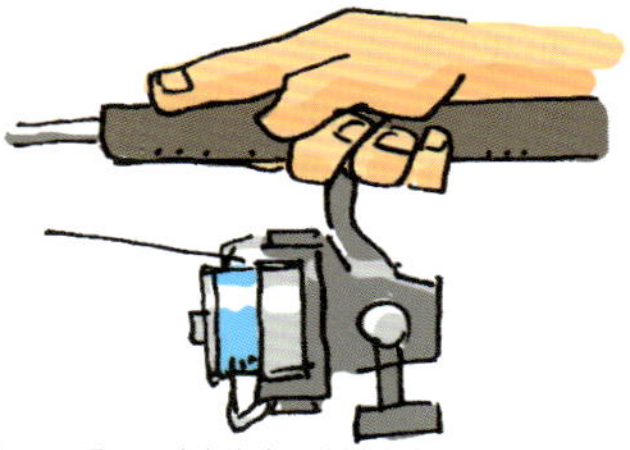

①利《き》き手《て》の中指《なかゆび》と薬指《くすりゆび》の間《あいだ》でリールをはさみ、逆《ぎゃく》の手《て》でハンドルを操作《そうさ》する。

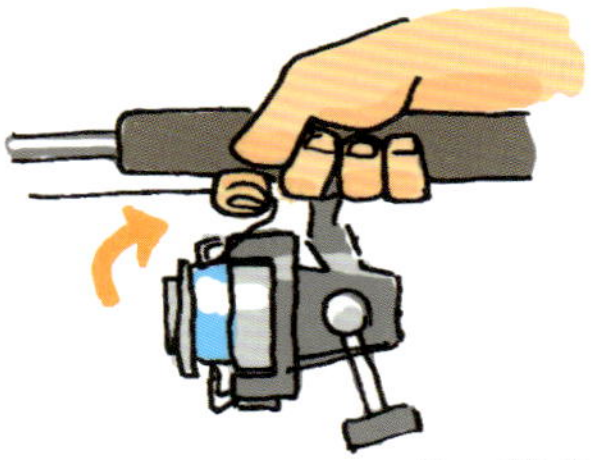

②サオをにぎっている手《て》の人差《ひとさ》し指《ゆび》でイトを押《お》さえる。

③逆《ぎゃく》の手《て》でベイルアームを起《お》こす。

投《な》げ方《かた》

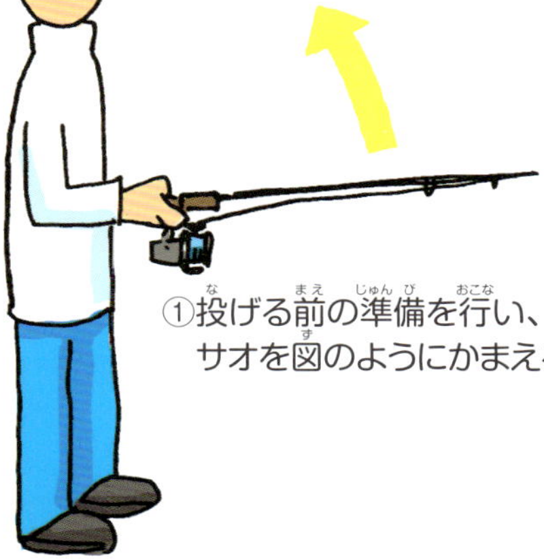

①投《な》げる前《まえ》の準備《じゅんび》を行《おこな》い、サオを図《ず》のようにかまえる。

②そのまま後方《こうほう》までサオを移動《いどう》させる。

③そして、サオを前《まえ》に振《ふ》り出《だ》すと同時《どうじ》にイトを解放《かいほう》する。イトを離《はな》すタイミングは、サオが耳《みみ》の位置《いち》から少《すこ》し前方《ぜんぼう》へ移動《いどう》したくらいの間《あいだ》。

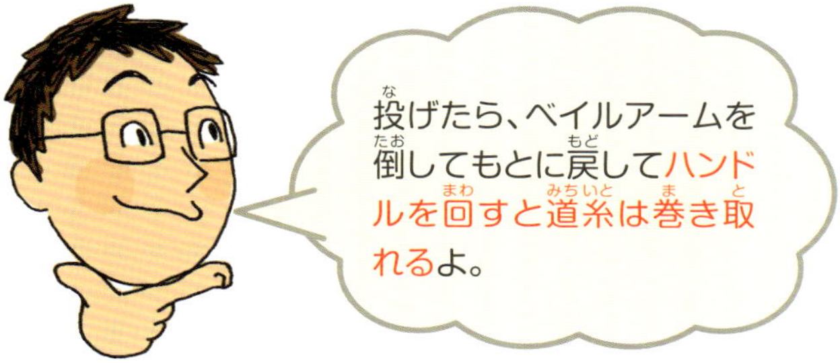
投《な》げたら、ベイルアームを倒《たお》してもとに戻《もど》してハンドルを回《まわ》すと道糸《みちいと》は巻《ま》き取《と》れるよ。

ちなみに、スピニングザオなどで仕《し》かけを投《な》げることをキャストといいます。

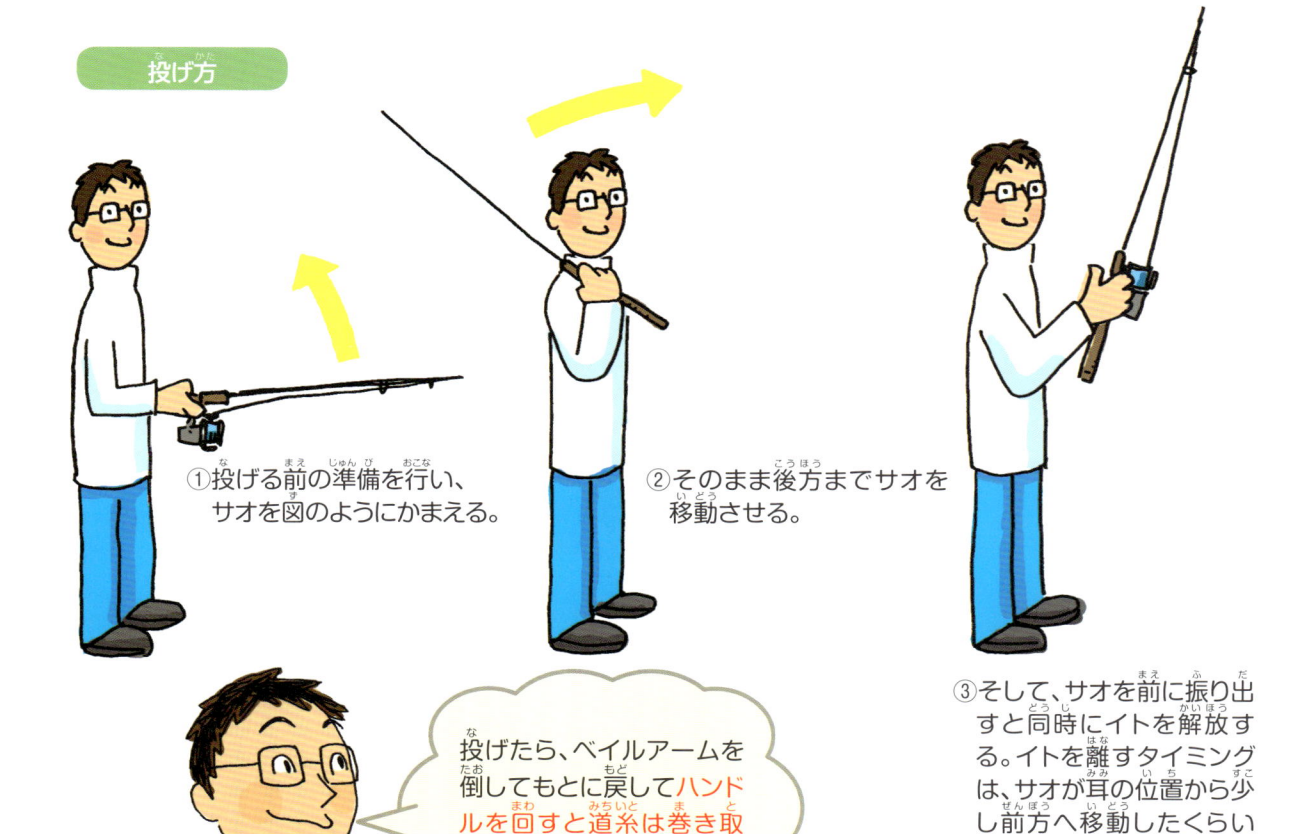

スピニングザオでの遠投法《えんとうほう》

どうです？　最初《さいしょ》は少《すこ》しむずしいかもしれませんね。でもこの遠投法《えんとうほう》さえマスターしてしまえば、仕《し》かけの作《つく》り方《かた》からサオの扱《あつか》いまで、すでに覚《おぼ》えてしまったんですよ。さあ、それでは釣《つ》り場《ば》に出《で》かけてみましょう。

投《な》げる前《まえ》の基本的《きほんてき》なかまえ

目線《めせん》はポイントを見《み》すえたまま。仕《し》かけは真《ま》っ直《す》ぐたらしておく。

①人差《ひとさ》し指《ゆび》の第一関節《だいいちかんせつ》のあたりにイトをかけ、左手《ひだりて》でベイルアームを起《お》こす。

②そこからオーバースローの体勢《たいせい》に入《はい》る。

③右手《みぎて》はサオを強《つよ》く押《お》し出《だ》し、左《ひだり》手《て》は逆《ぎゃく》に強《つよ》く引《ひ》きつける。人差《ひとさし》し指《ゆび》を解放《かいほう》するタイミングは、サオ先《さき》が頭上《ずじょう》を通過《つうか》する瞬間《しゅんかん》。仕《し》かけはポイント目《め》がけて一直線《いっちょくせん》に飛《と》んでいく。

PART 2

さあ、釣りを始めよう！

防波堤《ぼうはてい》・海釣《うみづ》り公園《こうえん》で釣《つ》りをしよう

多《おお》くの釣《つ》り人《びと》に愛《あい》されている防波堤《ぼうはてい》と海釣《うみづ》り公園《こうえん》。
人気《にんき》の理由《りゆう》は、魚種《ぎょしゅ》の豊富《ほうふ》さにあります。
回遊《かいゆう》してくる魚《さかな》や底《そこ》に棲《す》む根魚《ねざかな》。そのたくさんの魚《さかな》たちを四季《しき》をとおして、いろんな釣《つ》り方《かた》で楽《たの》しめるこの場所《ばしょ》は、初心者《しょしんしゃ》には最適《さいてき》のフィールドです。しかも、港《みなと》にある施設《しせつ》なため、交通《こうつう》の便《べん》はよくて経済的《けいざいてき》ですし、足場《あしば》も比較的安全《ひかくてきあんぜん》なことも魅力《みりょく》のひとつでしょう。

ターゲット

マアジ

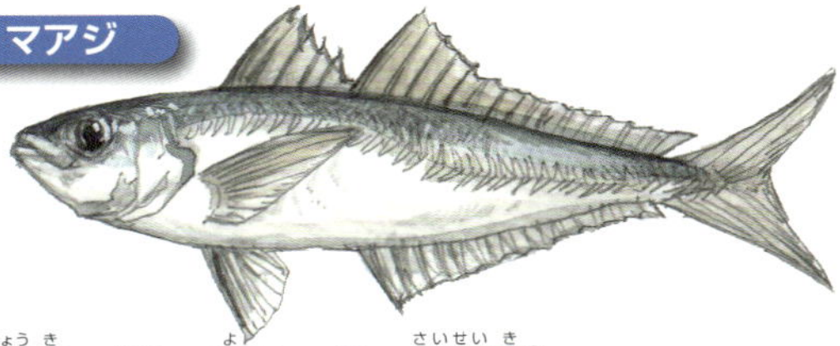

●釣期《ちょうき》 （○＝良《よ》い ◎＝最盛期《さいせいき》）

1	2	3	4	5	6	7	8	9	10	11	12
			○	○	◎	◎	◎	◎	◎	○	

スズキ目《もく》アジ科《か》

- 分布《ぶんぷ》／太平洋側《たいへいようがわ》と日本海側《にほんかいがわ》に産卵期《さんらんき》の異《こと》なる群《むれ》が生息《せいそく》する。
- 体長《たいちょう》／40ｃｍぐらいまで成長《せいちょう》
- 釣法《ちょうほう》／ウキ釣《づ》り、ミャク釣《づ》り

マサバ

●釣期《ちょうき》 （○＝良《よ》い ◎＝最盛期《さいせいき》）

1	2	3	4	5	6	7	8	9	10	11	12
			○	○	○	○	◎	◎	◎	○	

スズキ目《もく》アジ科《か》

- 分布《ぶんぷ》／太平洋《たいへいよう》と日本海《にほんかい》、東《ひがし》シナ海《かい》にそれぞれの群《むれ》がある。
- 体長《たいちょう》／1年《ねん》もので約《やく》25cm、4年《ねん》で大《おお》きいものは50cmにまで成長《せいちょう》。
- 釣法《ちょうほう》／サビキ釣《づ》り、片天《かたてん》ビン釣《づ》り、ルアーフィッシングなど

マイワシ

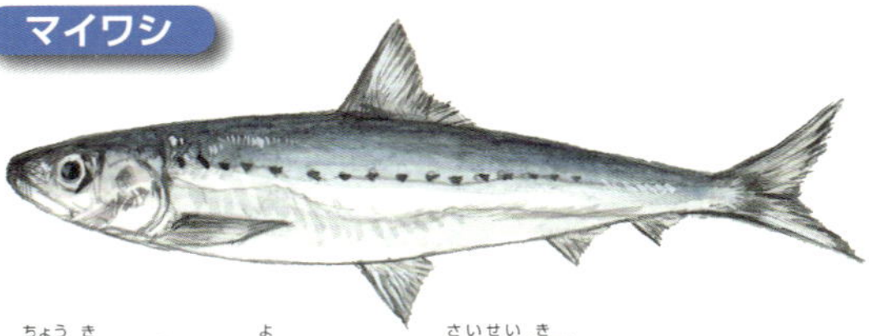

●釣期《ちょうき》 （○＝良《よ》い ◎＝最盛期《さいせいき》）

1	2	3	4	5	6	7	8	9	10	11	12
			○	○	○	◎	◎	◎	◎	○	

ニシン目《もく》ニシン科《か》

- 分布《ぶんぷ》／日本全国《にほんぜんこく》の沿岸《えんがん》を群《むれ》で回遊《かいゆう》する。
- 体長《たいちょう》／25cmぐらいまで成長《せいちょう》
- 釣法《ちょうほう》／サビキ釣《づ》りなど

ここには潮《しお》の流《なが》れが直接《ちょくせつ》ぶつかるから、海流《かいりゅう》にのってやってくる回遊魚《かいゆうぎょ》はとても釣《つ》りやすいんだ。マアジは厳寒期《げんかんき》を除《のぞ》いて1年中《ねんじゅう》見《み》ることができるし、マサバは30センチを超《こ》す大物《おおもの》が釣《つ》れたり、マイワシはもっとも水面近《すいめんちか》くを泳《およ》ぐからかんたんに見《み》つけられるよ。

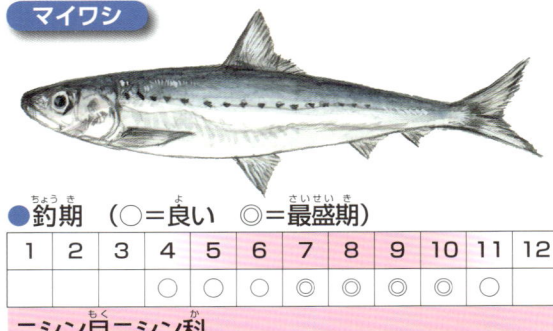

マアジ・マサバ・マイワシのポイント

回遊魚《かいゆうぎょ》なので外海《そとうみ》に面《めん》した所《ところ》が一級《いっきゅう》のポイントとなるが、潮流《しおなが》れさえよければ、港内《こうない》のどこでも釣《つ》れる。

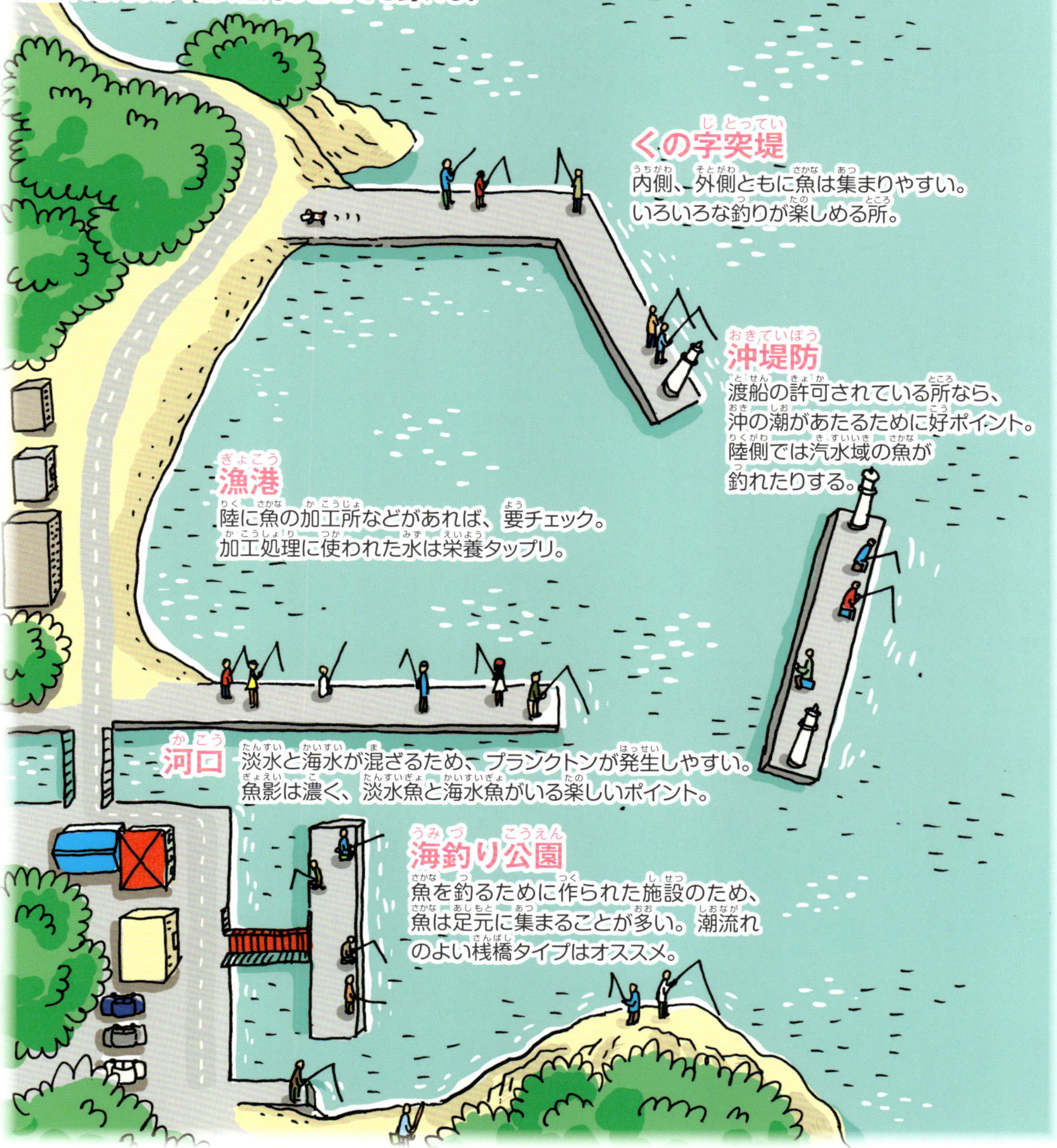

くの字《じ》突堤《とってい》
内側《うちがわ》、外側《そとがわ》ともに魚《さかな》は集《あつ》まりやすい。
いろいろな釣《つ》りが楽《たの》しめる所《ところ》。
沖堤防《おきていぼう》
渡船《とせん》の許可《きょか》されている所《ところ》なら、
沖《おき》の潮《しお》があたるために好《こう》ポイント。
陸側《りくがわ》では汽水域《きすいいき》の魚《さかな》が
釣《つ》れたりする。
漁港《ぎょこう》
陸《りく》に魚《さかな》の加工所《かこうじょ》などがあれば、要《よう》チェック。
加工処理《かこうしょり》に使《つか》われた水《みず》は栄養《えいよう》タップリ。
河口《かこう》
淡水《たんすい》と海水《かいすい》が混《ま》ざるため、プランクトンが発生《はっせい》しやすい。
魚影《ぎょえい》は濃《こ》く、淡水魚《たんすいぎょ》と海水魚《かいすいぎょ》がいる楽《たの》しいポイント。
海《うみ》釣《づ》り公園《こうえん》
魚《さかな》を釣《つ》るために作《つく》られた施設《しせつ》のため、
魚《さかな》は足元《あしもと》に集《あつ》まることが多《おお》い。潮流《しおなが》れ
のよい桟橋《さんばし》タイプはオススメ。

これだけは覚《おぼ》えておきたい干潮《かんちょう》と満潮《まんちょう》

たとえ絶好《ぜっこう》のポイントにサオを出《だ》せたとしても、条件《じょうけん》が悪《わる》ければ、魚《さかな》はエサを食《た》べません。その条件《じょうけん》をもっとも左右《さゆう》するものに潮汐《ちょうせき》があります。

潮汐《ちょうせき》のメカニズム

地球《ちきゅう》を中心《ちゅうしん》に太陽《たいよう》と月《つき》が直線《ちょくせん》に並《なら》ぶと地球《ちきゅう》への引力《いんりょく》は最大《さいだい》になるため、干満《かんまん》の差《さ》は大《おお》きい大潮《おおしお》になる。

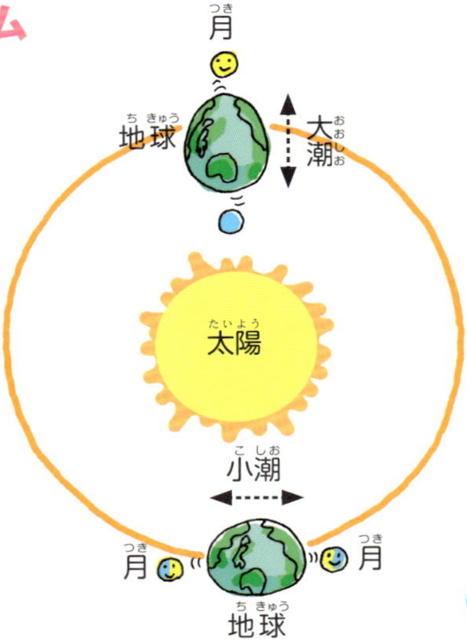
月《つき》
地球《ちきゅう》
大潮《おおしお》
太陽《たいよう》
小潮《こしお》
月《つき》
月《つき》
地球《ちきゅう》

地球《ちきゅう》と太陽《たいよう》の位置《いち》で地球《ちきゅう》と月《つき》が垂直《すいちょく》になるとき、引力《いんりょく》は分散《ぶんさん》するので、干満《かんまん》の差《さ》は小《ちい》さい小潮《こしお》になる。

潮回《しおまわ》りのメカニズム

干潮《かんちょう》と満潮《まんちょう》の差《さ》は毎日同《まいにちおな》じではない。“十五夜《じゅうごや》の月《つき》”にもあるとおり、約《やく》15日《にち》周期《しゅうき》で大きくなったり小《ちい》さくなったりを繰《く》り返《かえ》す。

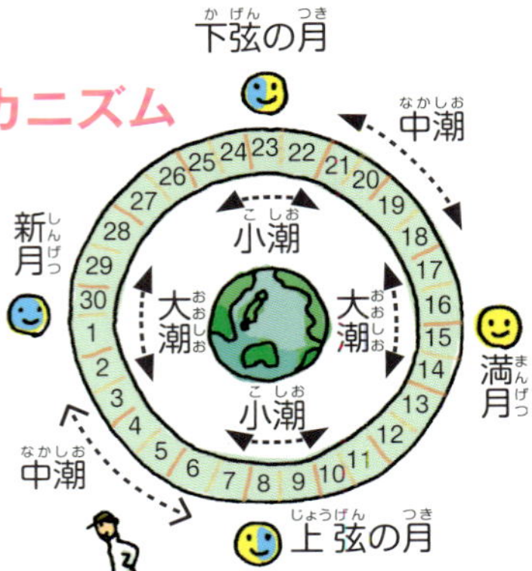
下弦《かげん》の月《つき》
中潮《なかしお》
1 2 3 4 5 6 7 8 9 10 11 12 13 14 15 16 17 18 19 20 21 22 23 24 25 26 27 28 29 30
小潮《こしお》
大潮《おおしお》
大潮《おおしお》
小潮《こしお》
新月《しんげつ》
満月《まんげつ》
中潮《なかしお》
上弦《じょうげん》の月《つき》

●潮時図《しおじず》

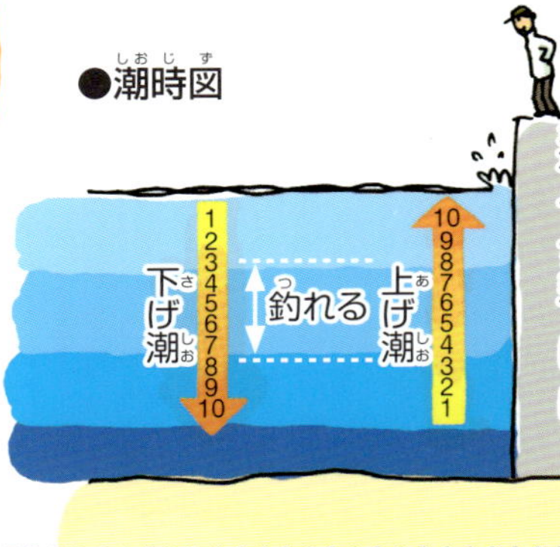
下《さ》げ潮《しお》
1 2 3 4 5 6 7 8 9 10
釣《つ》れる
上《あ》げ潮《しお》
10 9 8 7 6 5 4 3 2 1

通常《つうじょう》なら1日《にち》に2回《かい》、およそ12時間《じかん》おきに潮《しお》の満《み》ち引《ひ》きが起《お》こる。これを干満《かんまん》といい、その上《あ》げ下《さ》げを等分《とうぶん》したのが潮時《しおじ》になる。

潮《しお》のサイクリズム

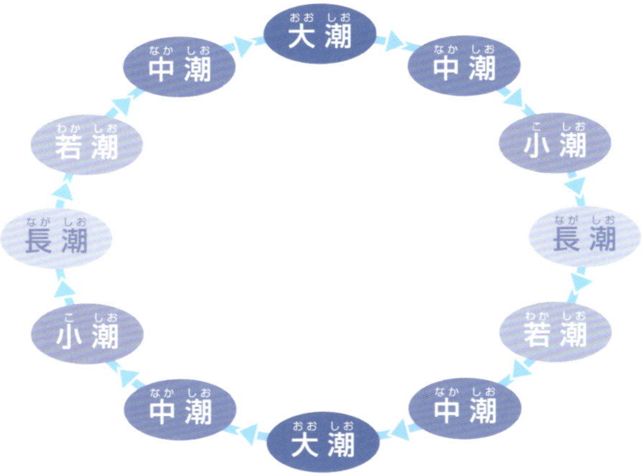
大潮《おおしお》
中潮《なかしお》
小潮《こしお》
長潮《ながしお》
若潮《わかしお》
中潮《なかしお》
大潮《おおしお》
中潮《なかしお》
小潮《こしお》
長潮《ながしお》
若潮《わかしお》
中潮《なかしお》

潮時《しおじ》から釣《つ》りどきをチェック

①潮回《しおまわ》りの上《あ》げ7分《ふん》と下《さ》げ3分《ぶん》

上《あ》げいっぱいと下《さ》げいっぱいの潮止《しおど》まりは、魚《さかな》の行動《こうどう》が落《お》ちるために釣《つ》りにくい。一般《いっぱん》には上《あ》げ7分《ふん》と下《さ》げ3分《ぶん》がねらい目《め》。

②潮汐《ちょうせき》の大潮《おおしお》

潮汐《ちょうせき》の大《おお》きい日《ひ》は、海水《かいすい》に多《おお》くの酸素《さんそ》が溶《と》けるために、エサとなるプランクトンが大量《たいりょう》に発生《はっせい》する。

ただし、大潮《おおしお》でも潮《しお》が速《はや》すぎて釣《つ》りにならない日《ひ》もある。

③潮《しお》の動《うご》きで変《か》わる釣《つ》れる魚《さかな》

上《あ》げ潮《しお》では外洋《がいよう》の魚《さかな》、下《さ》げ潮《しお》で汽水域《きすいいき》の魚《さかな》が釣《つ》れやすい。また、下《さ》げのときに魚《さかな》は沖《おき》へ、上《あ》げのときには岸《きし》に寄《よ》ることが多《おお》い。

一目瞭然《いちもくりょうぜん》、潮時表《しおじひょう》の見方《みかた》

前《ぜん》ページで解説《かいせつ》した潮汐《ちょうせき》の動《うご》きを、月《つき》ごとに365日《にち》、表《ひょう》にしたのが潮時表《しおじひょう》です。これさえあれば、釣行日《ちょうこうび》の潮《しお》の条件《じょうけん》がかんたんにわかるので、見方《みかた》を覚《おぼ》えてしまいましょう。

ある年《とし》の春《はる》の潮時表《しおじひょう》

	日	曜日	潮	満潮				干潮			
				午前	潮高cm	午後	潮高cm	午前	潮高cm	午後	潮高cm
	1	日	中	7:01	182	19:42	169	1:05	50	13:31	27
	2	月	中	7:22	177	20:32	155	1:31	67	14:08	30
	3	火	小	7:45	171	21:37	138	1:58	86	14:56	36
	4	水	小	8:12	162	23:39	127	2:20	105	16:11	44
	5	木	小	8:49	151	–	–	2:36	123	18:03	46
	6	金	長	3:24	139	10:39	139	6:57	133	19:39	36
○	7	土	若	3:42	154	13:51	147	8:49	118	20:47	23
	8	日	中	4:05	166	15:01	165	9:33	98	21:38	12
	9	月	中	4:29	175	15:51	181	10:09	78	22:21	8
	10	火	大	4:52	182	16:34	192	10:43	58	22:59	11
	11	水	大	5:15	187	17:14	195	11:16	41	23:33	20
	12	木	大	5:36	188	17:52	193	11:49	28	–	–
	13	金	大	5:56	190	18:30	185	0:04	33	12:20	20
◎	14	土	中	6:16	188	19:07	173	0:33	49	12:51	19
	15	日	中	6:36	185	19:46	160	0:59	65	13:22	23
	16	月	中	6:58	179	20:29	146	1:23	80	13:55	31
	17	火	中	7:21	171	21:25	132	1:46	94	14:33	43
	18	水	小	7:48	160	23:12	122	2:07	107	15:27	56
	19	木	小	8:22	148	–	–	2:17	119	17:14	65
	20	金	小	3:16	130	9:23	134	5:51	128	19:08	63
×	21	土	長	3:23	141	12:41	129	8:14	117	20:17	54
	22	日	若	3:40	151	14:19	142	9:00	102	21:04	44
	23	月	中	3:58	159	15:07	157	9:32	85	21:41	37
	24	火	中	4:16	167	15:46	170	10:02	68	22:14	33
	25	水	大	4:35	174	16:23	182	10:31	50	22:46	33
	26	木	大	4:54	180	16:59	190	11:00	33	23:17	37
	27	金	大	5:14	184	17:37	193	11:31	19	23:47	46
	28	土	大	5:36	186	18:17	191	–	–	12:02	8
◎	29	日	中	5:57	186	18:59	183	0:17	58	12:36	3
	30	月	中	6:20	183	19:45	171	0:46	72	13:11	5
	31	火	中	6:44	178	20:39	156	1:15	88	13:52	13

潮位《ちょうい》グラフ

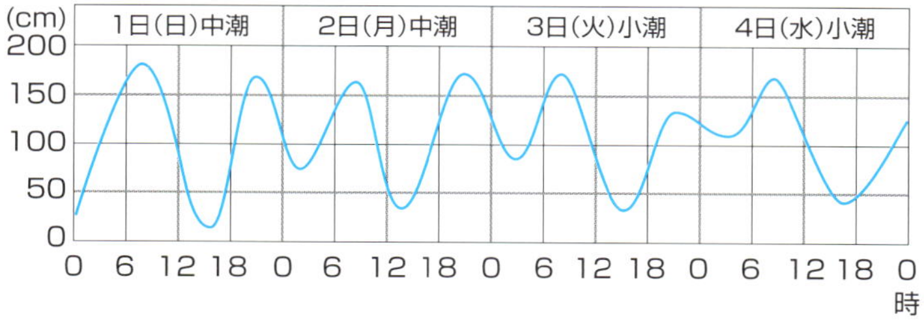

潮時表《しおじひょう》の見方《みかた》

例《たと》えば、1日《にち》を例《れい》に見《み》てみよう。この日《ひ》は中潮《なかしお》で午前《ごぜん》の1:05（高《たか》さ50cm）の干潮《かんちょう》から始《はじ》まり、午前《ごぜん》の7:01に最初《さいしょ》の満潮《まんちょう》（高《たか》さ182cm）。そこから再《ふたた》び下《さ》がって午後《ごご》の13:31に二度目《にどめ》の干潮《かんちょう》（高《たか》さ27cm）、さらに上《あ》がってこの日《ひ》最後《さいご》の満潮《まんちょう》が午後《ごご》の19:42で潮《しお》の高《たか》さは169cm。で、次《つぎ》の日《ひ》へ。

釣行日《ちょうこうび》の決《き》め方《かた》の一例《いちれい》

◎大潮《おおしお》から中潮《なかしお》への潮回《しおまわ》りが釣《つ》りに向《む》いているためグッド。それに朝《あさ》と夕《ゆう》のマズメ時《どき》（陽《ひ》が傾《かたむ》いている時間《じかん》）に満潮《まんちょう》が重《かさ》なるし、昼過《ひるす》ぎにも潮《しお》が動《うご》く、そしてなによりも休日《きゅうじつ》なことが大《おお》きい。

○決《け》して潮回《しおまわ》りの条件《じょうけん》はよくないが、それでも釣《つ》れない日《ひ》ではないだろう。この日《ひ》は違《ちが》うが、潮回《しおまわ》りが悪《わる》くてもマズメ時《どき》に満潮《まんちょう》が重《かさ》なれば期待《きたい》できる。

× 小潮《こしお》から長潮《ながしお》の潮回《しおまわ》りは潮《しお》があまり動《うご》かないため、釣《つ》りには向《む》かない日《ひ》。おまけにマズメ時《どき》が干潮《かんちょう》なので、釣行《ちょうこう》を避《さ》けるのが無難《ぶなん》。

潮《しお》についてはわかったかな?
この他《ほか》にチェックしときたいのは、
1 濁《にご》り…多少《たしょう》ある方《ほう》が魚《さかな》の警戒心《けいかいしん》は薄《うす》れて釣《つ》りやすい。
2 時間帯《じかんたい》…朝《あさ》と夕《ゆう》のマズメ時《どき》。
3 天候《てんこう》…重要《じゅうよう》なのは当日《とうじつ》よりも数日前《すうじつまえ》からの天候《てんこう》。後《あと》は風《かぜ》など。

心《こころ》づかいこそ、実《じつ》は爆釣《ばくちょう》への第一歩《だいいっぽ》

海《うみ》

釣《つ》り公園《こうえん》はもちろんのこと、防波堤《ぼうはてい》も公共《こうきょう》の場《ば》です。
みんなで安全《あんぜん》に仲《なか》よく釣《つ》りを楽《たの》しまなければなりません。
また、経験者《けいけんしゃ》からすれば、初心者《しょしんしゃ》は一目瞭然《いちもくりょうぜん》！
いっそのこと、ビギナーであることをおもいっきりアピールした方《ほう》が
きっと周囲《しゅうい》の釣《つ》り人《びと》たちはいろいろと教《おし》えてくれるはずです。

ここ、あいてますか？
こんにちは。
あいてますよ。
潮《しお》、よくなってきたよ。

「ここ、よろしいでしょうか」のひと言《こと》にダメといえる人《ひと》などいない。もしも周囲《しゅうい》と険悪《けんあく》になってしまったら釣《つ》れるものも釣《つ》れなくなる。まずは自《みずか》ら進《すす》んで声《こえ》をかけよう。

防波堤《ぼうはてい》は港《みなと》の施設《しせつ》。当然《とうぜん》、そこは漁師《りょうし》さんたちの仕事場《しごとば》でもある。なので、素通《すどお》りなんてもってのほか。**必《かなら》ずあいさつはしよう。**また、すでに駐車《ちゅうしゃ》してあるからといって**黙《だま》ってマイカーを止《と》めるのも厳禁《げんきん》。**

海釣《うみづ》り公園《こうえん》のスタッフは、まさに生《い》きた情報源《じょうほうげん》でもある。初心者《しょしんしゃ》に対《たい》するアドバイスだけでなく、エサは何《なに》がよいか、どこがポイントか、何《なに》が釣《つ》れているかなど、ここぞとばかりに質問《しつもん》しよう。

防波堤《ぼうはてい》や海釣《うみづ》り公園《こうえん》ではこんな人《ひと》が迷惑《めいわく》

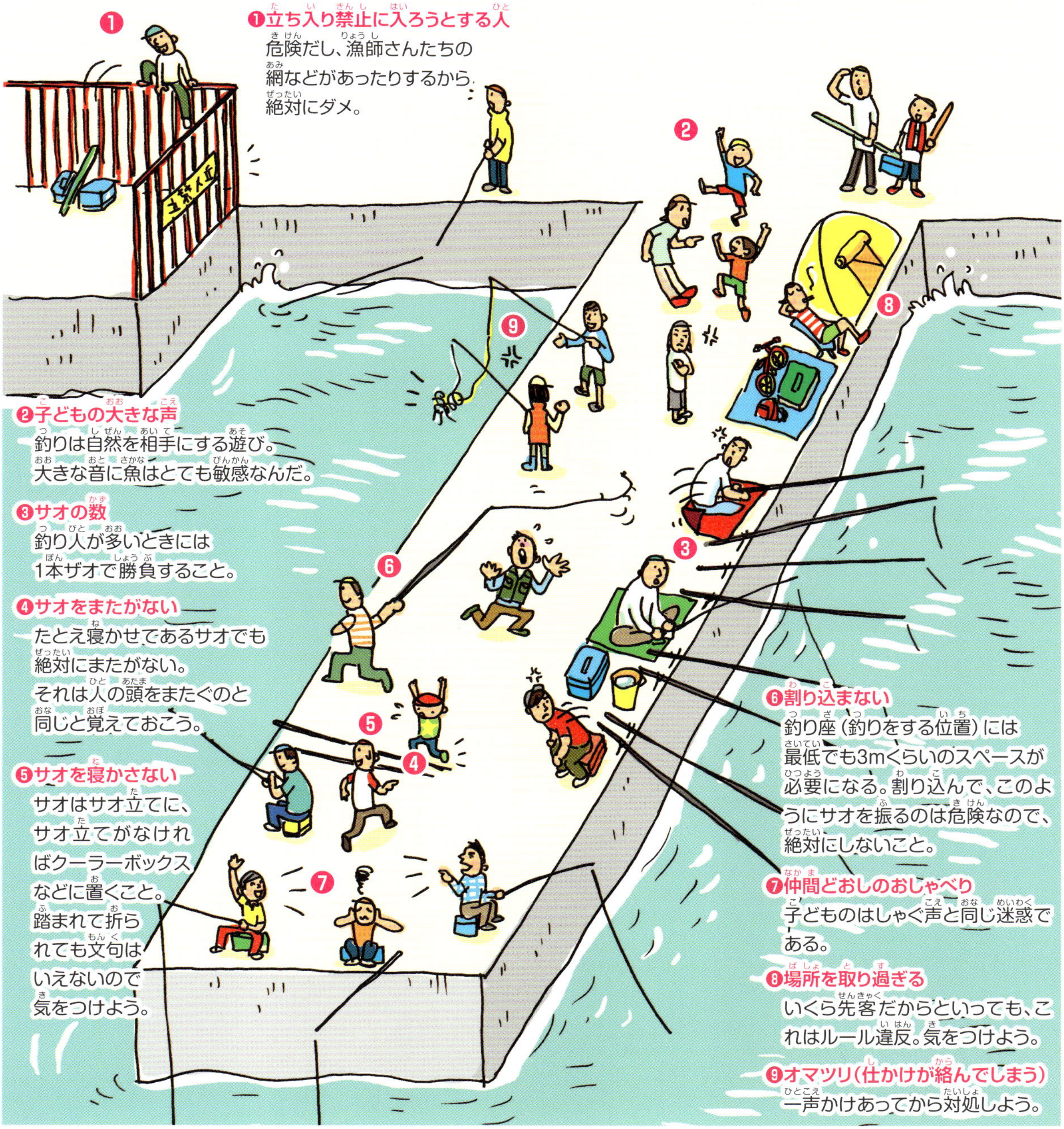

❶立《た》ち入《い》り禁止《きんし》に入《はい》ろうとする人《ひと》

危険《きけん》だし、漁師《りょうし》さんたちの網《あみ》などがあったりするから絶対《ぜったい》にダメ。

❷子《こ》どもの大《おお》きな声《こえ》

釣《つ》りは自然《しぜん》を相手《あいて》にする遊《あそ》び。大《おお》きな音《おと》に魚《さかな》はとても敏感《びんかん》なんだ。

❸サオの数《かず》

釣《つ》り人《びと》が多《おお》いときには1本《ぽん》ザオで勝負《しょうぶ》すること。

❹サオをまたがない

たとえ寝《ね》かせてあるサオでも絶対《ぜったい》にまたがない。それは人《ひと》の頭《あたま》をまたぐのと同《おな》じと覚《おぼ》えておこう。

❺サオを寝《ね》かさない

サオはサオ立《た》てに、サオ立《た》てがなければクーラーボックスなどに置《お》くこと。踏《ふ》まれて折《お》られても文句《もんく》はいえないので気《き》をつけよう。

❻割《わ》り込《こ》まない

釣《つ》り座《ざ》（釣《つ》りをする位置《いち》）には最低《さいてい》でも3mくらいのスペースが必要《ひつよう》になる。割《わ》り込《こ》んで、このようにサオを振《ふ》るのは危険《きけん》なので、絶対《ぜったい》にしないこと。

❼仲間《なかま》どおしのおしゃべり

子《こ》どものはしゃぐ声《こえ》と同《おな》じ迷惑《めいわく》である。

❽場所《ばしょ》を取《と》り過《す》ぎる

いくら先客《せんきゃく》だからといっても、これはルール違反《いはん》。気《き》をつけよう。

❾オマツリ（仕《し》かけが絡《から》んでしまう）

一声《ひとこえ》かけあってから対処《たいしょ》しよう。

さあ、サビキ釣《づ》りに挑戦《ちょうせん》しよう

挑《ちょう》戦《せん》といっても、とてもかんたん。なぜなら、サオを上下《じょうげ》に動《うご》かすだけ。
たったそれだけで釣《つ》れちゃいます。
おまけに、エサ付《つ》けはラク（アミエビを使《つか》うから気持《きも》ち悪《わる》くない）だし、
仕《し》かけもかんたん。釣法《ちょうほう》も初心者《しょしんしゃ》向《む》きだから釣《つ》れる確率《かくりつ》は高《たか》いし、
いろいろな魚《さかな》が釣《つ》れます。それがサビキ釣《づ》りなのです。

■サビキ釣《づ》りとは？

静《しず》かにゆっくりと
落《お》とすのがコツ
仕《し》かけの動《うご》かし方《かた》

サオを上下《じょうげ》に動《うご》かして誘《さそ》うことを、釣《つ》りでは「さびく」ということから、この名《な》まえがつきました。

サビキ釣《づ》りはこんな感《かん》じで釣《つ》れます

①落《お》とした仕《し》かけを引《ひ》くと、コマセ袋《ふくろ》からコマセがまかれて魚《さかな》が集《あつ》まってくる。

②サビキバリも踊《おど》って魚《さかな》にアピールする。

③魚《さかな》が何匹《なんびき》もエサに食《く》いつく。

■釣《つ》る場所《ばしょ》が決《き》まったら

釣《つ》る前《まえ》の準備《じゅんび》、その①

まずは布《ぬの》バケツで海水《かいすい》をくみ、コマセのアミエビを解凍《かいとう》する。このときに袋《ふくろ》は破《やぶ》らずに浸《つ》けること。破《やぶ》ると、コマセの養分《ようぶん》が海水《かいすい》に溶《と》けてしまうため、注意《ちゅうい》。

布《ぬの》バケツはいろいろと使《つか》えるため、あるととても便利《べんり》。折《お》りたためるし、ロープが付《つ》いているから足場《あしば》が高《たか》くてもかんたんに海水《かいすい》をくめる。

ジャポン

釣《つ》る前《まえ》の準備《じゅんび》、その②

サビキ仕《し》かけ

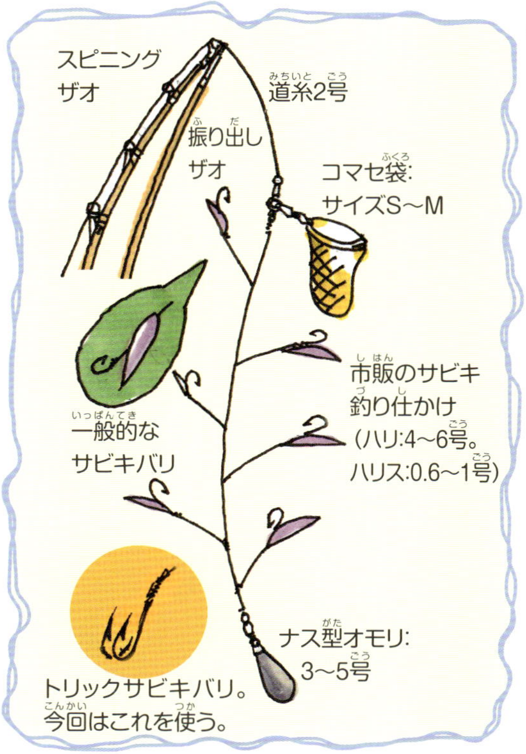
スピニング
ザオ
道糸《みちいと》2号《ごう》
振《ふ》り出《だ》し
ザオ
コマセ袋《ふくろ》:
サイズS～M
市販《しはん》のサビキ
釣《づ》り仕《し》かけ
(ハリ:4～6号《ごう》。
ハリス:0.6～1号《ごう》)
一般的《いっぱんてき》な
サビキバリ
ナス型《がた》オモリ:
3～5号《ごう》
トリックサビキバリ。
今回《こんかい》はこれを使《つか》う。

市販仕《しはんし》かけのセットの仕方《しかた》

①道糸《みちいと》に結《むす》んだスナップ付《つ》きヨリモドシと市販仕《しはんし》かけのヨリモドシを接続《せつぞく》させる。

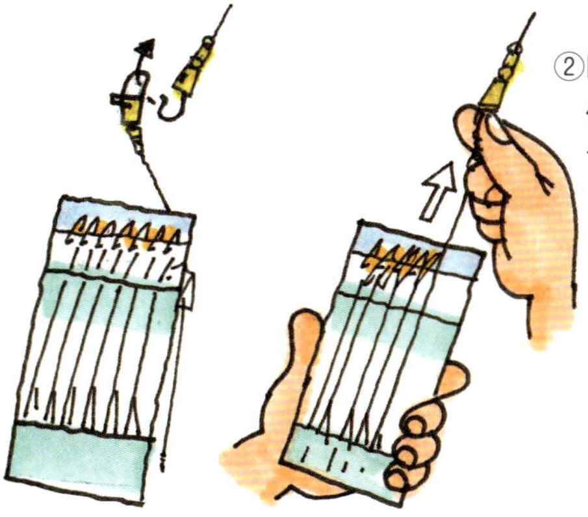

②図《ず》の方向《ほうこう》に仕《し》かけを加減《かげん》して引《ひ》きぬく。

③後《あと》は次々《つぎつぎ》とハリはぬけていく。引《ひ》きぬき終《お》えたら、コマセ袋《ぶくろ》とオモリをセットすれば完成《かんせい》。

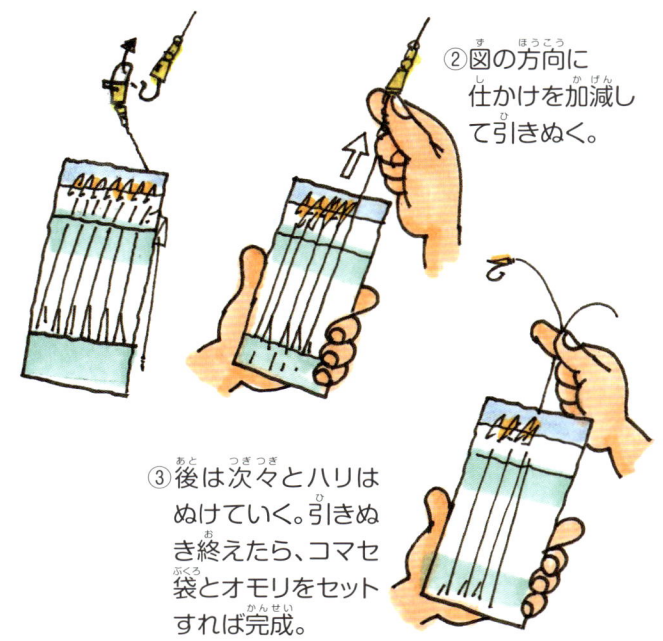

さあ、スタート!

コマセのそれぞれの使《つか》い方《かた》

コマセ袋《ぶくろ》

袋《ふくろ》にはおおよそ8分目《ぶんめ》くらい入《い》れる。入《い》れ過《す》ぎると水中《すいちゅう》でうまく散《ち》らなくなる。

トリックバリにエサ付《つ》け

仕《し》かけを前後《ぜんご》にスライドさせる。

スノコ

すると、こんな感《かん》じでエサが付《つ》く。

いわゆる通常《つうじょう》のサビキ釣《づ》りにはハリにエサ付《つ》けしないので、トリックの名《な》がついた。

親子《おやこ》で、2本《ほん》ザオで攻《せ》める

コマセをヒシャクで数回《すうかい》まいて、そのなかに仕《し》かけを投入《とうにゅう》。2本《ほん》とも静《しず》かに着水《ちゃくすい》させること。

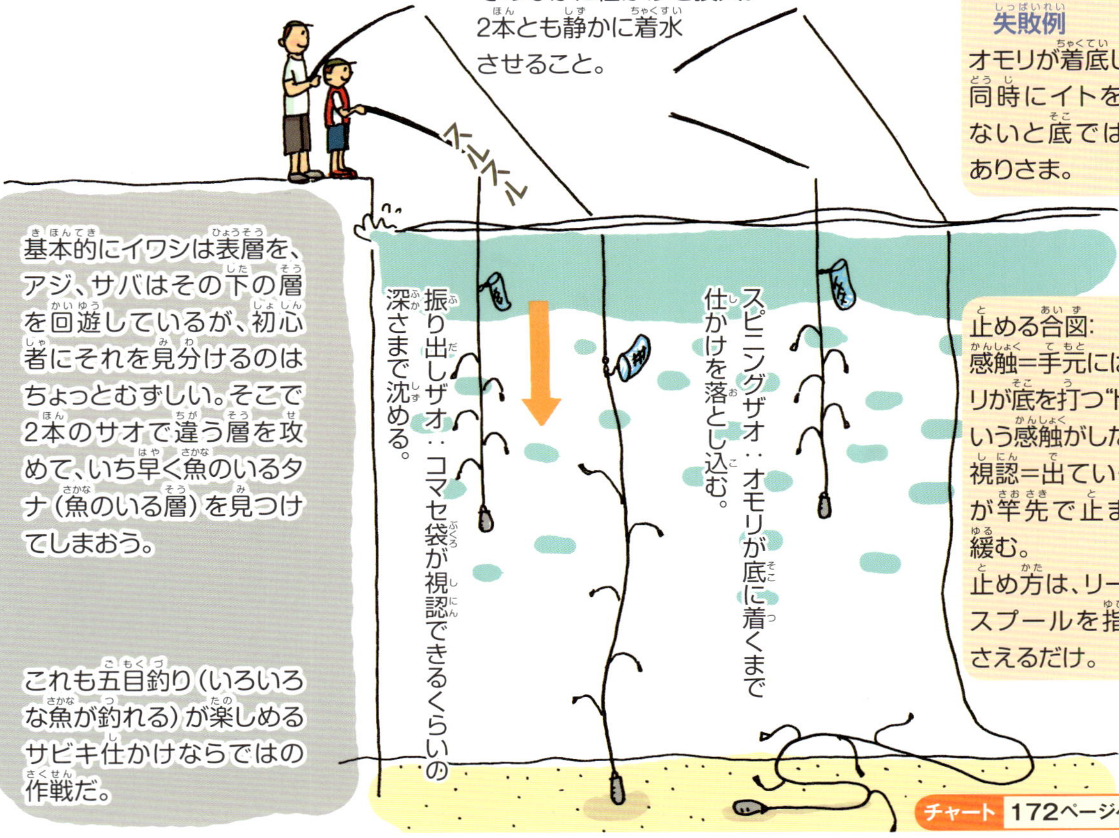

スルスル
振《ふ》り出《だ》しザオ:コマセ袋《ぶくろ》が視認《しにん》できるくらいの深《ふか》さまで沈《しず》める。
スピニングザオ:オモリが底《そこ》に着《つ》くまで仕《し》かけを落《お》とし込《こ》む。

★スピニングザオの失敗例《しっぱいれい》

オモリが着底《ちゃくてい》したと同時《どうじ》にイトを止《と》めないと底《そこ》ではこのありさま。

基本的《きほんてき》にイワシは表層《ひょうそう》を、アジ、サバはその下《した》の層《そう》を回遊《かいゆう》しているが、初心《しょしん》者《しゃ》にそれを見分《みわ》けるのはちょっとむずしい。そこで2本《ほん》のサオで違《ちが》う層《そう》を攻《せ》めて、いち早《はや》く魚《さかな》のいるタナ(魚《さかな》のいる層《そう》)を見《み》つけてしまおう。

止《と》める合図《あいず》:
感触《かんしょく》=手元《てもと》にはオモリが底《そこ》を打《う》つ“トン”という感触《かんしょく》がしたら。
視認《しにん》=出《で》ていくイトが竿先《さおさき》で止《と》まって緩《ゆる》む。
止《と》め方《かた》は、リールのスプールを指《ゆび》で押《お》さえるだけ。

これも五目《ごもく》釣《づ》り(いろいろな魚《さかな》が釣《つ》れる)が楽《たの》しめるサビキ仕《し》かけならではの作戦《さくせん》だ。

チャート 172ページへGo!

■投入《とうにゅう》するコマセ

ヒシャク
バッカン

コマセはヒシャクを使《つか》って投入《とうにゅう》する。投入後《とうにゅうご》にうまくばらけるように海水《かいすい》を混《ま》ぜることもある。

■コマセの投《な》げ方《かた》

投《な》げ方《かた》の基本《きほん》は
オーバースロー
ヒュン！

一度《いちど》にたくさんまかずに、ちびちび投《な》げる。

■水中《すいちゅう》での魚《さかな》の誘《さそ》い方《かた》

①オモリが着底《ちゃくてい》したら、底《そこ》から離《はな》す。振《ふ》り出《で》しザオは誘《さそ》いを開始《かいし》。

②アタリはコツコツと伝《つた》わり、サオ先《さき》が軽《かる》く下《さ》がる。アワセはいらない。

③かかった魚《さかな》の動《うご》きでさらに魚《さかな》がかかる。仕《し》かけをゆっくり上《あ》げてくれば、追《お》い食《ぐ》いすることもある。

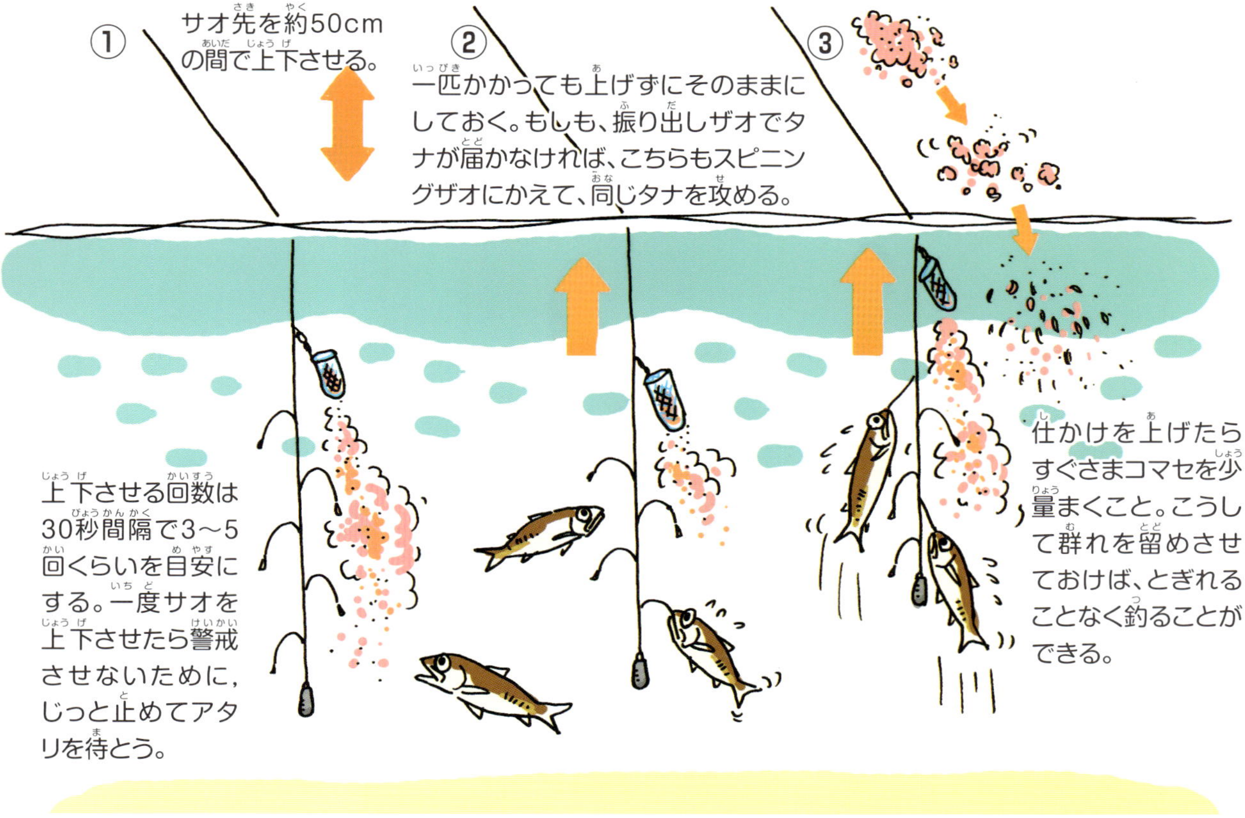
①
サオ先《さき》を約《やく》50cmの間《あいだ》で上下《じょうげ》させる。
②
一匹《いっぴき》かかっても上《あ》げずにそのままにしておく。もしも、振《ふ》り出《だ》しザオでタナが届《とど》かなければ、こちらもスピニングザオにかえて、同《おな》じタナを攻《せ》める。
③
上下《じょうげ》させる回数《かいすう》は30秒間隔《びょうかんかく》で3〜5回《かい》くらいを目安《めやす》にする。一度《いちど》サオを上下《じょうげ》させたら警戒《けいかい》させないために，じっと止《と》めてアタリを待《ま》とう。
仕《し》かけを上《あ》げたらすぐさまコマセを少量《しょうりょう》まくこと。こうして群《む》れを留《とど》めさせておけば、とぎれることなく釣《つ》ることができる。

■釣れないときはちょい投《な》げ釣《づ》りでねらってみよう！

サビキ釣《づ》りを続《つづ》けていると、
何《なん》らかの影響《えいきょう》でアタリは遠《とお》のくことがあります。
こんなとき魚《さかな》は岸《きし》から離《はな》れて
様子《ようす》をうかがっている場合《ばあい》が多《おお》いため、
ぜひ、ちょい投《な》げ釣《づ》りでねらってみましょう。
しかも、サビキ仕《し》かけをほとんどそのまま使《つか》えて、
投《な》げた後《あと》の釣《つ》り方《かた》もサビキ釣《づ》りと同《おな》じなのです。

サビキ釣《つ》りのちょい投《な》げ仕《し》かけ

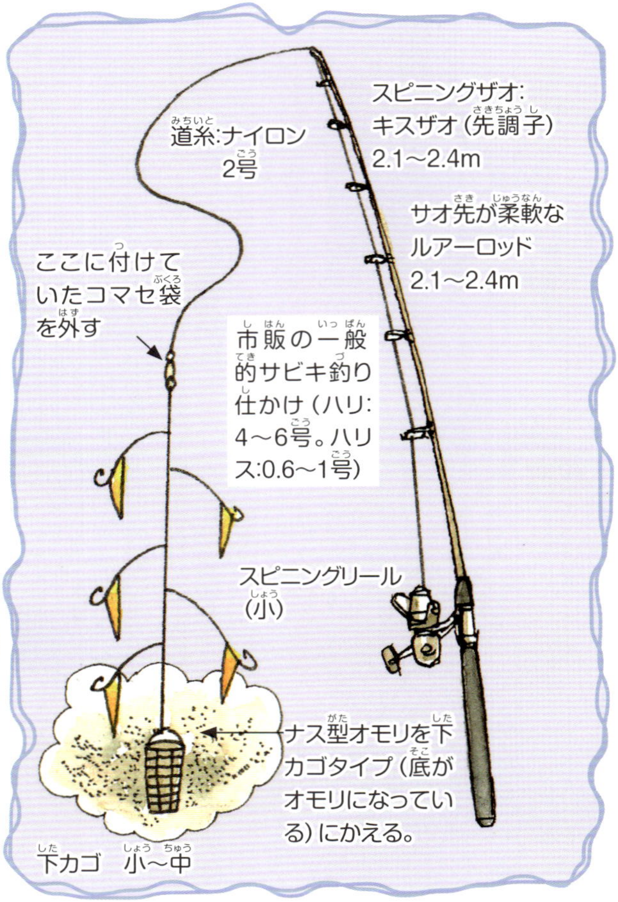
スピニングザオ：キスザオ（先調子《さきちょうし》）2.1〜2.4m
道糸《みちいと》：ナイロン2号《ごう》
サオ先《さき》が柔軟《じゅうなん》なルアーロッド2.1〜2.4m
ここに付《つ》けていたコマセ袋《ぶくろ》を外《はず》す
市販《しはん》の一般《いっぱん》的《てき》サビキ釣《づ》り仕《し》かけ（ハリ：4〜6号《ごう》。ハリス：0.6〜1号《ごう》）
スピニングリール（小《しょう》）
ナス型《がた》オモリを下《した》カゴタイプ（底《そこ》がオモリになっている）にかえる。
下《した》カゴ　小《しょう》〜中《ちゅう》

周囲《しゅうい》にはくれぐれも注意《ちゅうい》してから投《な》げよう。

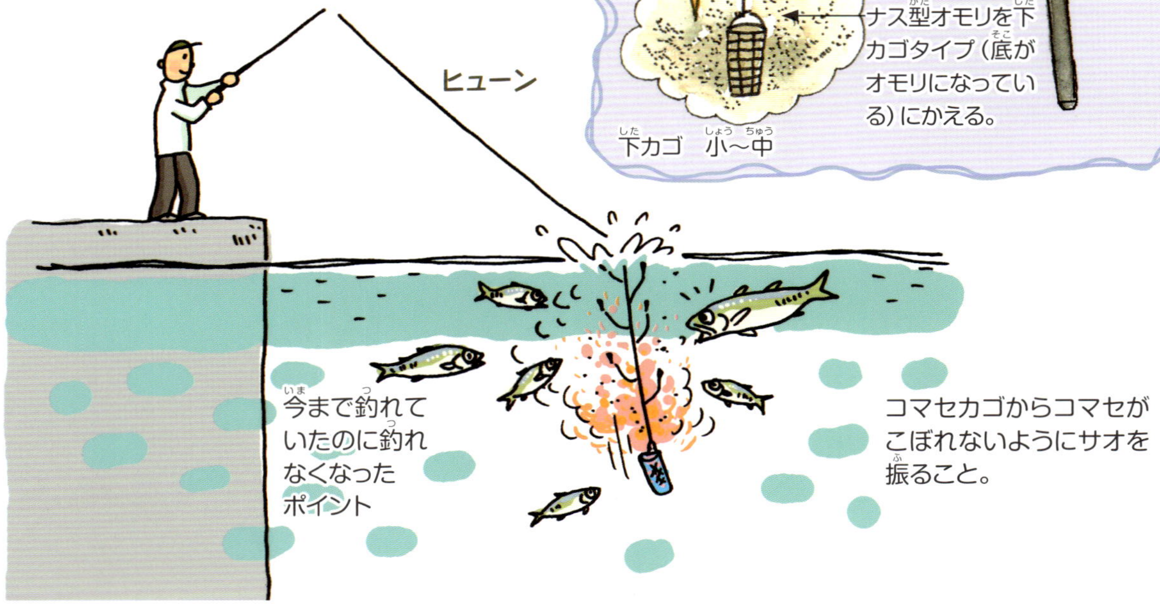
ヒューン
今《いま》まで釣《つ》れていたのに釣《つ》れなくなったポイント
コマセカゴからコマセがこぼれないようにサオを振《ふ》ること。

■魚《さかな》を釣《つ》り上《あ》げたときのハリの外《はず》し方《かた》

サビキ仕《し》かけのように枝《えだ》バリがいくつもあって、
しかも一度《いちど》に魚《さかな》が数匹《すうひき》かかった場合《ばあい》は、
必《かなら》ず上《うえ》のハリの魚《さかな》から外《はず》すようにすること。
もしも、下《した》の魚《さかな》から外《はず》そうとすると、
緩《ゆる》んだイトと魚《さかな》やハリが絡《から》んでしまって、
仕《し》かけは使《つか》いものにならなくなってしまう。

小《ちい》さい魚《さかな》は
リリースして
あげようね。
資源保護《しげんほご》という
だけでなく、
大《おお》きく育《そだ》った魚《さかな》と
再《ふたた》び出会《であ》う
ためにもね!!

外《はず》すときは、常《つね》にオモリの重《おも》さによる張《は》りを感《かん》じながら上《うえ》から順《じゅん》に外《はず》していこう。

枝《えだ》バリ

ハリの外《はず》し方《かた》

✣ハリを飲《の》まれていない場合《ばあい》

①魚《さかな》のエラの近《ちか》くをしっかりつかんだら、ハリスを引《ひ》っ張《ぱ》り、見《み》えたハリの軸《じく》をつまむ。

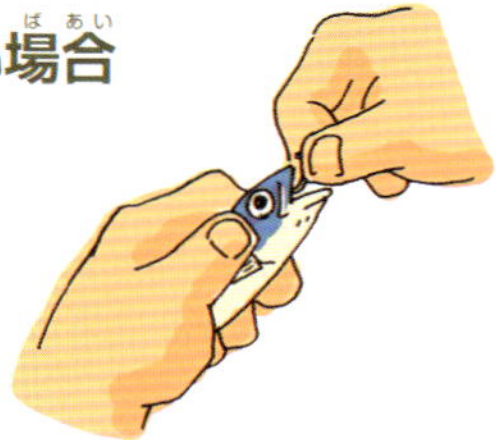

②ハリの刺《さ》さっている方向《ほうこう》とは反対側《はんたいがわ》へ、弧《こ》を描《えが》くように動《うご》かせばかんたんに取《と》れる。

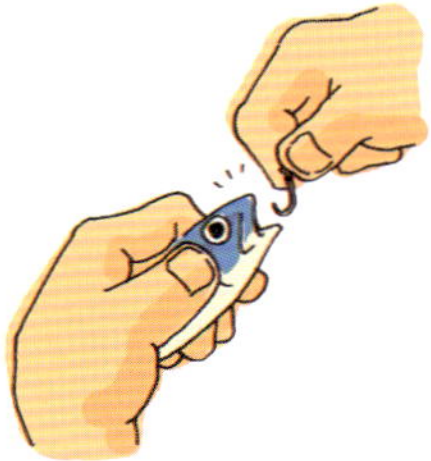

✣ハリを飲《の》まれてしまった場合《ばあい》(ハリ外《はず》し)

①まず、ハリスを引《ひ》いて張《は》っておくこと。ハリスにハリ外《はず》しの先端部《せんたんぶ》(カギ状《じょう》)をはわせる。

②ハリの軸《じく》まではわせたら“グイッ”と横《よこ》にひねる。コツは、押《お》し込《こ》みながらひねるようにすること。

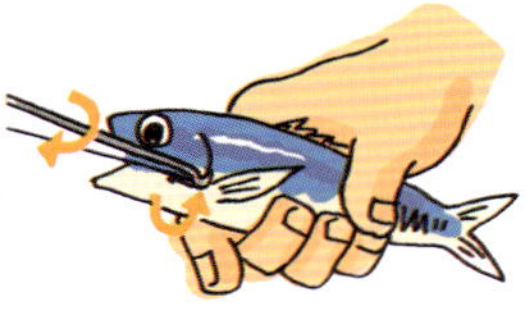

■サビキ釣《づ》りに満足《まんぞく》したら、次《つぎ》はウキ釣《づ》りに挑戦《ちょうせん》！

上《あ》げ潮《しお》によって水面《すいめん》は高《たか》く、波《なみ》もおだやかなときは
ウキ釣《づ》りに挑戦《ちょうせん》できる絶好《ぜっこう》のチャンス。
仕《し》かけはシンプルで軽量《けいりょう》、しかも川《かわ》のような流《なが》れはないから
だれでもかんたんにできちゃいます。
サビキ釣《づ》りほど効率《こうりつ》はよくないけど、**１匹《びき》１匹《びき》釣《つ》る**のも
また違《ちが》ったおもしろさがあります。

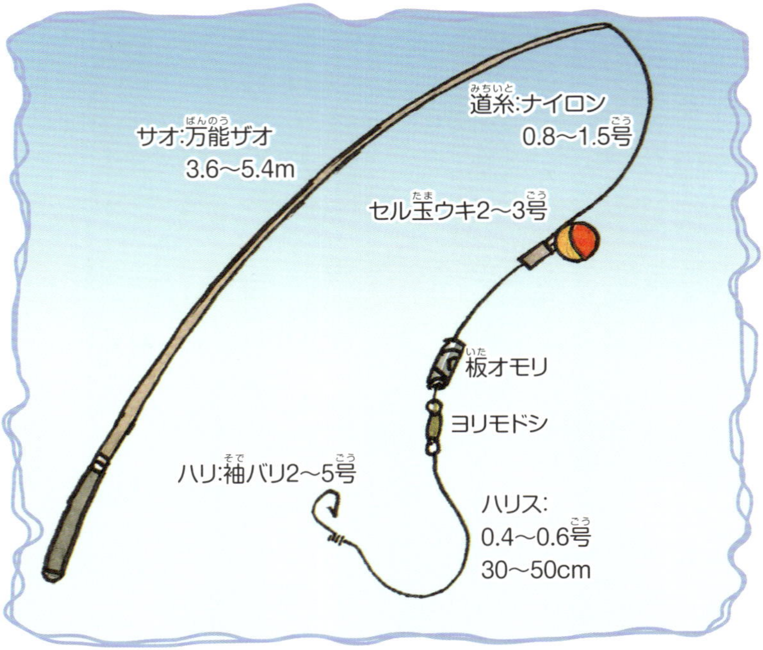
道糸《みちいと》:ナイロン
0.8〜1.5号《ごう》
サオ:万能《ばんのう》ザオ
3.6〜5.4m
セル玉《たま》ウキ2〜3号《ごう》
板《いた》オモリ
ヨリモドシ
ハリ:袖《そで》バリ2〜5号《ごう》
ハリス:
0.4〜0.6号《ごう》
30〜50cm

重要《じゅうよう》なオモリの調節《ちょうせつ》

オモリには板《いた》オモリを使《つか》う。ガン玉《だま》オモリの方《ほう》がセットはしやすいが、ウキの浮《ふ》力調節《りょくちょうせつ》には自在《じざい》にカットできる板《いた》オモリの方《ほう》が向《む》いているからだ。

Cut!

①ハサミで図《ず》のような五角形《ごかっけい》にカットする。
②幅《はば》のある方《ほう》にハサミの刃《は》を当《あ》てて角《かど》を作《つく》る。
③角《かど》からくるくる巻《ま》いて、中心《ちゅうしん》にできたすき間《ま》にイトを通《とお》す。

ウキの浮力《ふりょく》をオモリで調整《ちょうせい》

魚《さかな》のアタリを敏感《びんかん》に伝《つた》わるようにするための作業《さぎょう》。
慣《な》れないうちは、釣《つ》り場《ば》よりも自宅《じたく》でやっておこう。

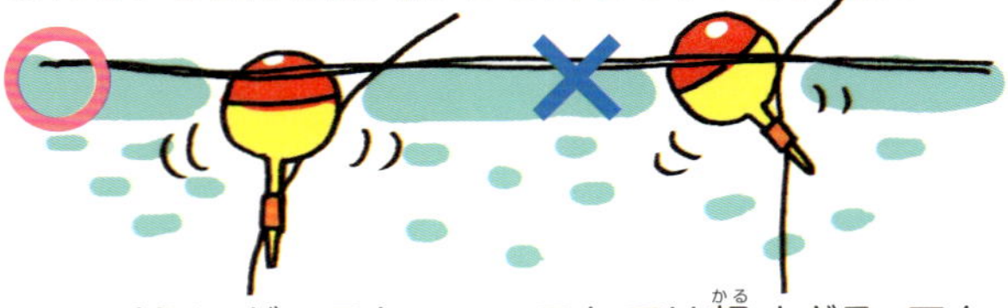

このくらいがベスト。ウキの浮力《ふりょく》が抑《おさ》えられ、魚《さかな》も警戒《けいかい》なくエサを食《く》ってくれる。

これでは軽《かる》すぎる。アタリが明確《めいかく》にならないばかりか、潮《しお》の動《うご》きに左右《さゆう》されてしまう。

付《つ》けエサのオキアミ

このようにパックされて売《う》られている。加工《かこう》されたものや生《なま》、ボイルなどがある。

ハリの付《つ》け方《かた》

詳《くわ》しい付《つ》け方《かた》や他《ほか》の付《つ》け方《かた》は

チャート 164ページへGo!

❖仕《し》かけ投入《とうにゅう》のタイミング

①魚《さかな》を集《あつ》めるためにコマセをまく。このときに潮《しお》が動《うご》いている場合《ばあい》は、必《かなら》ず潮上《しおがみ》をねらってコマセを投入《とうにゅう》すること。

②魚《さかな》を集《あつ》める位置《いち》は、自分《じぶん》の立《た》ち位置《いち》よりも少《すこ》し潮《しお》下《しも》がベスト。魚《さかな》が集《あつ》まりだしたときが仕《し》かけ投入《とうにゅう》のサイン。

❖タナに合《あ》わせるウキ下《した》の調節《ちょうせつ》

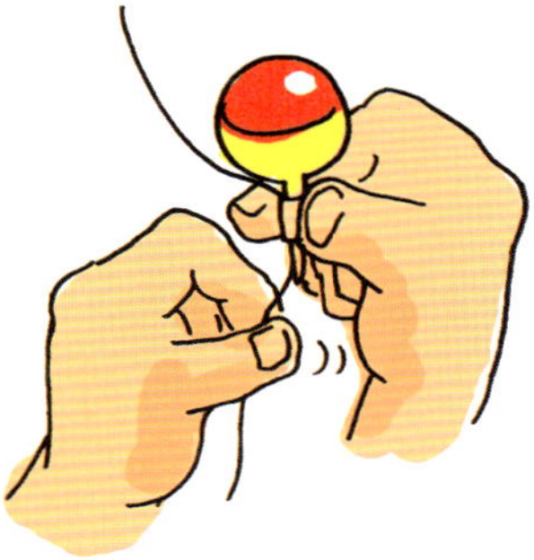

ベテランの釣《つ》り人《びと》といえども、魚《さかな》のタナにウキ下《した》を合《あ》わせるのは至難《しなん》の業《わざ》。

そこで、まずは中層《ちゅうそう》に的《まと》を絞《しぼ》ってウキ下《した》を1.5mに合《あ》わせる。もしもアタリがないようなら、右《みぎ》のデータを参考《さんこう》にしよう。

①中層《ちゅうそう》よりもタナを浅《あさ》くする場合《ばあい》

②中層《ちゅうそう》よりもタナを深《ふか》くする場合《ばあい》

①
- ・濁《にご》っている
- ・波《なみ》がある
- ・水温《すいおん》が高《たか》い
- ・雨《あめ》や曇《くも》りのとき
- ・マズメ時《どき》(早朝《そうちょう》と夕方《ゆうがた》)

②
- ・日中《にっちゅう》
- ・風《かぜ》もなくおだやか
- ・水温《すいおん》が低《ひく》い
- ・晴《は》れのとき
- ・水《みず》が澄《す》んでいるとき

❖アタリにアワセるためのウキ下《した》の調節《ちょうせつ》

魚《さかな》のタナを見《み》つけてウキにアタリの反応《はんのう》が出《で》ているのにアワセられないときがある。でも心配無用《しんぱいむよう》。もう釣《つ》れたも同然《どうぜん》。後《あと》はウキ下《した》を5cm調整《ちょうせい》するだけでいい。

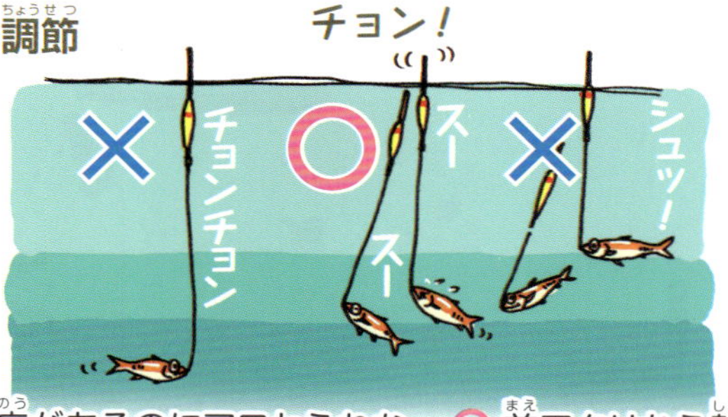

✕アタリの反応《はんのう》が速《はや》すぎてアワセられないときは、ウキ下《した》を5cm長《なが》くしよう。

✕ウキに反応《はんのう》があるのにアワセられないときは、ウキ下《した》を5cm短《みじか》くしよう。

○前《まえ》アタリから静《しず》かにウキが沈《しず》み込《こ》めば、調整《ちょうせい》は大成功《だいせいこう》。

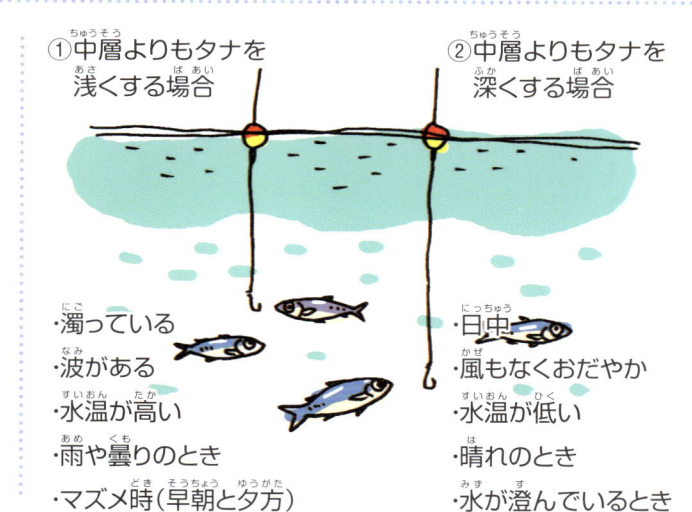

✣仕《し》かけとコマセを同調《どうちょう》させる

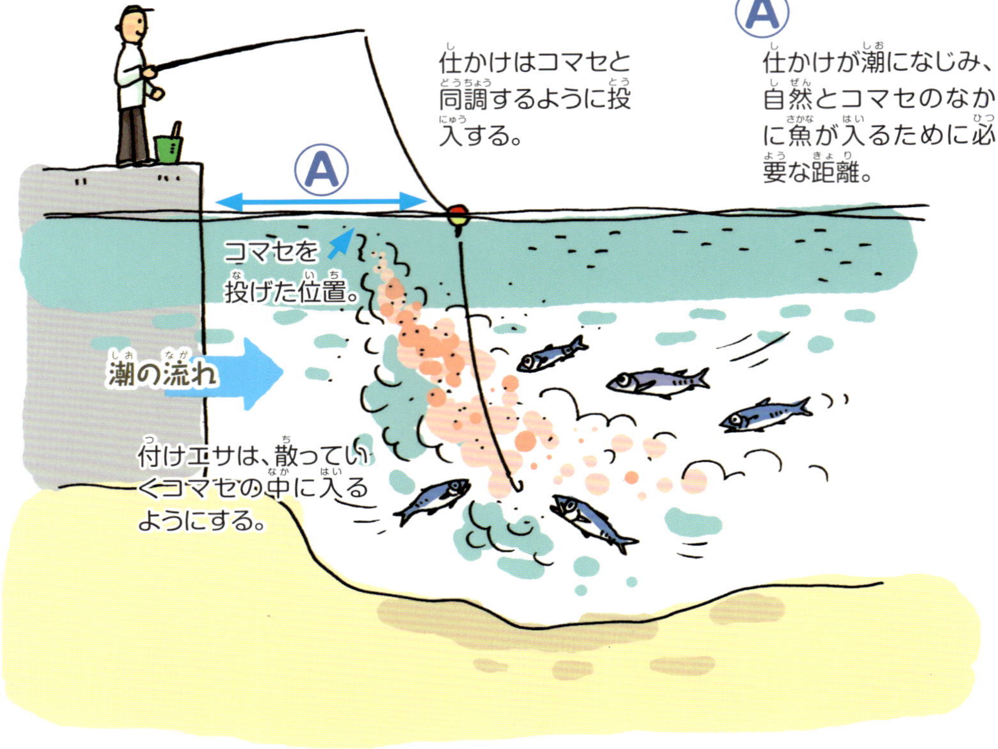
仕《し》かけはコマセと同調《どうちょう》するように投入《とうにゅう》する。
Ⓐ
仕《し》かけが潮《しお》になじみ、自然《しぜん》とコマセのなかに魚《さかな》が入《はい》るために必要《ひつよう》な距離《きょり》。
Ⓐ
コマセを投《な》げた位置《いち》。
潮《しお》の流《なが》れ
付《つ》けエサは、散《ち》っていくコマセの中《なか》に入《はい》るようにする。

✣魚《さかな》によって変化《へんか》するアタリとそれぞれのアワセ方《かた》

①小《ちい》さいアタリの場合《ばあい》

ウキがピョコンピョコンと動《うご》くときはアジや小型《こがた》のサバ、サヨリなどの可能性《かのうせい》が高《たか》い。

ピシッ

最初《さいしょ》の反応《はんのう》をやり過《す》ごすと次《つぎ》に明確《めいかく》なアタリがある。そこで手首《てくび》のスナップを利用《りよう》した鋭《するど》い小《ちい》さな動《うご》きでアワセる。

②ウキが一気《いっき》に消《け》し込《こ》んだり、スーッと深《ふか》く沈《しず》むアタリはウミタナゴやメジナに多《おお》い。

グーン

ウキが十分《じゅうぶん》に沈《しず》むまで待《ま》ってからアワセる。手首《てくび》ではなく、腕全体《うでぜんたい》を使《つか》って大《おお》きくアワセる。

おいしく食《た》べるための、とっておきの保存方法《ほぞんほうほう》

料《りょう》理《り》の腕前《うでまえ》は別《べつ》にして、**釣《つ》った魚《さかな》をおいしく食《た》べるには一《いち》にも二《に》にもその保存《ほぞん》の仕方《しかた》**にあります。
釣《つ》りたての鮮度《せんど》がそこなわれてしまったのでは、
釣《つ》った魚《さかな》がかわいそう。リリースも大切《たいせつ》だけど、
感謝《かんしゃ》しておいしく食《た》べることも自然《しぜん》や魚《さかな》への礼儀《れいぎ》になるのです。

①自宅《じたく》での準備《じゅんび》

手ごろな保存容器《ほぞんようき》などで事前《じぜん》に氷《こおり》を作《つく》っておき、塩《しお》を振《ふ》って（保冷効《ほぞんこう》果《か》がアップ）から密閉《みっぺい》する。ペットボトルで作《つく》ると溶《と》けたときに塩分《えんぶん》が薄《うす》まらない。

ビニールで包《つつ》んだ氷《こおり》

八分目《はちぶんめ》まで水《みず》を入《い》れて冷凍《れいとう》。

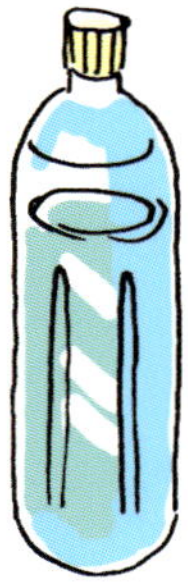

釣行前《ちょうこうまえ》のクーラー内部《ないぶ》のレイアウト

新聞紙《しんぶんし》で保冷効果《ほぞんこうか》を高《たか》める

②釣《つ》っているとき

クーラーのなかに海水《かいすい》を入《い》れておく。釣《つ》れるたびに開閉《かいへい》していると冷《れい》気《き》は逃《に》げてしまう。ある程度《ていど》釣《つ》れるまでバケツのなかで生《い》かしておき、まとまったら元気《げんき》なうちに氷水《こおりみず》に入《い》れてしまおう。

釣《つ》りをしているときのレイアウト

氷《こおり》は大《おお》きいまま

死《し》んでからでは遅《おそ》いので注意《ちゅうい》。

③帰《かえ》るときの準備《じゅんび》

釣《つ》った魚《さかな》は氷《こおり》をたっぷり使《つか》って、キンキンに冷《ひ》やして持《も》ち帰《かえ》る。

帰宅時《きたくじ》のレイアウト

●夏以外《なついがい》の季節《きせつ》

新聞紙《しんぶんし》
板氷《いたごおり》

氷《こおり》の上《うえ》に新聞紙《しんぶんし》を敷《し》いて、その上《うえ》に釣《つ》った魚《さかな》を入《い》れる。

●夏《なつ》などの高温時《こうおんじ》

こぶしくらいの氷《こおり》
食塩《しょくえん》をひとつかみ入《い》れる

砕《くだ》いた氷《こおり》をたっぷりと入《い》れて、ビニール袋《ぶくろ》で密閉《みっぺい》した魚《さかな》を保存《ほぞん》する。

釣《つ》りをしているときの2大《だい》トラブルと対処法《たいしょほう》

釣《つ》りのときにどうしても避《さ》けられないトラブルに根《ね》がかり（底《そこ》の障害物《しょうがいぶつ》などに仕《し》かけが引《ひ》っかかること）があります。
熟練《じゅくれん》の釣《つ》り人《びと》でも避《さ》けられないものですが、
初心者《しょしんしゃ》との違《ちが》いはその対処法《たいしょほう》のうまさにあります。
また、防波堤《ぼうはてい》や海釣《うみづ》り公園《こうえん》は、どうしても釣《つ》り人《びと》の集《あつ》まる釣《つ》り場《ば》なので、
オマツリ（仕《し》かけ同士《どうし》が絡《から》まること）にも注意《ちゅうい》しなければなりません。

(1)もしも、根《ね》がかりしてしまったら

スタスタ

スタスタ

①左右《さゆう》に移動《いどう》する方法《ほうほう》

イトを少《すこ》し緩《ゆる》めて左右《さゆう》に移動《いどう》したら、そこで再《ふたた》び軽《かる》く張《は》り、小刻《こきざ》みにサオを振《ふ》ってみる。

②サオを立《た》てる方法《ほうほう》

クンクン
クンクン

サオを立《た》てたときに軽《かる》く張《は》りを感《かん》じるくらいにイトを巻《ま》き、張《は》ったり緩《ゆる》めたりと小刻《こきざ》みにサオを振《ふ》る。

③イトを直接《ちょくせつ》張《は》る方法《ほうほう》

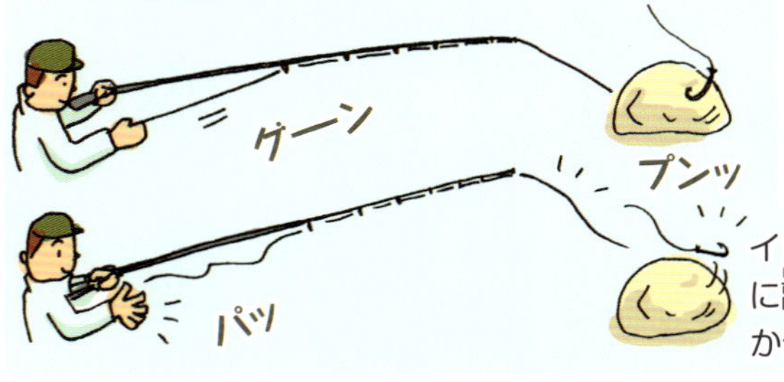
グーン
ブンッ
パッ

イトを直接《ちょくせつ》つかんで引《ひ》っ張《ば》り、急《きゅう》に離《はな》す。するとその反動《はんどう》で引《ひ》っかかった部分《ぶぶん》が跳《は》ねて外《はず》れる。

④残念《ざんねん》な方法《ほうほう》

無理《むり》だと思《おも》ったら、さっさとあきらめるのも肝心《かんじん》。サオとイトを真《ま》っ直《す》ぐにして後《うし》ろにゆっくり下《さ》がってイトを切《き》る。

(2)もしも、オマツリをしてしまったら

オマツリ　その①

仕《し》かけ同士《どうし》が絡《から》んでしまったら、ほどかずに進《すす》んで自《みずか》らの仕《し》かけを切《き》ろう。ほどかないのは、その分《ぶん》の時間《じかん》、釣《つ》りができずにもったいないからである。あわてずに誠意《せいい》をもって対処《たいしょ》しよう。

すみません
いいんだよ

オマツリ　その②

仕《し》かけの振《ふ》りこみに失敗《しっぱい》して隣《となり》の人《ひと》の仕《し》かけをまたいでしまったら、イトは巻《ま》かずに（巻《ま》いてしまうと仕《し》かけ同士《どうし》が絡《から》む）サオを立《た》て、反対側《はんたいがわ》へ移動《いどう》してから仕《し》かけを回収《かいしゅう》する。

スタタタッ
ペコリ
あっ、しまった

じょうずな帰《かえ》り支度《じたく》

その① 仕《し》かけの回収《かいしゅう》

ウキ釣《づ》りのようなシンプルな仕《し》かけは、持参《じさん》した仕《し》かけ巻《ま》きに回収《かいしゅう》する。サオを戻《もど》しながらすれば、絡《から》む心配《しんぱい》はない。

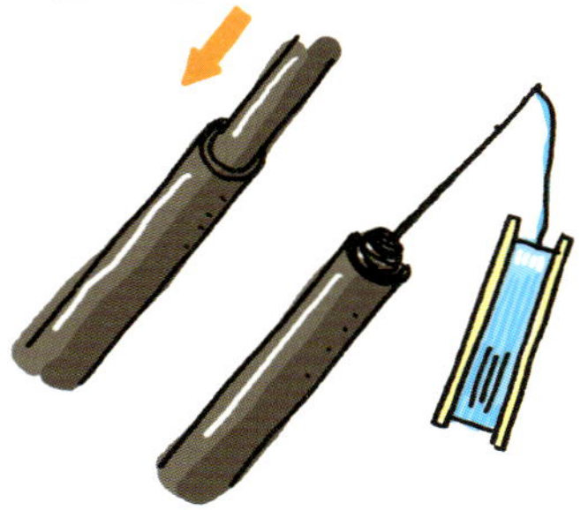

サビキ釣《づ》りのように少《すこ》し複雑《ふくざつ》な仕《し》かけについては、回収《かいしゅう》が無理《むり》のようならゴミにして、必《かなら》ず持《も》ち帰《かえ》ること。

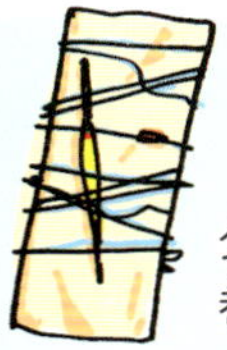

グルグルとゴミそのものに巻《ま》きつけてしまう

もしも、その場《ば》に放置《ほうち》すると、このような悲《かな》しいことになってしまう。

その② 釣《つ》った魚《さかな》は持《も》ち帰《かえ》る

海《うみ》ではいろいろな魚《さかな》が釣《つ》れる。高級魚《こうきゅうぎょ》もいれば、あまり美味《おいし》くない魚《さかな》もいる。釣《つ》った魚《さかな》は必《かなら》ず持《も》ち帰《かえ》って食《た》べ、そうでないものは釣《つ》った時点《じてん》でリリースしよう。ゴミのように扱《あつか》うなんて言語道断《ごんごどうだん》!

また、捨《す》てられている魚《さかな》には毒《どく》のあるのもいるからむやみにさわらないこと。

その③ 釣《つ》り場《ば》の後片《あとかた》づけ

コマセを使《つか》う釣《つ》りではどうしても釣《つ》り場《ば》は汚《よご》れる。放置《ほうち》されたコマセはすぐに腐《くさ》って、強力《りょうきょく》な悪臭《あくしゅう》を放《はな》つ。必《かなら》ず、水《みず》くみバケツなどを使《つか》ってきれいに洗《あら》い流《なが》しておくこと。

ゴミを落《お》としてはダメ。「立《た》つ鳥《とり》、跡《あと》を濁《にご》さず」だよ! もうわかったかな? この帰《かえ》り支度《じたく》はすべて自分《じぶん》たちが帰《かえ》った後《あと》の人《ひと》たちのためのことなんだ。そしてその行為《こうい》や思《おも》いやりは、いずれ、必《かなら》ず自分《じぶん》に戻《もど》ってくる。なぜなら、次《つぎ》にまた釣《つ》りにやってくるのも自分《じぶん》たちなのだから。

身近《みぢか》な川《かわ》でのんびり楽《たの》しみたい！

オイカワ・ウグイ釣《づ》り

オイカワ・ウグイは、環境《かんきょう》への適応性《てきおうせい》に優《すぐ》れて繁殖力《はんしょくりょく》も旺盛《おうせい》なため、私《わたし》たちの身近《みぢか》に生息《せいそく》しています。そのため気軽《きがる》に釣《つ》ることができますし、魚《さかな》のいない所《ところ》を釣《つ》ってしまうといった初心者《しょしんしゃ》にありがちな失敗《しっぱい》もしなくてすみます。また、流《なが》れの中《なか》の釣《つ》りは川釣《かわづ》り全般《ぜんぱん》の基礎《きそ》になり、川《かわ》に点在《てんざい》する様々《さまざま》なポイントに棲《す》むオイカワ・ウグイ釣《づ》りは、あきることなく基礎《きそ》をマスターできる格好《かっこう》のターゲットでもあるのです。

■ターゲット

オイカワ

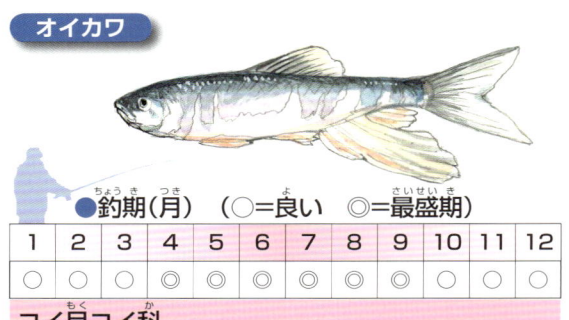

●釣期《ちょうき》(月《つき》)　(○=良《よ》い　◎=最盛期《さいせいき》)

1	2	3	4	5	6	7	8	9	10	11	12
○	○	○	◎	◎	◎	◎	◎	◎	○	○	○

コイ目《もく》コイ科《か》

●分布《ぶんぶ》／アユに混《ま》じって放流《ほうりゅう》され、生息地《せいそくち》は全土《ぜんど》に広《ひろ》がりつつある。
●体長《たいちょう》／2年《ねん》で成魚《せいぎょ》となり、体長《たいちょう》は約《やく》20cmになる。
●釣法《ちょうほう》／ウキ釣《づ》り、ミャク釣《づ》り、カバリ釣《づ》り、フライフィッシングなど

ウグイ

●釣期《ちょうき》(月《つき》)　(○=良《よ》い　◎=最盛期《さいせいき》)

1	2	3	4	5	6	7	8	9	10	11	12
○	○	○	◎	◎	◎	◎	○	○	○	○	○

コイ目《もく》コイ科《か》

●分布《ぶんぶ》／日本各地《にほんかくち》に生息《せいそく》。淡水型《たんすいがた》と海《うみ》に下《くだ》る降海型《こうかいがた》がいる。
●体長《たいちょう》／約《やく》30cmまで成長《せいちょう》する。
●釣法《ちょうほう》／ウキ釣《づ》り、ミャク釣《づ》り、投《な》げ込《こ》み釣《づ》り、カバリ釣《づ》りなど

オイカワ・ウグイのエサには何《なん》といってもカワムシが一番《いちばん》！

カワムシとは、幼虫期《ようちゅうき》を水《みず》の中《なか》で暮《く》らす水生昆虫《すいせいこんちゅう》の総称《そうしょう》のことで、カワゲラやカゲロウ、トビケラがいます。

オイカワ・ウグイを釣《つ》っていると、タカハヤやアブラハヤなど、他《ほか》の魚《さかな》も釣《つ》れるよ。対象魚《たいしょうぎょ》(目的《もくてき》の魚《さかな》)以外《いがい》の釣《つ》れた魚《さかな》を外道《げどう》というけど、いろいろ釣《つ》れることは楽《たの》しいよ。

採取《さいしゅ》の仕方《しかた》やハリ付《つ》けのことは チャート 166ページへGo！

オイカワ・ウグイは、大都市近郊《だいとしきんこう》の河川《かせん》でも元気《げんき》に泳《およ》ぐ姿《すがた》が見《み》られます。
生息域《せいそくいき》も上流部《じょうりゅうぶ》から中流域《ちゅうりゅういき》までと広《ひろ》いのも特徴《とくちょう》。
季節《きせつ》は、春先《はるさき》から初夏《しょか》にかけて深場《ふかば》から浅瀬《あさせ》にきて群《む》れを成《な》すため、
この時期《じき》が初心者《しょしんしゃ》にとってもっとも釣《つ》りやすい時期《じき》でしょう。

■オイカワ・ウグイのポイント

一般《いっぱん》にはオイカワ・ウグイの生息域《せいそくいき》は中流域全般《ちゅうりゅういきぜんぱん》とされてます。ただし、ひと言《こと》に中流域《ちゅうりゅういき》といっても、上流《じょうりゅう》に近《ちか》い所《ところ》と下流《かりゅう》に近《ちか》い所《ところ》では、そのようすはかなり違《ちが》ったものになります。

上流側《じょうりゅうがわ》の中流《ちゅうりゅう》

渓流《けいりゅう》の景色《けしき》が色濃《いろこ》く残《のこ》っているため、変化《へんか》に富《と》んだ流《なが》れのなかに魚《さかな》はいる。渓流《けいりゅう》よりも比較的《ひかくてき》安全《あんぜん》なため、渓流釣《けいりゅうづ》りの練習《れんしゅう》にもなる。

下流側《かりゅうがわ》の中流《ちゅうりゅう》

中流《ちゅうりゅう》といっても下流側《かりゅうがわ》になると、両岸《りょうぎし》は護岸《ごがん》されていることは多《おお》い。最初《さいしょ》はポイントを決《き》められないかもしれないが、魚種《ぎょしゅ》は増《ふ》えて楽《たの》しい釣《つ》りができる。

川釣《かわづ》りのマナーとルール

自《し》然《ぜん》は誰《だれ》のものでもないのだから、何《なに》をしようと勝手《かって》」、
こんなふうに考《かんが》えている人《ひと》はまさかいないと思《おも》いますが、
年々《ねんねん》、魚《さかな》の数《かず》は減《へ》ってきているのも事実《じじつ》なのです。
ぜひ、マナーとルールを守《まも》って釣《つ》りをしましょう。

マナー

①ゴミは必《かなら》ず持《も》ち帰《かえ》ろう

釣《つ》りに行《い》くとあいかわらず落《お》ちているゴミ。そのゴミが釣《つ》り人《びと》のゴミ（エサの袋《ふくろ》や仕《し》かけのパッケージなど）だと、悲《かな》しく、やりきれない気持《きも》ちになる。個人《こじん》が責任《せきにん》をもって持《も》ち帰《かえ》ろう。

②先行者《せんこうしゃ》の存在《そんざい》

川《かわ》では下流《かりゅう》から上流《じょうりゅう》へとさかのぼりながら釣《つ》りをする場合《ばあい》がある。もしも先行者《せんこうしゃ》がいたら、必《かなら》ず一声《ひとこえ》かけて、先《さき》へ移動《いどう》してもよいか確認《かくにん》しよう。

③規則《きそく》の有無《うむ》の確認《かくにん》

場所《ばしょ》によっては漁協組合《ぎょきょうくみあい》などが管理《かんり》している場合《ばあい》があり、入漁料《にゅうぎょりょう》が必要《ひつよう》になる。また他《ほか》の規則《きそく》についても確認《かくにん》しておかなければならない。なお、この入《にゅう》漁料《ぎょりょう》は、魚《さかな》の放流《ほうりゅう》や産卵場所《さんらんばしょ》の確保《かくほ》などに使《つか》われる予算《よさん》になる。

この川では
入漁券
が必要です

知《し》らず知《し》らずのうちに
密漁者《みつりょうしゃ》!?
なんてことに
ならないようにしようね

ルール

①キャッチ・アンド・リリース

小《ちい》さい魚《さかな》や持《も》ち帰《かえ》る必要《ひつよう》のない魚《さかな》は放《はな》してあげよう。
魚《さかな》のヌルは取《と》れないよう濡《ぬ》れた手《て》で優《やさ》しくさわる。
上流側《じょうりゅうがわ》に頭《あたま》を向《む》け、自力《じりき》で泳《およ》ぎだすまで魚体《ぎょたい》を支《ささ》える。

②必要《ひつよう》な分《ぶん》だけ持《も》ち帰《かえ》る

魚《さかな》を持《も》ち帰《かえ》るときは、その日《ひ》に家族《かぞく》が食《た》べる分《ぶん》だけにとどめておく。

③むちゃをしない

上流《じょうりゅう》で釣《つ》りをするときは、決《けっ》して一人《ひとり》では釣行《ちょうこう》しないこと。
また、サオはまるで避雷針《ひらいしん》のように落雷《らくらい》しやすい。
たとえ遠《とお》くの雷鳴《らいめい》でも、必《かなら》ず一休《ひとやす》みして様子《ようす》をみよう。

ウキ釣《づ》りに挑戦《ちょうせん》

いつでも、どこでも、だれでも楽《たの》しめるのがオイカワ・ウグイのウキ釣《づ》りです。
コツさえつかめば、あとは超《ちょう》かんたん！
ウキ釣《づ》りの基本《きほん》をマスターして、エサを流《なが》れにまかせて自然《しぜん》に流《なが》し、数《かず》を釣《つ》って楽《たの》しみましょう。

仕《し》かけ

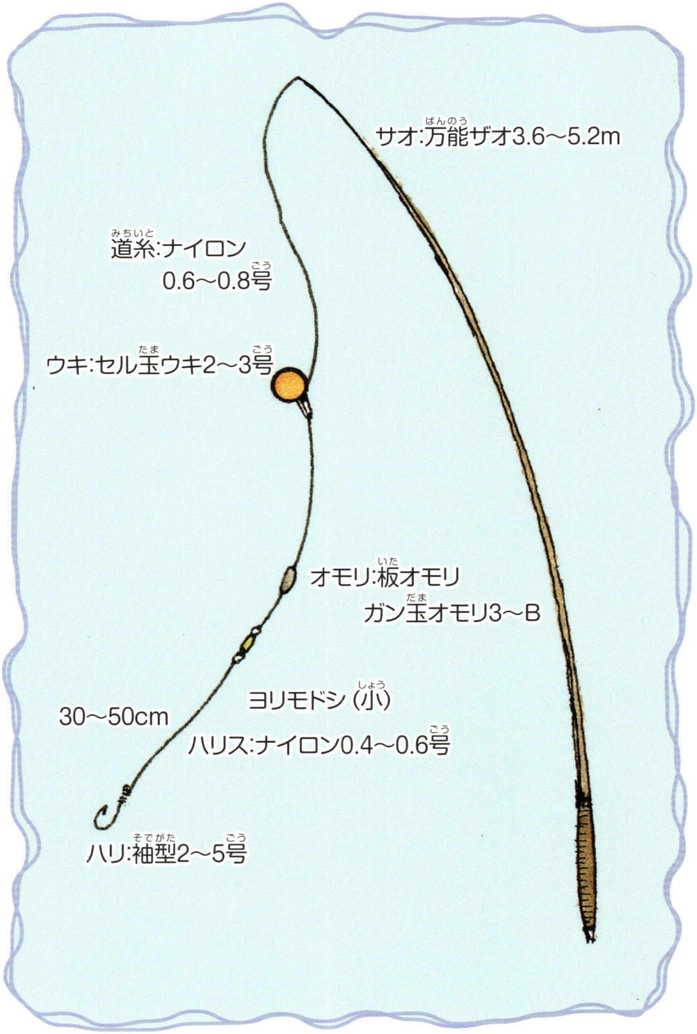

サオ:万能《ばんのう》ザオ3.6〜5.2m
道糸《みちいと》:ナイロン
0.6〜0.8号《ごう》
ウキ:セル玉《たま》ウキ2〜3号《ごう》
オモリ:板《いた》オモリ
ガン玉《だま》オモリ3〜B
ヨリモドシ（小《しょう》）
30〜50cm
ハリス:ナイロン0.4〜0.6号《ごう》
ハリ:袖型《そでがた》2〜5号《ごう》

ウキの役目《やくめ》って何《なに》？

魚《さかな》のアタリを知《し》らせる。

エサを、決《き》めたタナ（層《そう》）に保《たも》っておく。

つまり、ウキには水中《すいちゅう》の出来事《できごと》を確実《かくじつ》に伝《つた》える役目《やくめ》があるんだよ。

■ウキ釣《づ》りはこんな釣《つ》り方《かた》だよ！

仕《し》かけを上流側《じょうりゅうがわ》へ投入《とうにゅう》したら、
あとはウキを追《お》いかけるようにサオを操作《そうさ》するだけ。
コツは、道糸《みちいと》を張《は》り過《す》ぎないようにします。

ウキを追《お》いかけるように扇状《おうぎじょう》に
サオを動《うご》かしていく。
道糸《みちいと》を張《は》り過《す》ぎないようにする。
魚《さかな》のいる流《なが》れの筋《すじ》
流《なが》れにのったウキの動《うご》きがわかってくると、魚《さかな》のアタリのような小《ちい》さい変化《へんか》も見逃《みのが》さなくなる。そうなったらこっちのもの。ウキが流《なが》れる間《あいだ》、ワクワク、ドキドキが止《と》まらないよ。

サオの振《ふ》りこみ方《かた》

ねらったポイントへ正確《せいかく》に仕《し》かけを投入《とうにゅう》することは重要《じゅうよう》です。
またポイントの状況《じょうきょう》によっては、基本《きほん》の送《おく》り振《ふ》りこみよりも有効《ゆうこう》な振《ふ》りこみ方《かた》があるので、これから紹介《しょうかい》する各振《かくふ》りこみ方《かた》を覚《おぼ》えておきましょう。

■回転振《かいてんふ》りこみ（大回《おおまわ》し）

大《おお》きく、のびのびとサオを振《ふ》るので、風《かぜ》のなかなどパワーを必要《ひつよう》とするときの振《ふ》りこみ。

①サオを立《た》ててかまえたら、左手《ひだりて》で持《も》っていた仕《し》かけを離《はな》して送《おく》り出《だ》す。

②仕《し》かけを斜《なな》め右上《みぎうえ》に振《ふ》りあげるようにして、頭上《ずじょう》で大《おお》きく“の”字《じ》を描《えが》く。

③腕《うで》をいっぱいに伸《の》ばし、サオと一直線《いっちょくせん》にする。そしてサオを下《さ》げて仕《し》かけを着水《ちゃくすい》させる。

回転《かいてん》振《ふ》りこみ（小《こ》回《まわ》し）

サオが長《なが》くなると、どうしても片手《かたて》での操作《そうさ》はむずしくなる。
そんなときは、この両手《りょうて》での回転振《かいてんふ》りこみが威力《いりょく》を発揮《はっき》する。

①この段階《だんかい》では、まだ片手《かたて》のときと同《おな》じ。ねらったポイントを見据《みす》えて仕《し》かけを離《はな》す。

②離《はな》した左手《ひだりて》はすぐにサオを持《も》つ。サオの弾力《だんりょく》で仕《し》かけは後方《こうほう》へ移動《いどう》。

③ここでサオをいったん止《と》めると反《はん》発力《ぱつりょく》が生《しょう》じる。その反発力《はんぱつりょく》と両手《りょうて》のスナップで仕《し》かけを振《ふ》る。

④この位置《いち》でサオを止《と》め、仕《し》かけを着水《ちゃくすい》させる。

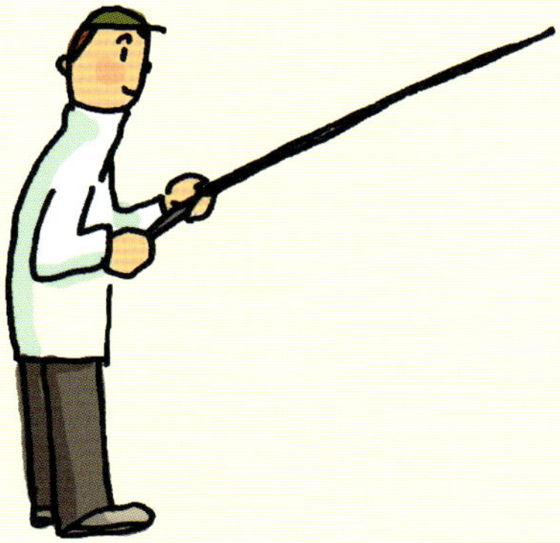

たすき振《ふ》りこみ

サオの反発力《はんぱつりょく》を最大《さいだい》に利用《りよう》した方法《ほうほう》なので、かなりの向《む》かい風《かぜ》でも有効《ゆうこう》な振《ふ》りこみ。

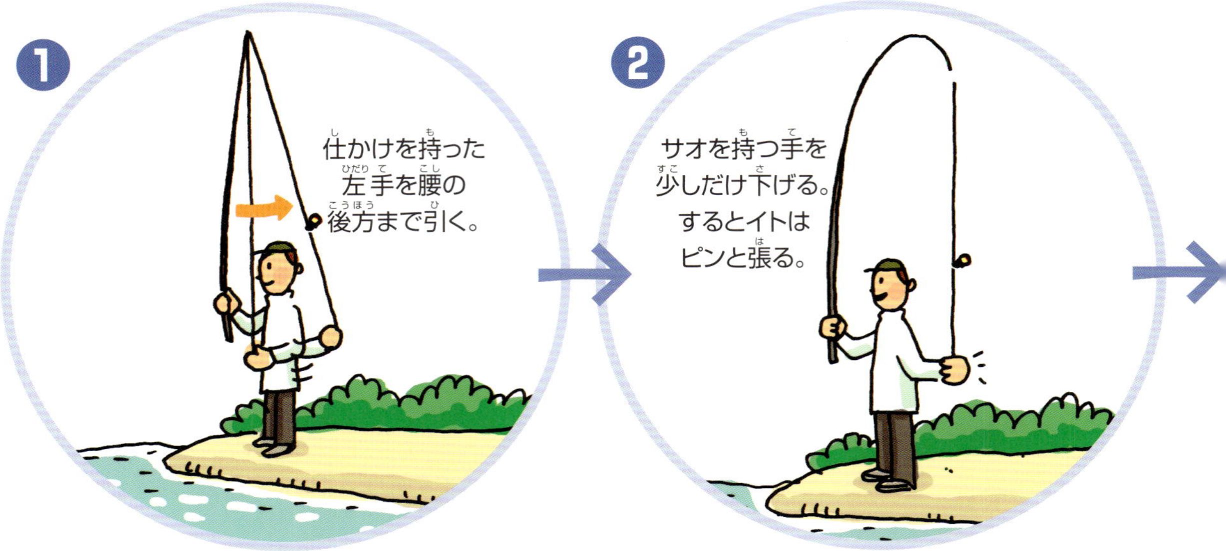
1
仕《し》かけを持《も》った
左《ひだり》手《て》を腰《こし》の
後方《こうほう》まで引《ひ》く。
2
サオを持《も》つ手《て》を
少《すこ》しだけ下《さ》げる。
するとイトは
ピンと張《は》る。

水平《すいへい》振《ふ》りこみ

基本《きほん》の送《おく》り振《ふ》りこみの水平《すいへい》バージョン。頭上《ずじょう》や後方《こうほう》に障害物《しょうがいぶつ》があるときに行《おこな》う振《ふ》りこみ。

1
つま先《さき》が仕《し》かけの
着《ちゃく》水《すい》ポイントに
向《む》くように立《た》つ。
2
サオ先《さき》が軽《かる》く
カーブするくらい
左《ひだり》手《て》を引《ひ》く。

3
タイミングをはかって
左《ひだり》手《て》を離《はな》す。

4
サオの反発力《はんぱつりょく》で
前方《ぜんぽう》へ振《ふ》りこむ。

3
仕《し》かけを離《はな》す。

4
サオの反発力《はんぱつりょく》を
生《い》かしつつ、サオを水面《すいめん》と
平行《へいこう》に振《ふ》る。

いざ、釣《つ》ろう！

魚《さかな》たちは、流《なが》れのどこにでもいるわけではありません。
つまり逆《ぎゃく》をいえば、魚《さかな》が好《この》んで居《い》つく場所《ばしょ》はある程度決《ていどき》まっているのです。
その場所《ばしょ》は、①流《なが》れが緩《ゆる》やかなポイント
②近《ちか》くに身《み》を隠《かく》せる、または潜《ひそ》められるポイント
以上《いじょう》の２つなのです。

カケアガリ
ここは流《なが》れが緩《ゆる》やかなことと、石影《いわかげ》や水草《みずくさ》などの身《み》を隠《かく》せる所《ところ》がいくつもあるため、魚《さかな》たちのポイントになる。
流《りゅう》
初心者《しょしんしゃ》は流《なが》れの中心《ちゅうしん》をねらいがちだが、ここは流《なが》れが一番強《いちばんつよ》い所《ところ》なので、まず魚《さかな》はいない。

■川《かわ》の断面図《だんめんず》

中州《なかす》などがあるとさらにカケアガリは増《ふ》える。つまり、それだけチャンスも増《ふ》える。増水《ぞうすい》したときは中州《なかす》も馬《うま》の背《せ》になる。

中州《なかす》
馬《うま》の背《せ》
×印《しるし》はカケ上《あ》がり

心《しん》
気《き》づいたかな? カケアガリは川《かわ》の両《りょう》サイドにある…ということは、岸《きし》に近《ちか》づくみんなの足元《あしもと》にも魚《さかな》はいるんだよ。

ウキの決《き》め手《て》

最《さい》初《しょ》に2つのウキの役目《やくめ》（58ページ）について話《はな》しましたが、もうひとつ重要《じゅうよう》な役割《やくわり》がウキにはあります。その決《き》め手《て》を紹介《しょうかい》しましょう。

仕《し》かけを上流側《じょうりゅうがわ》に向《む》かって真《ま》っ直《す》ぐ投入《とうにゅう》するだけ。後《あと》はウキが先行《せんこう》して流《なが》れてくれるよ。
川《かわ》の流《なが》れ

○ 必《かなら》ずウキを先行《せんこう》させて流《なが》すこと

コツといっても、余計《よけい》なことはせずに仕《し》かけを上流《じょうりゅう》に投入《とうにゅう》するだけ。あとはウキにまかせて流《なが》せば、エサは川《かわ》の流《なが》れにまかせて自然《しぜん》にで流《なが》れるので、魚《さかな》は警戒《けいかい》せずにエサを口《くち》にする。

× エサを先行《せんこう》させてしまうと…

エサを先行《せんこう》させるためには、サオであれこれとウキを操作《そうさ》する必要《ひつよう》があり、仕《し》かけも真《ま》っ直《す》ぐになってよけいな張《は》りが加《くわ》わってしまう。

■ウキ下《した》の長《なが》さ

○ ウキ下《した》はポイントの水深《すいしん》の2～3倍《ばい》くらいの長《なが》さにする。

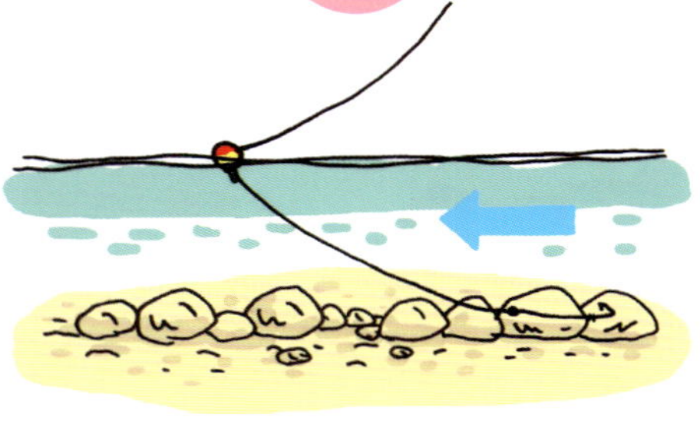

× 長《なが》い方《ほう》が根《ね》がかりしそうだが、短《みじか》いと仕《し》かけは立《た》って底《そこ》をこすりやすい。

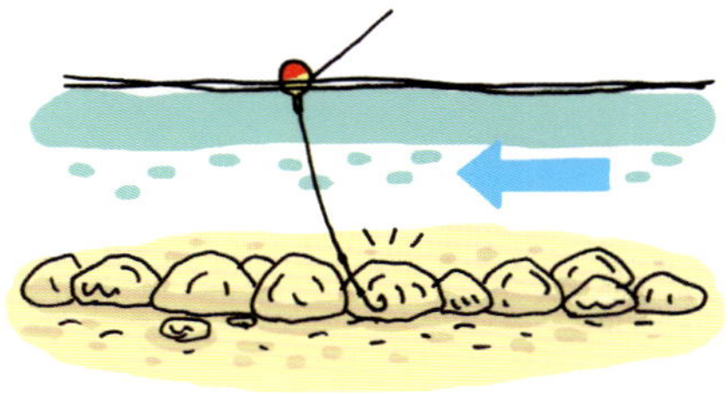

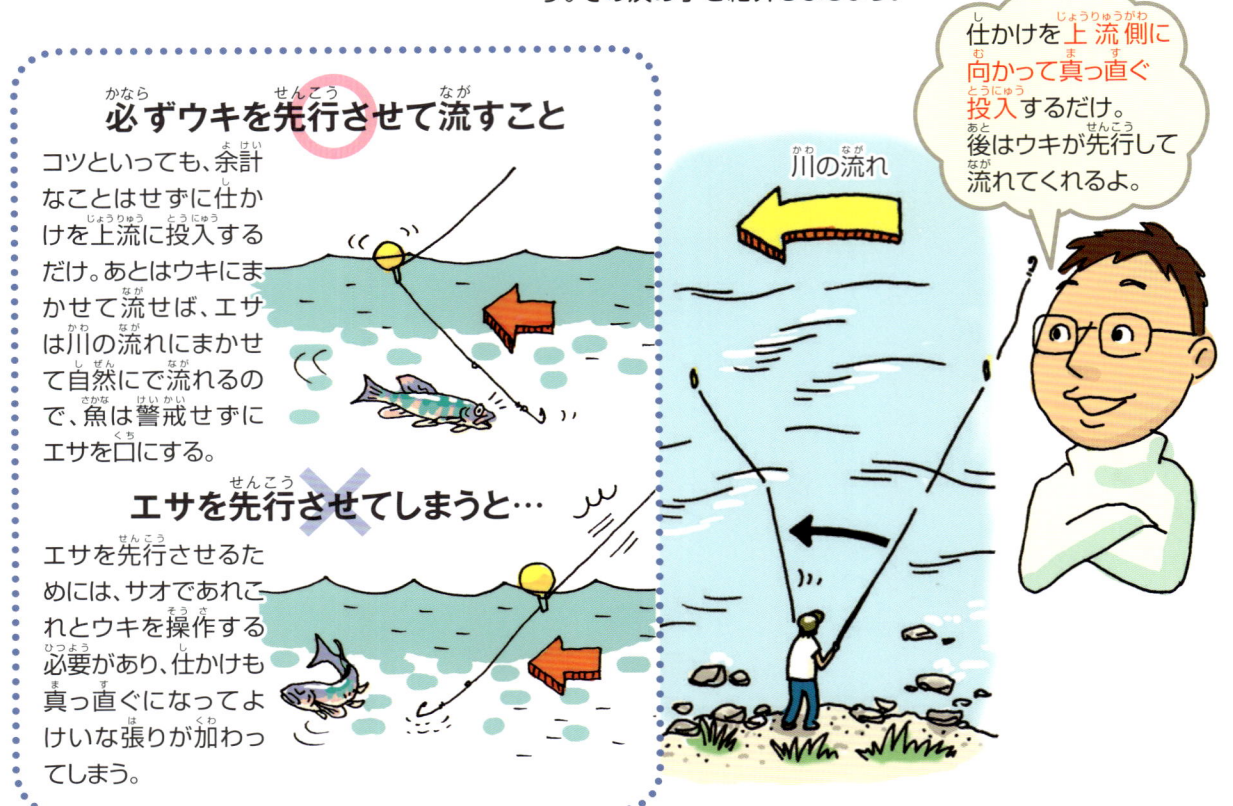

スタンスを決《き》める

スタンス（ポイントに対《たい》する立《た》ち位置《いち》）は、“どのポイントにエサを流《なが》すか”によって決《き》められます。

そして仕《し》かけを流《なが》すときには、“エサを流《なが》れになじませるための距離《きょり》”と“エサを食《く》わせるための距離《きょり》”があることを知《し》っておこう。

①〜④は仕《し》かけを流《なが》す順番《じゅんばん》。必《かなら》ず岸近《きしちか》くからねらっていくこと。
Ⓐ〜Ⓑの部《ぶ》は、エサが流《なが》れになじむまでの距離《きょり》
Ⓑ〜Ⓒは、エサが魚《さかな》を誘《さそ》いながら流《なが》れる距離《きょり》
Ⓒ〜Ⓓは、魚《さかな》がエサを食《た》べ、ウキにアタリが出《で》る距離《きょり》
Ⓓ〜Ⓔは、フォローのための距離《きょり》
A 4
A 3
A 2
A 1
B
C
D
E
立《た》ち位置《いち》は魚《さかな》がエサを食《く》い始《はじ》めるⒸと同《おな》じか、サオを3分《ぶん》の1くらい下流側《かりゅうがわ》
Ⓓ〜Ⓔだとエサは水面《すいめん》を目指《めざ》して浮《う》いてくる。この動《うご》きもエサは強力《きょうりょく》にアピールしているんだよ。

ポイントの攻《せ》め方《かた》

■カーブ

川《かわ》のカーブは、まさに最高《さいこう》の所《ところ》。
その理由《りゆう》は複雑《ふくざつ》な流《なが》れにあります。
カーブの外側《そとがわ》は向《む》こう岸《ぎし》に当《あ》たって方向転換《ほうこうてんかん》させられるために、
底《そこ》がえぐられて深《ふか》くなります。
また内側《うちがわ》では、緩《ゆる》い流《なが》れが渦《うず》を巻《ま》き、
この渦《うず》と外側《そとがわ》からの流《なが》れとの境目《さかいめ》が絶好《ぜっこう》のポイントになります。

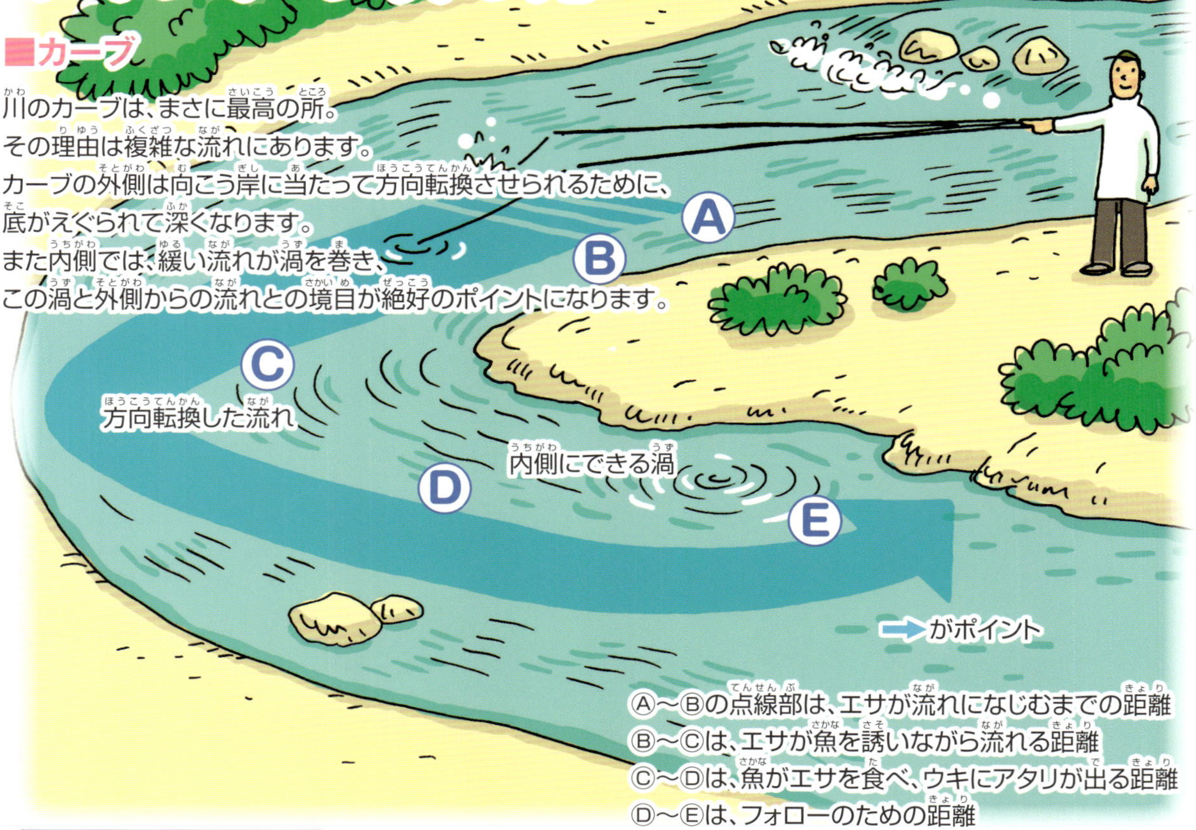
A
B
C
方向転換《ほうこうてんかん》した流《なが》れ
D
内側《うちがわ》にできる渦《うず》
E
→がポイント

Ⓐ〜Ⓑの点線部《てんせんぶ》は、エサが流《なが》れになじむまでの距離《きょり》
Ⓑ〜Ⓒは、エサが魚《さかな》を誘《さそ》いながら流《なが》れる距離《きょり》
Ⓒ〜Ⓓは、魚《さかな》がエサを食《た》べ、ウキにアタリが出《で》る距離《きょり》
Ⓓ〜Ⓔは、フォローのための距離《きょり》

魚《さかな》のアタリのパターン

Ⓒ〜Ⓓでのパターン

ウキが止《と》まったり、
小《ちい》さく沈《しず》む。

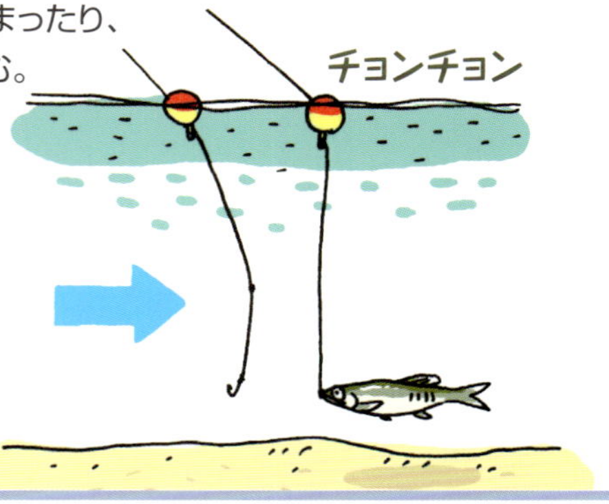
チョンチョン

Ⓓ〜Ⓔでのパターン

ウキは一気《いっき》に消《け》し
込《こ》むことが多《おお》い。

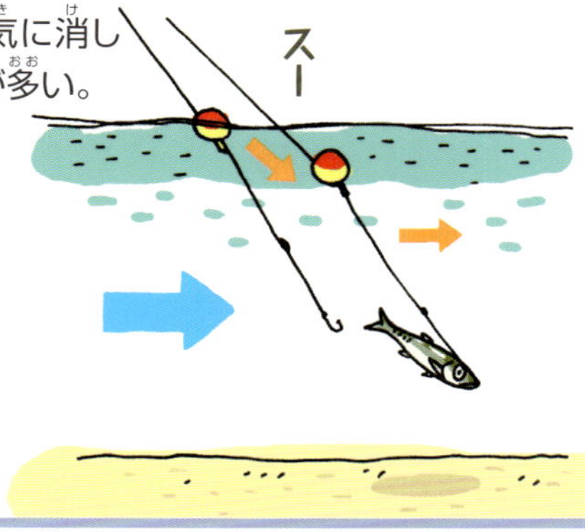
スー

護岸《ごがん》

この人工物《じんこうぶつ》は、一見《いっけん》すると魚《さかな》はいなさそうに思《おも》えてしまいます。しかし真《ま》っ直《す》ぐに下《さ》がる護岸《ごがん》と川底《かわぞこ》はほぼ直角《ちょっかく》を成《な》すため、そこは魚《さかな》たちにとっては、とても居《い》つきやすいポイントなのです。釣《つ》り方《かた》としては、いかに長《なが》く護岸《ごがん》と平行《へいこう》にエサを流《なが》せるかがカギになります。

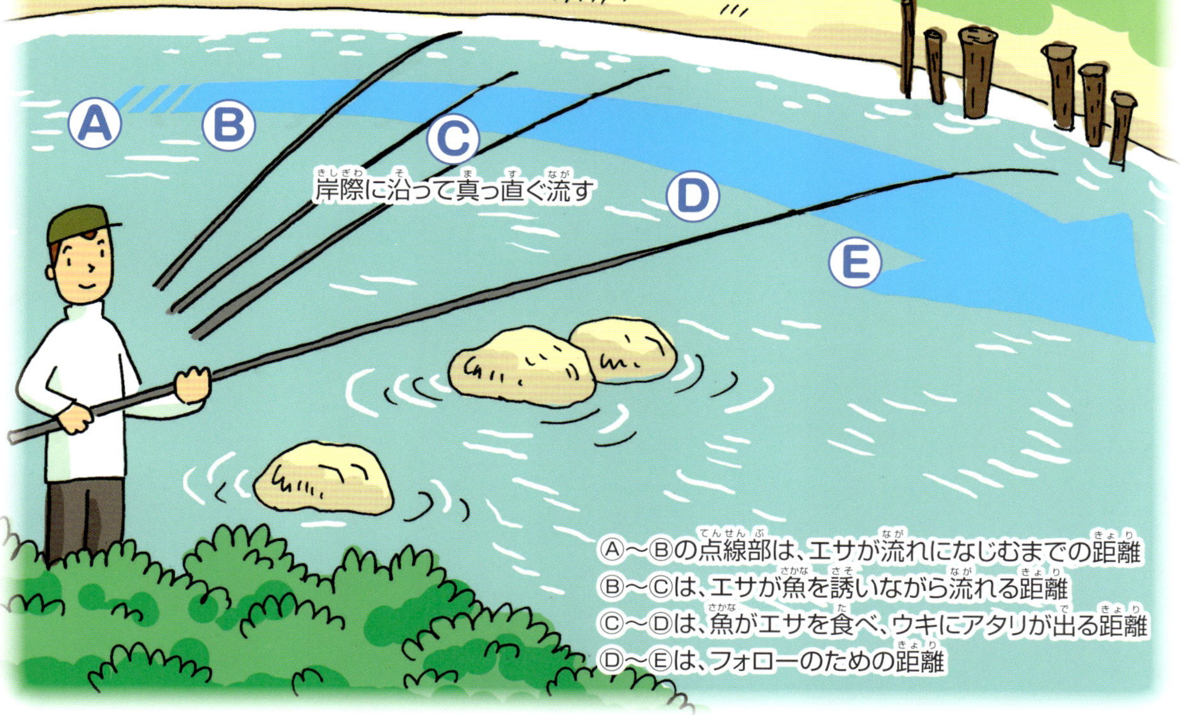

ビク

魚《さかな》にとっては釣《つ》れるそばからリリースした方《ほう》がいいかもしれないが、やっぱり釣果《ちょうか》は最後《さいご》に見《み》て実感《じっかん》したいもの。下《した》の2つのどちらかを使《つか》えば、魚《さかな》は元気《げんき》にキープできます。

布《ぬの》ビク

これは底《そこ》がキャンバス地《じ》になっていて、折《お》りたためて携帯《けいたい》できる。使《つか》うときは流《なが》れのなかに入《い》れておく。

缶《かん》ビク

これは底《そこ》が缶《かん》になっているタイプ。水《みず》がしっかり溜《た》まるため、流《なが》れのなかに入《い》れておかなくてもよい。

管理《かんり》釣《つ》り場《ば》へ行《い》こう！

以《い》前《ぜん》は常設《じょうせつ》釣《つ》り場《ば》と呼《よ》ばれていた管理《かんり》釣《つ》り場《ば》。
呼《よ》び名《な》が変《か》わっただけでなく、その中身《なかみ》も随分《ずいぶん》と様変《さまが》わりしました。
バーベキューはもちろんのこと、キャンプ場《じょう》もあり、
なかにはレストランや宿泊施設《しゅくはくしせつ》まで完備《かんび》されているところもあります。
もちろん、魚《さかな》はたくさんいます。
せっかくたくさんいるのだから、別《べつ》の釣《つ》り方《かた》にマスターしなきゃ損《そん》というものです。
そこでウキを使《つか》わない“ミャク釣《づ》り”にチャレンジしてみましょう。

■管理《かんり》釣《つ》り場《ば》ってこんな所《ところ》

管理《かんり》釣《つ》り場《ば》の一番《いちばん》の特徴《とくちょう》は、とても手軽《てがる》に釣《つ》りを楽《たの》しめるところだ。都市部《としぶ》からちょっと車《くるま》を走《はし》らせれば出《で》かけられる距離《きょり》にあるし、場所《ばしょ》によってはすべてレンタルできるので、十分《じゅうぶん》に楽《たの》しむことができる。また自然《しぜん》の河川《かせん》と違《ちが》って禁漁期《きんりょうき》はなく、そのため1年中《ねんじゅう》釣《つ》りを楽《たの》しめるのもうれしい。

■渓流《けいりゅう》管理《かんり》釣《つ》り場《ば》（護岸《ごがん》タイプ）

両岸《りょうきし》は整地《せいち》され、川《かわ》は石積《いしつ》みなどでエリアごとに仕切《しき》られている。

長所《ちょうしょ》 足場《あしば》はよいため、普段着《ふだんぎ》でも釣《つ》りが楽《たの》しめる。エリアに魚《さかな》を放《はな》してくれるため、魚影《ぎょえい》が濃《こ》い。

短所《たんしょ》 あまりにもキッチリ整備《せいび》されてしまっているので、自然《しぜん》への満喫感《まんきつかん》はかなりとぼしい。

■渓流《けいりゅう》管理《かんり》釣《つ》り場《ば》（自然《しぜん》タイプ）

川自体《かわじたい》はほとんど手《て》つかずで、自然《しぜん》の渓流《けいりゅう》のままになっている。

長所《ちょうしょ》 自然《しぜん》のなかでの釣《つ》りが存分《ぞんぶん》に楽《たの》しめる施設《しせつ》になっている。実戦《じっせん》を想定《そうてい》したいろいろな釣《つ》りを試《ため》すことができる。

短所《たんしょ》 あくまで護岸《ごがん》タイプと比《くら》べた場合《ばあい》、自然《しぜん》が残《のこ》っているためにそれほど気軽《きがる》ではないこと。

管理《かんり》釣《つ》り場《ば》のシステム

管理《かんり》釣《つ》り場《ば》には、それぞれ個別《こべつ》のシステムが設《もう》けられています。
自分《じぶん》がどんな釣《つ》りをしたいかをメインに選《えら》ぶべきなので、
事前《じぜん》に調《しら》べておくことが肝心《かんじん》です。

エリア別《べつ》について

施設《しせつ》が広《ひろ》いと、ルアーエリア、フライエリア、エサ釣《づ》りエリアなどに区切《くぎ》られている。

釣《つ》った魚《さかな》を持《も》ち帰《かえ》るルール

釣《つ》られた魚《さかな》は弱《よわ》ってしまうことを前提《ぜんてい》とし、他《ほか》に経営上《けいえいじょう》の理由《りゆう》などから決《き》められたルール。

リリース前提《ぜんてい》のルール

釣《つ》り人《びと》のニーズに応《こた》えようとする施設《しせつ》に多《おお》いルール。なぜなら、釣《つ》られた魚《さかな》はどんどん賢《かしこ》くなり、釣《つ》りにくくなって、釣《つ》り人《びと》を悩《なや》ますからだ。

料金《りょうきん》システム

基本《きほん》は1日券《にちけん》で相場《そうば》は3000~5000円《えん》くらいになる。他《ほか》に半日券《はんにちけん》やナイター料金《りょうきん》もある。また、エリア貸《か》し切《き》り券《けん》もなどもあって、各《かく》ニーズに応《こた》えられるシステムだ。

よい管理《かんり》釣《つ》り場《ば》の条件《じょうけん》

わざわざ高《たか》いお金《かね》を払《はら》って釣《つ》りをするのだから、
たくさん釣《つ》れる魚《さかな》がいることがまずは絶対《ぜったい》の条件《じょうけん》。
それと管理《かんり》と名《な》がついているのだから、
人《ひと》の目《め》が隅々《すみずみ》まで行《い》き届《とど》いてなければならない。

①環境《かんきょう》や設備《せつび》が充実《じゅうじつ》していること

家族《かぞく》で楽《たの》しむためには、清潔《せいけつ》なトイレやバーベキュー施設《しせつ》、あわせてキャンプ場《じょう》があればうれしい。

②元気《げんき》な魚《さかな》がいっぱいいること

何度《なんど》も釣《つ》られてぼろぼろになった魚《さかな》を見《み》るのはとても悲《かな》しい。元気《げんき》な魚《さかな》の強《つよ》い引《ひ》きを楽《たの》しみたい。

③しっかりと管理《かんり》されていると実感《じっかん》できること

自然《しぜん》を満喫《まんきつ》でき、ゴミが片付《かたづ》けられていれば、きっとまた来《き》たくなる。

管理《かんり》釣《つ》り場《ば》のベストディと釣《つ》れる時間帯《じかんたい》

①火曜日《かようび》～土曜日《どようび》の午前中《ごぜんちゅう》がベスト

これは容易《ようい》に想像《そうぞう》できると思《おも》う。混雑《こんざつ》した日曜《にちよう》のあと、魚《さかな》も2日《にち》くらいは休《やす》みたいからだ。

②放流直後《ほうりゅうちょくご》からの1時間《じかん》が勝負《しょうぶ》

管理《かんり》釣《つ》り場《ば》によって放流回数《ほうりゅうかいすう》はまちまち。事前《じぜん》にその時間《じかん》と回数《かいすう》を調《しら》べておこう。

■管理《かんり》釣《つ》り場《ば》でミャク釣《づ》りに挑戦《ちょうせん》しよう

一般《いっぱん》にミャク釣《づ》りはむずしい釣《つ》りといわれています。
確《たし》かにウキを使《つか》わない分《ぶん》だけ慣《な》れが必要《ひつよう》です。
しかし流《なが》れが速《はや》かったり、複雑《ふくざつ》だったりする所《ところ》では、
むしろウキ釣《づ》りよりもかんたんに釣《つ》ることができます。
そこで、ミャク釣《づ》りに慣《な》れるためのノウハウを
魚《さかな》がたくさんいる管理《かんり》釣《つ》り場《ば》でマスターしましょう。

ミャク釣《つ》り仕《し》かけ

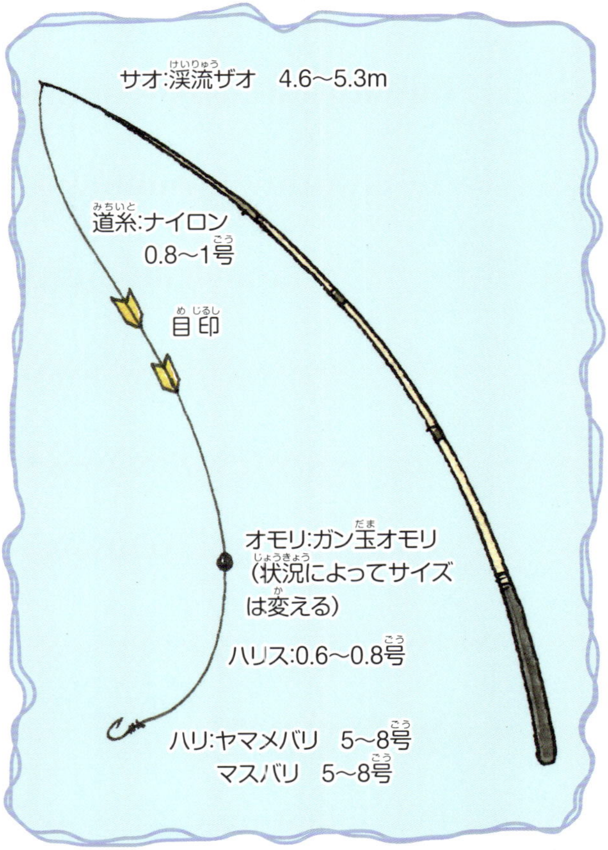
サオ:渓流《けいりゅう》ザオ　4.6～5.3m
道糸《みちいと》:ナイロン
0.8～1号《ごう》
目《め》印《じるし》
オモリ:ガン玉《だま》オモリ
(状況《じょうきょう》によってサイズ
は変《か》える)
ハリス:0.6～0.8号《ごう》
ハリ:ヤマメバリ　5～8号《ごう》
マスバリ　5～8号《ごう》

※管理《かんり》釣《つ》り場《ば》は禁漁《きんりょう》期間《きかん》はないが、一級《いっきゅう》河川《かせん》の渓流《けいりゅう》では禁漁《きんりょう》期間《きかん》は厳《きび》しく決《き》められているので注意《ちゅうい》しよう。

ニジマス

サケ目《もく》サケ科《か》

- 分布《ぶんぷ》／北米産《ほくべいさん》。全国各地《ぜんこくかくち》に生息《せいそく》
- 体長《たいちょう》／平均《へいきん》で30ｃｍ、大《おお》きいもので80ｃｍになる
- 釣法《ちょうほう》／ウキ釣《づ》り、ミャク釣《づ》り、ルアー、フライフィッシング

イワナ

サケ目《もく》サケ科《か》

- 分布《ぶんぷ》／関東周辺《かんとうしゅうへん》に生息《せいそく》するニッコウイワナ系《けい》、東海地方周辺《こうかいちほうしゅうへん》のヤマトイワナ系《けい》、山陰地方周辺《さんいんちほうしゅうへん》のゴキの3種類《しゅるい》に分《わ》けられる
- 体長《たいちょう》／大《おお》きいものは尺物《しゃくもの》といって30ｃｍを越《こ》す
- 釣法《ちょうほう》／ウキ釣《づ》り、ミャク釣《づ》り、ルアー、フライフィッシング

ヤマメ

サケ目《もく》サケ科《か》

- 分布《ぶんぷ》／北海道《ほっかいどう》、本州《ほんしゅう》、九州《きゅうしゅう》の一部《いちぶ》に生息《せいそく》。ヤマメには海《うみ》に下《くだ》る降海型《こうかいがた》と河川《かせん》に残《のこ》る陸封型《りくふうがた》がいる
- 体長《たいちょう》／最大《さいだい》で30ｃｍくらいに成長《せいちょう》
- 釣法《ちょうほう》／ウキ釣《づ》り、ミャク釣《づ》り、ルアー、フライフィッシング

■ミャク釣《づ》りってこんな釣《つ》り方《かた》だよ！

初心者《しょしんしゃ》がミャク釣《づ》りと聞《き》くと、
どうしても「ウキを使《つか》わないむずしい釣《つ》り」とイメージしがちです。
しかし、ミャク釣《づ》りは決《けっ》してむずしい釣《つ》りではなく、
渓流《けいりゅう》のような複雑《ふくざつ》な流《なが》れのなかでは、
むしろこの釣《つ》り方《かた》に分《ぶ》があるといえます。

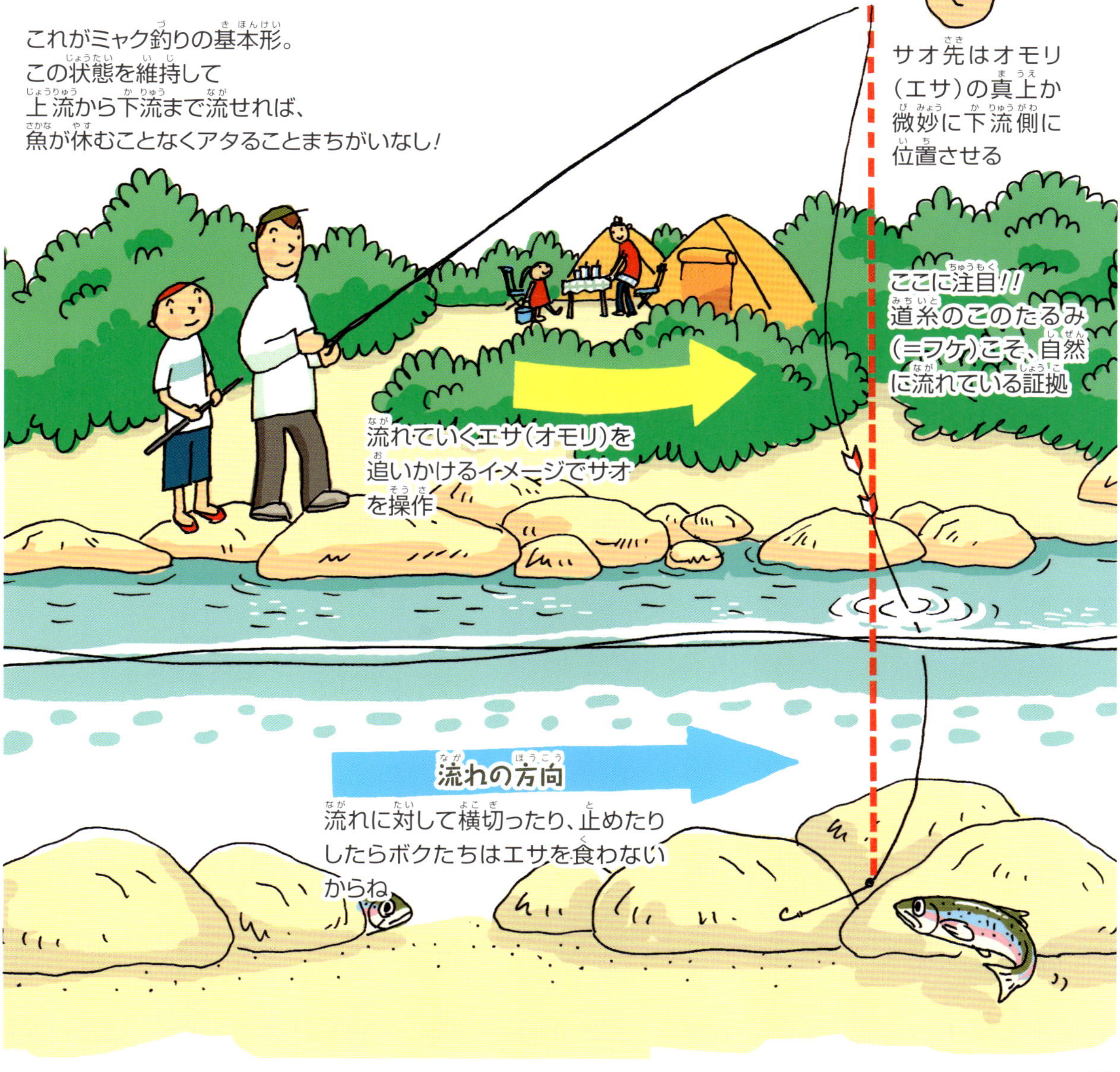
これがミャク釣《づ》りの基本形《きほんけい》。
この状態《じょうたい》を維持《いじ》して
上流《じょうりゅう》から下流《かりゅう》まで流《なが》せれば、
魚《さかな》が休《やす》むことなくアタることまちがいなし！
サオ先《さき》はオモリ（エサ）の真上《まうえ》か微妙《びみょう》に下流側《かりゅうがわ》に位置《いち》させる
ここに注目《ちゅうもく》!!
道糸《みちいと》のこのたるみ（=フケ）こそ、自然《しぜん》に流《なが》れている証拠《しょうこ》
流《なが》れていくエサ（オモリ）を追《お》いかけるイメージでサオを操作《そうさ》
流《なが》れの方向《ほうこう》
流《なが》れに対《たい》して横切《よこぎ》ったり、止《と》めたりしたらボクたちはエサを食《く》わないからね

■オモリの調整《ちょうせい》

「ミャク釣《づ》りは底《そこ》を釣《つ》れ」という格言《かくげん》があります。これは、常《つね》に底《そこ》を意識《いしき》していることの大切《たいせつ》さを現《あらわ》していて、そのためには、オモリの重《おも》さは重要《じゅうよう》なカギになります。

「底《そこ》を意識《いしき》しやすいから」と、ついつい重《おも》いオモリをセットしてしまうから気《き》をつけよう。

×オモリが重《おも》すぎる悪《わる》い例《れい》

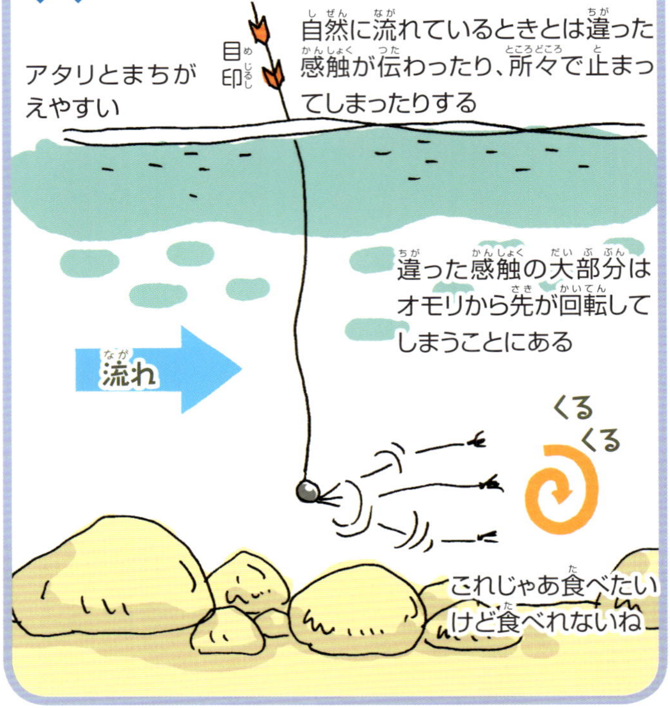
目《め》印《じるし》
アタリとまちがえやすい
自然《しぜん》に流《なが》れているときとは違《ちが》った感触《かんしょく》が伝《つた》わったり、所々《ところどころ》で止《と》まってしまったりする
違《ちが》った感触《かんしょく》の大部分《だいぶぶん》はオモリから先《さき》が回転《かいてん》してしまうことにある
流《なが》れ
くる
くる
これじゃあ食《た》べたいけど食《た》べれないね

×オモリが軽《かる》すぎる例《れい》と○良《よ》い例《れい》

もしも目印《めじるし》が水面《すいめん》と同《おな》じ速《はや》さで流《なが》れているなら、それはオモリが軽《かる》すぎて底《そこ》まで届《とど》いていない証拠《しょうこ》。なぜなら水面近《すいめんちか》くと底付近《そこふきん》では、流《なが》れの速度《そくど》は違《ちが》うからだ。

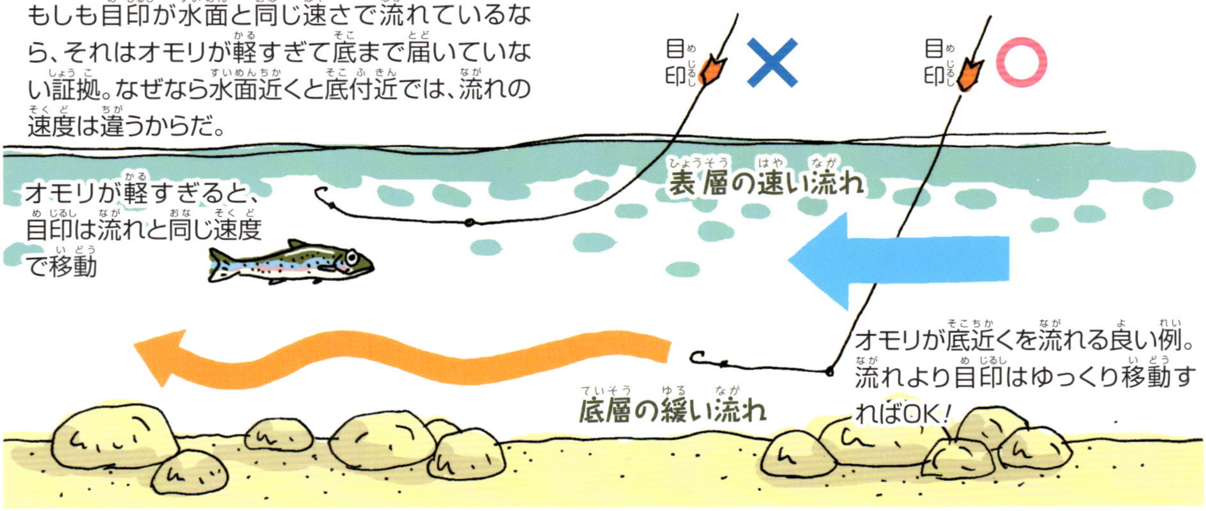
目《め》印《じるし》 ×
目《め》印《じるし》 ○
表層《ひょうそう》の速《はや》い流《なが》れ
オモリが軽《かる》すぎると、目印《めじるし》は流《なが》れと同《おな》じ速度《そくど》で移動《いどう》
オモリが底近《そこちか》くを流《なが》れる良《よ》い例《れい》。流《なが》れより目印《めじるし》はゆっくり移動《いどう》すればOK!
底層《ていそう》の緩《ゆる》い流《なが》れ

管理《かんり》釣《つ》り場《ば》といえども魚《さかな》の警戒心《けいかいしん》に注意《ちゅうい》！

足場《あしば》が整備《せいび》されていたり、他《ほか》の釣《つ》り人《びと》が多《おお》かったりすると、
ついつい乱暴《らんぼう》になりがちなのが岸《きし》での歩《ある》き方《かた》。
対象魚《たいしょうぎょ》のニジマスやイワナ、ヤマメは警戒心《けいかいしん》の強《つよ》さでは天下一品《てんかいっぴん》、注意《ちゅうい》しよう。

×典型的《てんけいてき》なダメな例《れい》

ワイワイ
ガヤガヤ
バチャバチャ
あっちの方《ほう》が釣《つ》れそうだ。
他《ほか》に取《と》られないように急《いそ》ごう。
キタ！　腹《はら》はすいてるけど、
隠《かく》れている方がマシだ

○良《よ》い例《れい》

ときには忍者《にんじゃ》のようにぬき足差《あしさ》し足《あし》と…。
石《いし》などを大《おお》きく踏《ふ》み外《はず》さないようにしよう
多少《たしょう》はオーバーかもしれないが、
姿勢《しせい》の高《たか》さは釣果《ちょうか》に影響《えいきょう》すると覚《おぼ》えておこう

■自然《しぜん》にエサを流《なが》すコツ！

渓流《けいりゅう》に棲《す》む魚《さかな》は、警戒心《けいかいしん》の強《つよ》さから不自然《ふしぜん》に流《なが》れるエサには見向《みむ》きもしません。そこで自然《しぜん》に流《なが》すためのコツをいくつかの悪《わる》い例《れい》と合《あ》わせて紹介《しょうかい》します。

流《なが》れにまかせて自然《しぜん》に流《なが》せている状態《じょうたい》

もし何《なん》らかの原因《げんいん》があると、筋《すじ》より外《はず》れ(→線《せん》)てしまう
流《なが》れ
この状態《じょうたい》を維持《いじ》しながら、流《なが》れの筋《すじ》(➡線《せん》)を流《なが》すのが理想《りそう》
ちなみに不自然《ふしぜん》に流《なが》れることを"ドラグがかかる"という。逆《ぎゃく》にうまくいっている状態《じょうたい》を"ドラグフリー"という

原因《げんいん》その① 自然《しぜん》にエサを流《なが》せられないための失敗例《しっぱいれい》

Ⓐ 送《おく》り込《こ》みすぎる

底《そこ》を意識《いしき》しすぎてオモリで底《そこ》を"コツコツ"と小突《こづ》いている状態《じょうたい》。せっかくのポイントの魚《さかな》を散《ち》らしてしまう

Ⓑ ブレーキをかけてしまう

サオの操作《そうさ》が遅《おそ》い場合《ばあい》に起《お》きてしまう。仕《し》かけによけいな張《は》りがかかるとエサは浮《う》いてしまう。また、根《ね》がかりを恐《おそ》れると、こういう動作《どうさ》になりがちだ

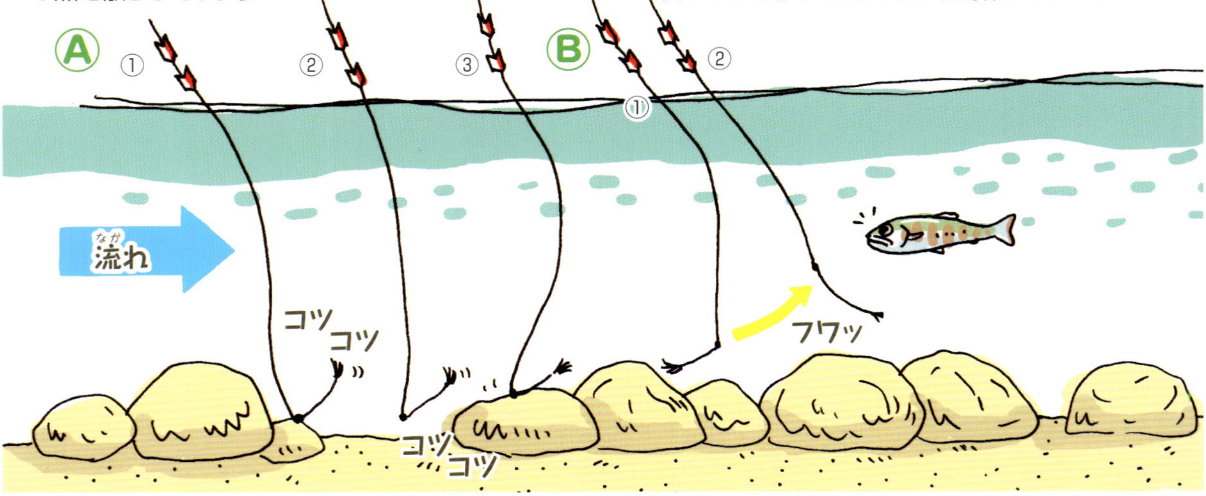
A
①
②
③
B
①
②
流《なが》れ
コツ
コツ
コツ
コツ
フワッ

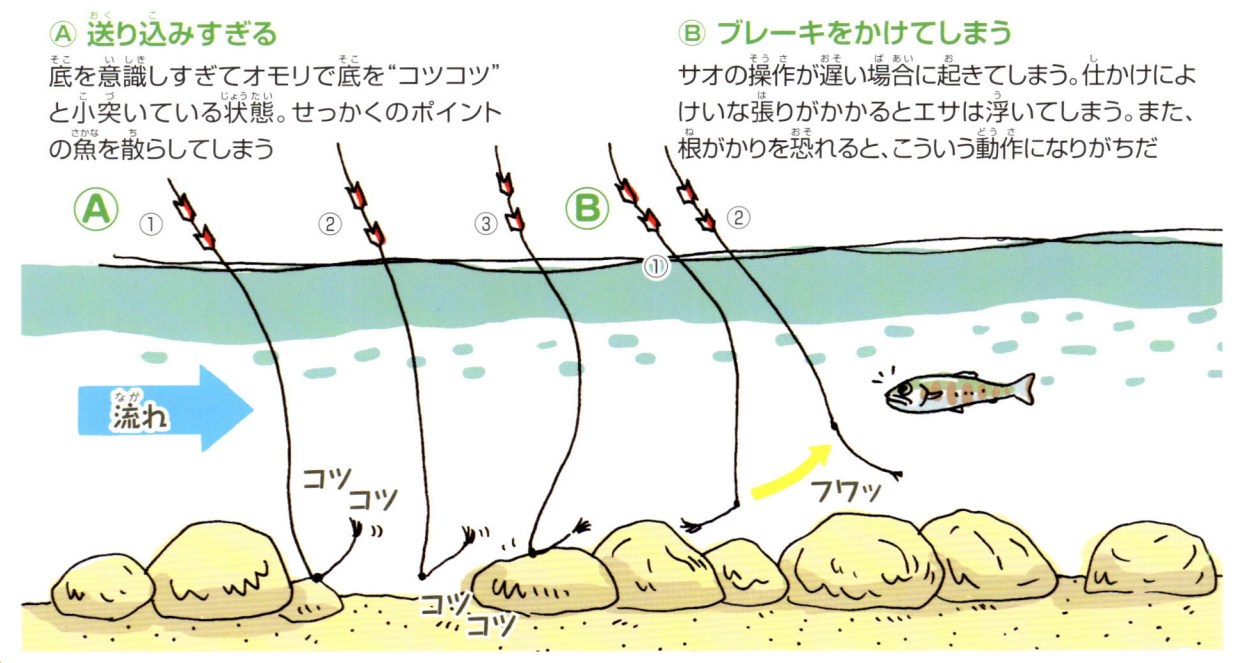

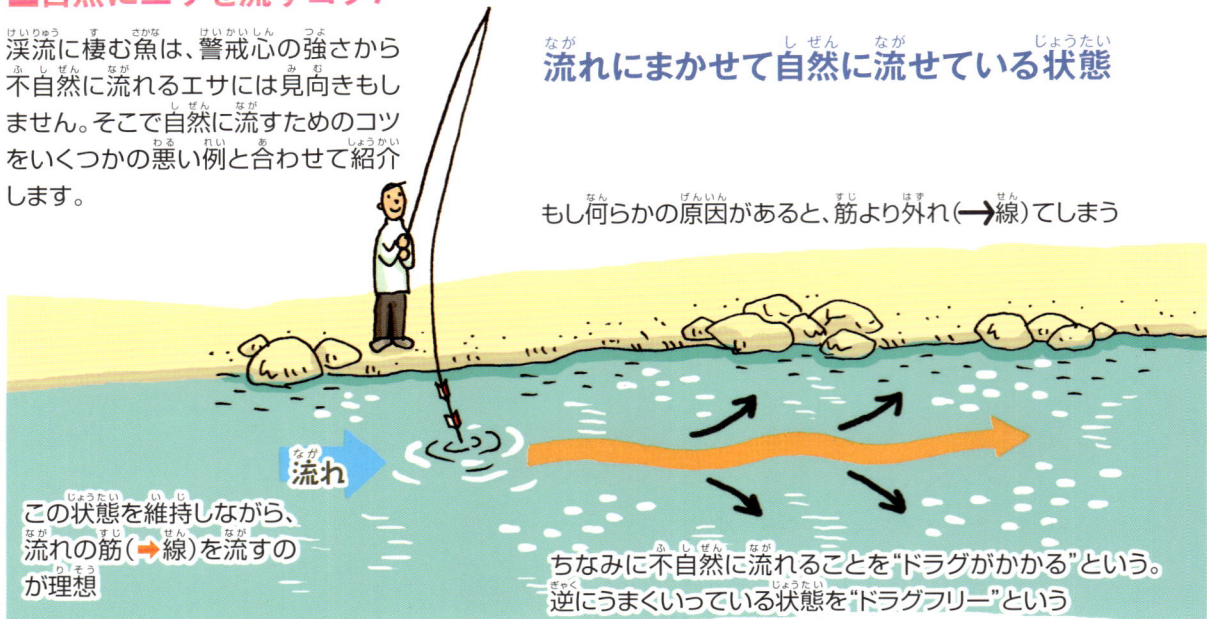

原因《げんいん》その② 遠《とお》くのポイントを流《なが》す場合《ばあい》の失敗例《しっぱいれい》

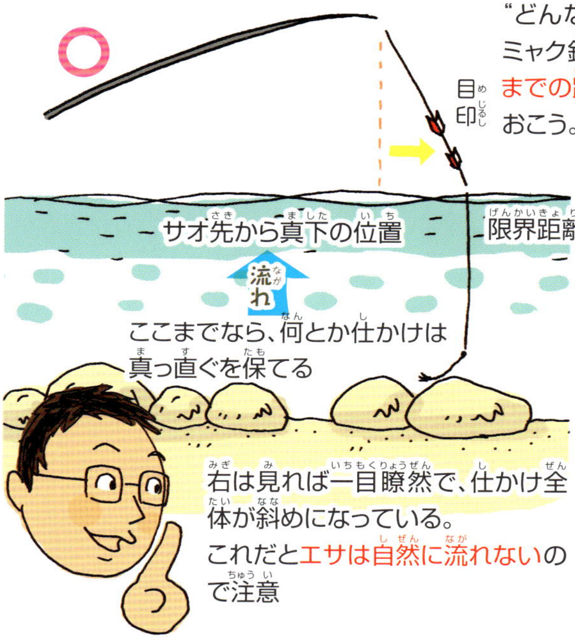
○
目印《めじるし》
サオ先《さき》から真下《ました》の位置《いち》
限界距離《げんかいきょり》
流《なが》れ
ここまでなら、何《なん》とか仕《し》かけは真《ま》っ直《す》ぐを保《たも》てる
右《みぎ》は見《み》れば一目瞭然《いちもくりょうぜん》で、仕《し》かけ全《ぜん》体《たい》が斜《なな》めになっている。
これだとエサは自然《しぜん》に流《なが》れないので注意《ちゅうい》

"どんなときでも目印《めじるし》より下《した》は真《ま》っ直《す》ぐ"これがミャク釣《づ》りのセオリー。つまり、ねらえるポイントまでの距離《きょり》には限界《げんかい》があることを知《し》っておこう。

✕
流《なが》れ
ラインの張《は》り
ドラグがかかって仕《し》かけが引《ひ》かれてしまう

原因《げんいん》その③ サオによる余計《よけい》な操作《そうさ》での失敗例《しっぱいれい》

Ⓐ 仕《し》かけをポイントから引《ひ》き出《だ》してしまう

せっかく瀬《せ》の脇《わき》のたるみに仕《し》かけが入《はい》ったのにもかかわらず、我慢《がまん》できずに流《なが》れに引《ひ》き出《だ》す悪《わる》い例《れい》。流《なが》れのたるみや巻《ま》き込《こ》みは仕《し》かけが流《なが》れずに留《とど》まることは多《おお》い

Ⓑ 流《なが》れを無視《むし》して横切《よこぎ》ってしまう

仕《し》かけを真《ま》っ直《す》ぐにしようと、無理《むり》なサオの操作《そうさ》するとこのようになってしまう。仕《し》かけの投入《とうにゅう》ポイントは必《かなら》ず、サオの長《なが》さの許容範囲《きょようはんい》に止《と》めておくこと

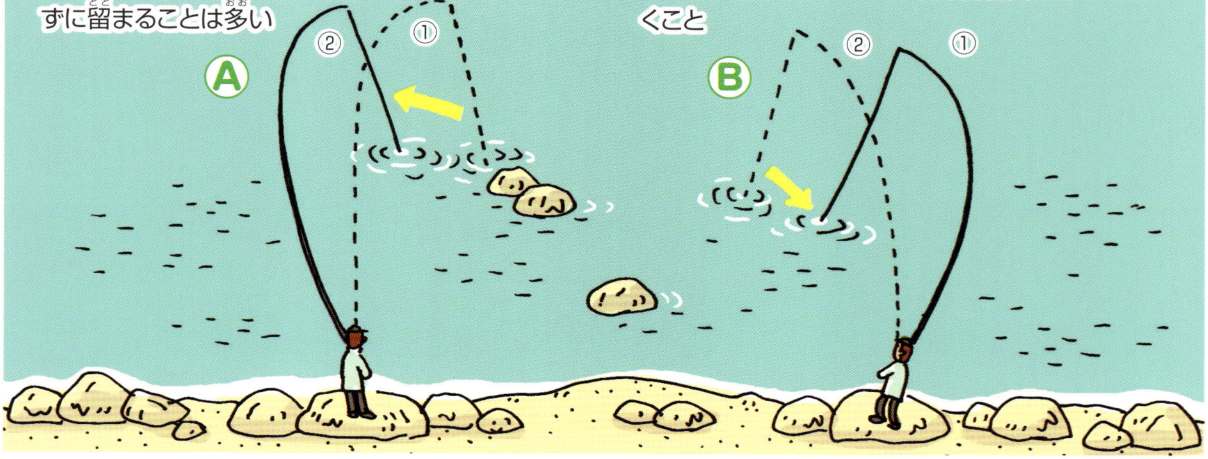
A
②
①
B
②
①

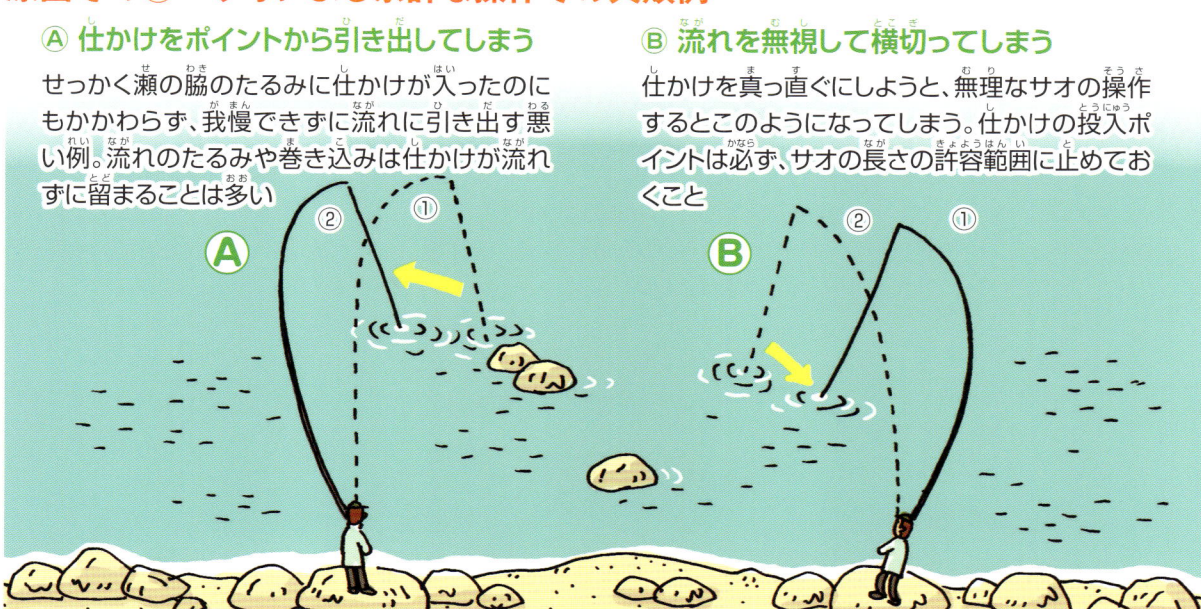

■正確《せいかく》なタナ（魚《さかな》のいる層《そう》）の取《と》り方《かた》

自然界《しぜんかい》では水面《すいめん》のエサも積極的《せっきょくてき》に捕食《ほしょく》する渓流魚《けいりゅうぎょ》ですが、管理釣《かんりつ》り場《ば》では、やはり水中《すいちゅう》での食事《しょくじ》がメインになります。よって、タナを正確《せいかく》につかむことが釣果《ちょうか》に即《そく》つながります。

①水深《すいしん》40cm以上《いじょう》の場合《ばあい》

目印《めじるし》とオモリの間《あいだ》は水深《すいしん》よりも少《すこ》し長《なが》めにしておく。つまり、水面《すいめん》ギリギリに下《した》の目印《めじるし》がくるように常《つめ》に調節《ちょうせつ》しよう。

②水深《すいしん》40cm以下《いか》

中層《ちゅうそう》を流《なが》すようにする

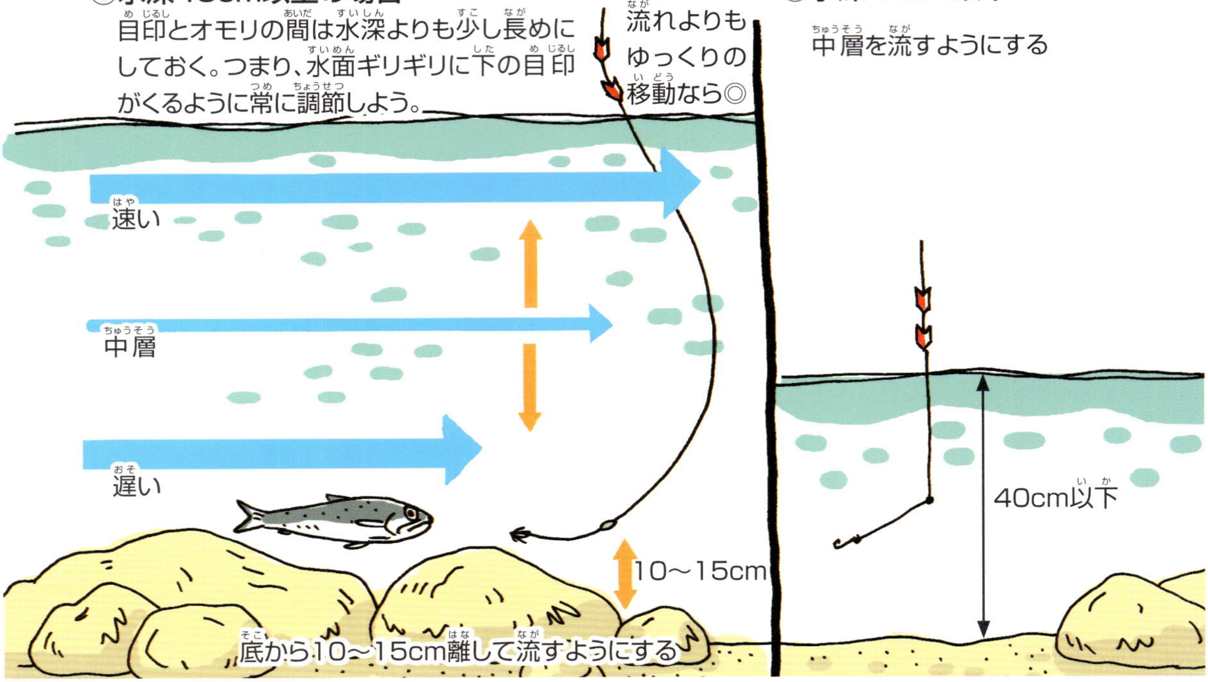

流《なが》れよりもゆっくりの移動《いどう》なら◎
速《はや》い
中層《ちゅうそう》
遅《おそ》い
10～15cm
底《そこ》から10～15cm離《はな》して流《なが》すようにする
40cm以下《いか》

アタリのパターン

魚種《ぎょしゅ》によってもアタリは様々《さまざま》ですが、ここでは典型的《てんけいてき》なパターンだけを紹介《しょうかい》します。

①“ツンツン”というアタリは、小物《こもの》の場合《ばあい》が多《おお》い。

ツンツン
ツンツン

②急《きゅう》な引《ひ》き込《こ》みは魚《さかな》がスレていない（警戒《けいかい》していない）証拠《しょうこ》。アワセやすい。

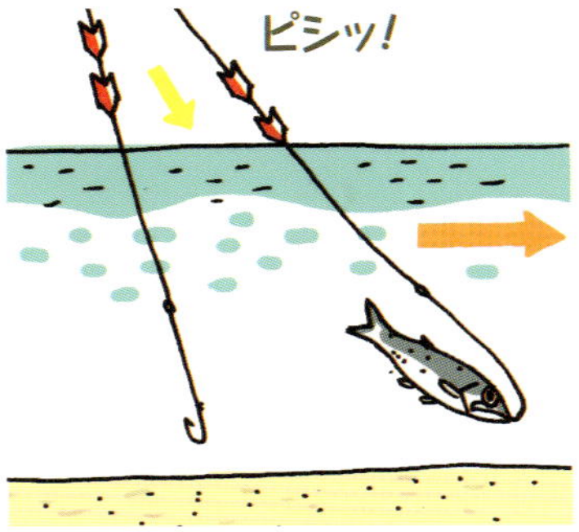

ピシッ!

③目印《めじるし》が“ピタッ”と止《と》まるアタリは大物《おおもの》に多《おお》い。慎重《しんちょう》にアワセよう。

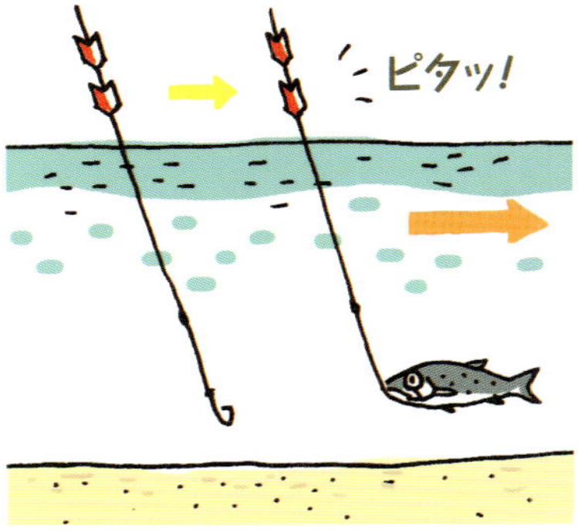

ピタッ!

■強風《きょうふう》のときの釣《つ》り方《かた》

雨《あめ》は釣《つ》り人《びと》にとってはまさに“恵《めぐ》みの雨《あめ》”となりますが、
風《かぜ》は仕《し》かけの投入《とうにゅう》を妨《さまた》げてしまいます。
しかし、そんな風《かぜ》さえも味方《みかた》にしてしまうコツを教《おし》えちゃいましょう。

①上流側《じょうりゅうがわ》から吹《ふ》く風《かぜ》

●ポジション

ポイントの真横《まよこ》に立《た》つ。風《かぜ》が強《つよ》いようなら、さらに上流側《じょうりゅうがわ》に立《た》って仕《し》かけを投入《とうにゅう》。難易《なんい》度《ど》は下流側《かりゅうがわ》からの風《かぜ》より高《たか》い。

②下流側《かりゅうがわ》から吹《ふ》く風《かぜ》

●ポジション

仕《し》かけをうまく風《かぜ》にのせて上流《じょうりゅう》のポイントへ投入《とうにゅう》する。難易度《なんいど》はそんなに高《たか》くはない。

風《かぜ》の方向《ほうこう》
風《かぜ》の方向《ほうこう》
どうしても魚《さかな》の視界《しかい》に入《はい》りやすいため、できるだけ岸《きし》より離《はな》れることがコツ
流《なが》れの方向《ほうこう》
風《かぜ》の影響《えいきょう》を軽減《けいげん》するために、若干《じゃっかん》オモリを重《おも》くするのもコツ

■大物《おおもの》が釣《つ》れるポイント

①大岩周《おおいわまわ》り

水面《すいめん》がうねったり波立《なみだ》っているような
流《なが》れの強《つよ》い所《ところ》にある大岩《おおいわ》は、絶好《ぜっこう》のポイント。さらにこんな荒瀬《あらせ》で
石《いし》と石《いし》の間《あいだ》を釣《つ》るような芸当《げいとう》はウキにはできない、
まさにミャク釣《づ》りの独断場《どくだんじょう》です。
大岩《おおいわ》に潜《ひそ》む大物《おおもの》を果敢《かかん》に攻《せ》めてみよう。

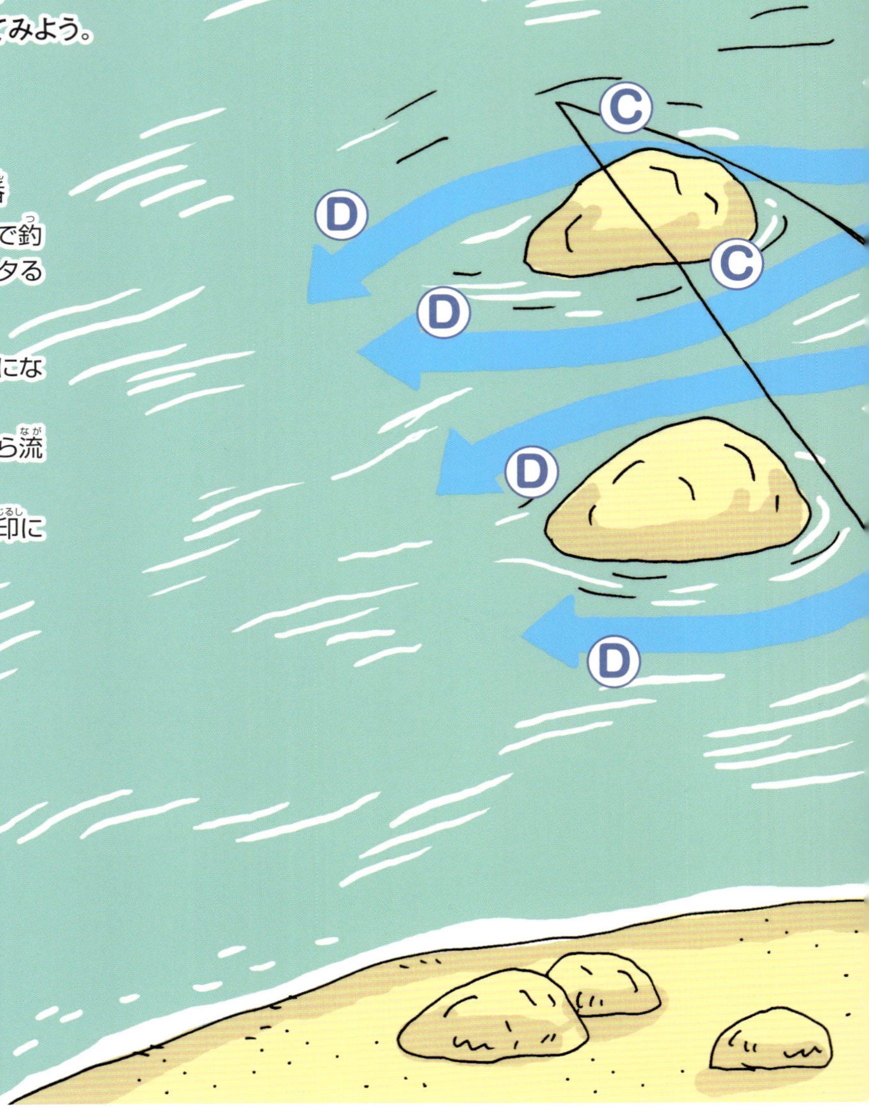

①～④は仕《し》かけを投入《とうにゅう》する順番《じゅんばん》
岸際《きしぎわ》の①から攻《せ》めていけば、①で釣《つ》れても、うまくいけば④でもアタる確率《かくりつ》は高《たか》い。

Ⓐ～Ⓑの点線部《てんせんぶ》は、エサが流《なが》れになじむまでの距離《きょり》

Ⓑ～Ⓒは、エサが魚《さかな》を誘《さそ》いながら流《なが》れる距離《きょり》

Ⓒ～Ⓓは、魚《さかな》がエサを食《た》べ、目印《めじるし》に信号《しんごう》が伝《つた》わる距離《きょり》

ポイントの水中図《すいちゅうず》

大岩《おおいわ》の底部分《そこぶぶん》に注目《ちゅうもく》！ このようにすぼまっていれば、魚《さかな》は必《かなら》ず隠《かく》れている。（○）特《とく》に石《いし》の後《うし》ろで渦《う》が巻《ま》いているような所《ところ》は要注意《ようちゅうい》。
（×）逆《ぎゃく》に富士山型《ふじさんがた》の沈《しず》み石《いし》は魚《さかな》の隠《かく》れる場所《ばしょ》はないため、あまりポイントにはならない。

■大物《おおもの》が釣《つ》れるポイント

②えん堤《てい》などの落《お》ち込《こ》み

水《みず》がザーッと落下《らっか》している所《ところ》に魚《さかな》は集《あつ》まりやすい。なぜなら水《みず》に溶《と》ける酸素《さんそ》や落《お》ちてくるエサが豊富《ほうふ》だからだ。おまけに波立《あわだ》つ白《しろ》い泡《あわ》はブラインドの役目《やくめ》をする。こんなポイントを大物《おおもの》たちが見逃《みのが》すはずはないのです。

白《しろ》い泡《あわ》のなかに仕《し》かけを投入《とうにゅう》し、後《あと》は自然《しぜん》に下流側《かりゅうがわ》へと流《なが》し切《き》るのがセオリー。しかし、ときには図《ず》の⟷のような方向《ほうこう》に仕《し》かけが流《なが》れるときがある。これは複雑《ふくざつ》な流《なが》れにのった証拠《しょうこ》。チャンス！

自然《しぜん》な落《お》ち込《こ》み

えん堤《てい》よりも流《なが》れが複雑《ふくざつ》だが、基本的《きほんてき》な攻《せ》め方《かた》はえん堤《てい》と同《おな》じ。

えん堤《てい》の断面図《だんめんず》

流《なが》れに勢《いきお》いがあるため、オモリを重《おも》くする必要《ひつよう》はない。しかし、見《み》ためよりも十分水深《じゅうぶんすいしん》はあるので、目《め》印《じるし》とオモリの間《あいだ》は長《なが》めにしておくことが大切《たいせつ》。

必《かなら》ず両《りょう》サイドにある
流《なが》れの巻《ま》き返《かえ》しまで
仕《し》かけを送《おく》り込《こ》むこと。

■釣《つ》れない人《ひと》のお悩《なや》み解決《かいけつ》！

釣《つ》れない人《ひと》の多《おお》くは、最初《さいしょ》の段階《だんかい》でのミスが目《め》立《だ》ちます。
それは初歩的《しょほてき》なミスです。釣《つ》れない人《ひと》、あるいは釣《つ》れなかった人《ひと》は
改《あらた》めて自分《じぶん》の釣《つ》りを振《ふ》り返《かえ》ってみましょう。

①仕《し》かけが悪《わる》い

初心者《しょしんしゃ》にもっともありがちなパターン。仕《し》かけ作《づく》りがまだまだ苦手《にがて》なのが理由《りゆう》でしょう。ハリスはヨレていないか、ハリは折《お》れていないか…はたまた大《おお》きすぎないか小《ちい》さくないか、などをこまめにチェックすることが大切《たいせつ》。

②エサの付《つ》け方《かた》に問題《もんだい》あり

エサ付《づ》けは誰《だれ》でも最初《さいしょ》は苦手《にがて》です。しかし、釣果《ちょうか》にとても直結《ちょっけつ》することなので克服《こくふく》してほしいものです。また、ひんぱんにチェックしていたら釣《つ》りになりませんが、何《なに》か疑問《ぎもん》に思《おも》ったら回収《かいしゅう》してエサを調《しら》べるクセをつけておきましょう。

③仕《し》かけの操作《そうさ》

潮《しお》の流《なが》れや川《かわ》の流《なが》れさえつかんでしまえば、釣《つ》りは決《けっ》してむずかしいものではありません。失敗《しっぱい》の多《おお》くは、実《じつ》は仕《し》かけに対《たい》するよけいな操作《そうさ》にあります。よけいな操作《そうさ》は、魚《さかな》からすれば不自然《ふしぜん》な動《うご》きでしかないので注意《ちゅうい》しましょう。

④釣行《ちょうこう》のタイミング

魚《さかな》にも釣《つ》れる時間《じかん》と釣《つ》れない時間《じかん》があります。盛夏《せいか》の日中《にっちゅう》にサオを出《だ》したり、朝《あさ》マズメだからといっても冬《ふゆ》のまだ気温《きおん》の上《あ》がらない時間帯《じかんたい》では釣《つ》りにはなりません。釣《つ》り場《ば》の情報《じょうほう》などを頼《たよ》りに、釣《つ》りの計画《けいかく》を立《た》てましょう。

マズメ＝魚《さらま》がもっとも釣《つ》れやすい時間帯《じかんたい》

PART 3

いろいろな魚を釣っちゃおう！

川釣り編

コイ

「一日《いちにち》、一寸《いっすん》」といわれたコイ釣《づ》りも、今《いま》は昔《むかし》の話《はなし》。野生味《やせいみ》あふれる“野《の》ゴイ”の数《かず》は減《へ》り、代《か》わって増《ふ》えた養殖《ようしょく》ゴイは比較的《ひかくてき》かんたんに釣《つ》れます。しかし、その引《ひ》きは強烈《きょうれつ》！

●釣期《ちょうき》(月《つき》)　(○=良《よ》い　◎=最盛期《さいせいき》)

1	2	3	4	5	6	7	8	9	10	11	12
○	○	◎	◎	◎	◎	◎	◎	◎	◎	◎	○

コイ目《もく》コイ科《か》

●分布《ぶんぷ》／繁殖力《はんしょくりょく》は旺盛《おうせい》なため、日本各地《にほんかくち》に生息《せいそく》。
●体長《たいちょう》／大《おお》きいものは1mにまで成長《せいちょう》する。
●釣法《ちょうほう》／投《な》げ込《こ》み釣《づ》り、ウキ釣《づ》り、コロガシ釣《づ》りなど

こんな所《ところ》にいるよ

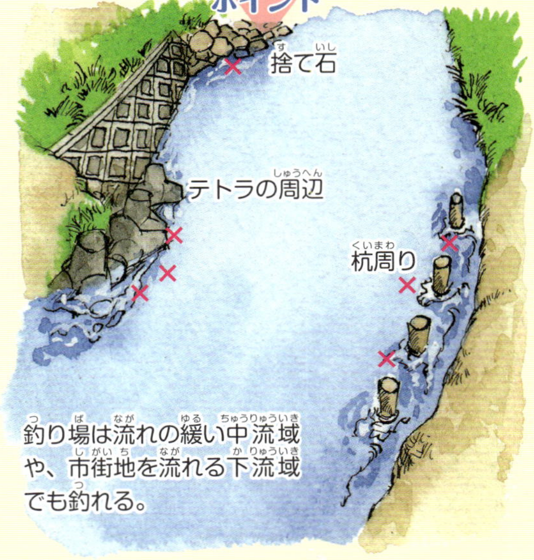
ポイント
捨《す》て石《いし》
テトラの周辺《しゅうへん》
杭周《くいまわ》り
釣《つ》り場《ば》は流《なが》れの緩《ゆる》い中流域《ちゅうりゅういき》や、市街地《しがいち》を流《なが》れる下流域《かりゅういき》でも釣《つ》れる。

投《な》げ込《こ》み釣《づ》り仕《し》かけで釣《つ》る

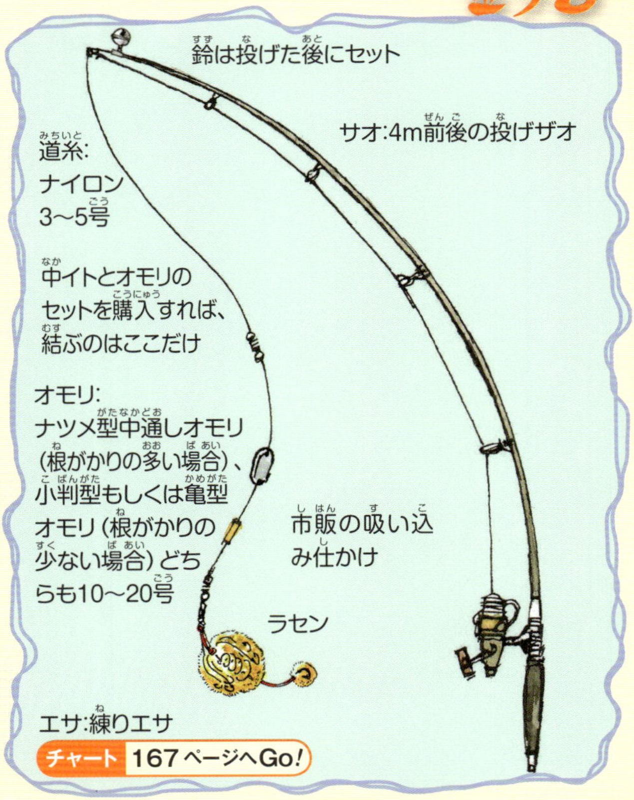
鈴《すず》は投《な》げた後《あと》にセット
サオ:4m前後《ぜんご》の投《な》げザオ
道糸《みちいと》:
ナイロン
3～5号《ごう》
中《なか》イトとオモリの
セットを購入《こうにゅう》すれば、
結《むす》ぶのはここだけ
オモリ:
ナツメ型《がた》中通《なかどお》しオモリ
(根《ね》がかりの多《おお》い場合《ばあい》)、
小判型《こばんがた》もしくは亀型《かめがた》
オモリ(根《ね》がかりの
少《すく》ない場合《ばあい》)どち
らも10～20号《ごう》
市販《しはん》の吸《す》い込《こ》
み仕《し》かけ
ラセン
エサ:練《ね》りエサ

チャート 167ページへGo!

“ドボンッ”と響《ひび》く着水音《ちゃくすいおん》がコイを寄《よ》せる

アタリは鈴《すず》が教《おし》えてくれる。

サオを３本《ぼん》くらい使《つか》うと広範囲《こうはんい》を探《さく》れるため、釣《つ》れる確率《かくりつ》は格段《かくだん》にアップする。

この釣《つ》りは、ここぞと決《き》めた場所《ばしょ》に腰《こし》をすえてひたすらアタリを待《ま》つため、ポイント選《えら》びは重要《じゅうよう》。

水中《すいちゅう》での魚《さかな》の動《うご》きをあれこれと想像《そうぞう》しながらの釣《つ》りは、楽《たの》しくてドキドキ感《かん》も最高《さいこう》。

投《な》げたらサオ先《さき》が少《すこ》し曲《ま》がるくらいまでリールを巻《ま》く。こうすると、アタリが伝《つた》わりやすい。

練《ね》りエサはラセン（練《ね》りエサを落《お》ちにくくするためのもの）より2まわりくらいの大《おお》きさにする。逆《さか》さにして付《つ》けると、ハリに刺《さ》さらない。

最初《さいしょ》に鈴《すず》が小《ちい》さく鳴《な》るがこのアタリではアワセないで我慢《がまん》する。すると、３回《かい》、４回《かい》と強《つよ》く引《ひ》き出《だ》すので、そこまで待《ま》ってからサオを大《おお》きく引《ひ》いてアワセよう。

コイのエサの食《た》べ方《かた》

1

コイは吸《す》いつくように“スパ、スパ”とエサを食《た》べるので、ハリをいっしょに吸《す》い込《こ》んでしまう。

2

ハリを吸《す》い込《こ》んで驚《おどろ》いたコイはあわてるため、重《おも》いオモリによってハリがかかる。

ウキ釣《づ》り仕《し》かけで釣《つ》る

投《な》げ込《こ》み釣《づ》りを"待《ま》ちの釣《つ》り"とするなら、コイのウキ釣《づ》りは"攻《せ》めの釣《つ》り"といえます。コイを見《み》つけたら、積極的《せっきょくてき》にエサを投入《とうにゅう》します。

こんな所《ところ》にいるよ

緩《ゆる》い流《なが》れや湖《みずうみ》、野池《のいけ》などの岸際《きしぎわ》。水《みず》が多少《たしょう》濁《にご》って水草《みずくさ》が生《は》えていれば◎。

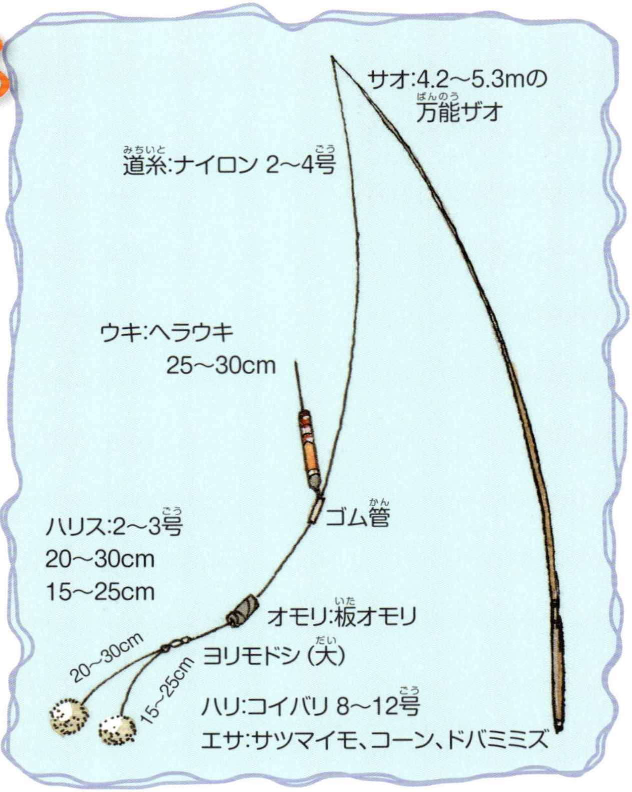

サオ:4.2〜5.3mの万能《ばんのう》ザオ
道糸《みちいと》:ナイロン 2〜4号《ごう》
ウキ:ヘラウキ 25〜30cm
ゴム管《かん》
ハリス:2〜3号《ごう》
20〜30cm
15〜25cm
オモリ:板《いた》オモリ
ヨリモドシ(大《だい》)
20〜30cm
15〜25cm
ハリ:コイバリ 8〜12号《ごう》
エサ:サツマイモ、コーン、ドバミミズ

正確《せいかく》な仕《し》かけの連続投入《れんぞくとうにゅう》が好釣果《こうちょうか》のカギ!

ウキ下《した》の調節《ちょうせつ》は、エサが底《そこ》スレスレについた状態《じょうたい》でウキが立《た》つようにすること。

練《ね》りエサは水中《すいちゅう》でバラけて魚《さかな》を誘《さそ》う。そのために何度《なんど》も正確《せいかく》に同《おな》じポイントに仕《し》かけを投入《とうにゅう》できれば、効果《こうか》は倍増《ばいぞう》する。

最後《さいご》まで気《き》のぬけない大物《おおもの》の取《と》り込《こ》み

●中《ちゅう》クラスの取《と》り込《こ》み

コイは警戒心《けいかいしん》が強《つよ》くて用心深《ようじんぶか》い。せっかくハリがかりしても、最後《さいご》の最後《さいご》で逃《に》げられてしまう事《こと》が多《おお》いので、手中《しゅちゅう》に納《おさ》めるまでは気《き》をぬかないこと。

①魚《さかな》が元気《げんき》なうちは
水中《すいちゅう》でヤリトリする。

②魚《さかな》が暴《あば》れなくなったら、タイミングを
計《はか》って魚《さかな》の顔《かお》を水面《すいめん》より出《だ》す。
酸素《さんそ》を吸《す》った魚《さかな》はさらにおとなしくなる。

③足下《あしもと》へと寄《よ》せてくる。
このときに再《ふたた》び暴《あば》れ出《だ》すものもいるが、
動《うご》く方向《ほうこう》とは逆側《ぎゃくがわ》に
サオ先《さき》を向《む》けていなす。

④足下《あしもと》まできたらそのままぬき上《あ》げるか、
魚《さかな》を持《も》って取《と》り込《こ》む。

●一人《ひとり》での大物《おおもの》の取《と》り込《こ》み

① サオを立《た》てて水面《すいめん》から顔《かお》を出《だ》させ、岸《きし》へと寄《よ》せる。

② たま網《あみ》の届《とど》く距離《きょり》まで寄《よ》せたら、なるべく頭《あたま》からすくう。

●二人《ふたり》での大物《おおもの》の取《と》り込《こ》み

タイミングは取《と》りづらいので、頭《あたま》から魚《さかな》が入《はい》ったら、サオを持《も》つ人《ひと》はサオを寝《ね》かして必《かなら》ず道糸《みちいと》を緩《ゆる》めること。

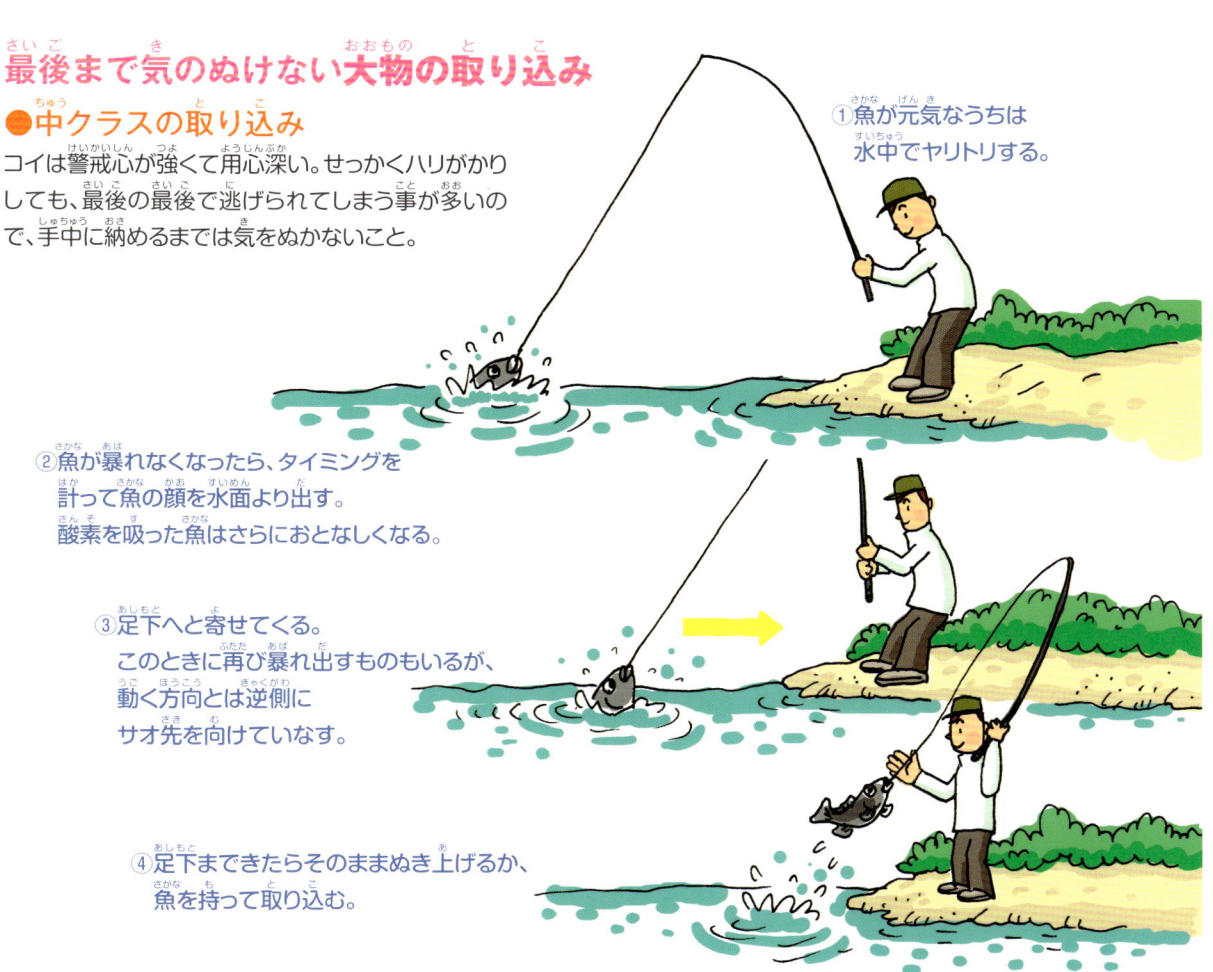

マブナ

マブナには“キンブナ”と“ギンブナ”がいましたが、近年《きんねん》ではキンブナの姿《すがた》は見《み》かけなくなりました。「マブナは底《そこ》を釣《つ》れ」といわれる通《とお》り、底層《ていそう》から離《はな》れずに生活《せいかつ》する魚《さかな》です。

●釣期《ちょうき》(月《つき》)　(○=良《よ》い　◎=最盛期《さいせいき》)

1	2	3	4	5	6	7	8	9	10	11	12
○	○	◎	◎	◎	○	○	○	○	◎	◎	○

コイ目《もく》コイ科《か》

●分布《ぶんぷ》／日本各地《にほんかくち》の河川《かせん》や湖《みずうみ》、池《いけ》に生息《せいそく》。
●体長《たいちょう》／約《やく》30cmまで成長《せいちょう》する。
●釣法《ちょうほう》／シモリ釣《づ》り、ウキ釣《づ》りなど

こんな所《ところ》にいるよ

ポイント
釣《つ》り場《ば》は小川《おがわ》や田《た》んぼの用水路《ようすいろ》、
またはそれらが流《なが》れ込《こ》む本流《ほんりゅう》や池《いけ》など。
岸際《きしぎわ》の水草《みずくさ》
桟橋《さんばし》の周辺《しゅうへん》
杭《くい》の周《まわ》り

シモリウキ釣《づ》り仕《し》かけで釣《つ》る

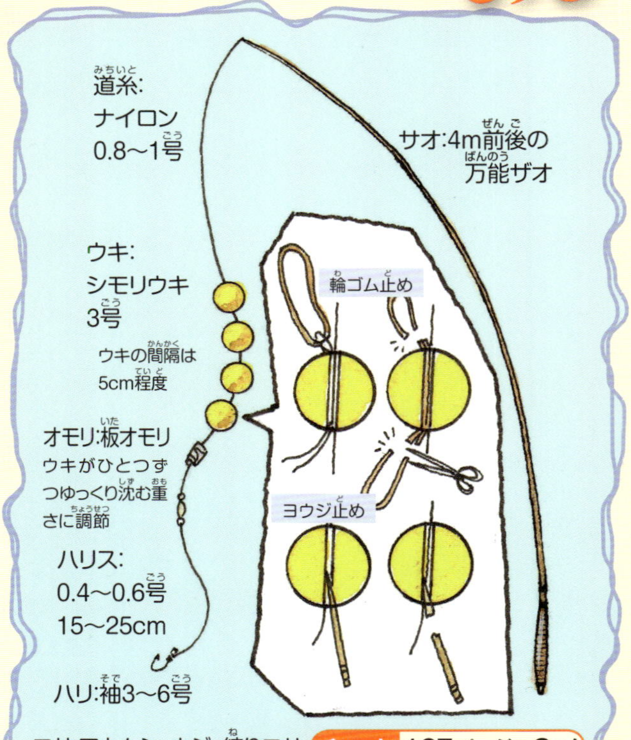
道糸《みちいと》:
ナイロン
0.8~1号《ごう》
サオ:4m前後《ぜんご》の
万能《ばんのう》ザオ
ウキ:
シモリウキ
3号《ごう》
ウキの間隔《かんかく》は
5cm程度《ていど》
輪《わ》ゴム止《ど》め
オモリ:板《いた》オモリ
ウキがひとつず
つゆっくり沈《しず》む重《おも》
さに調節《ちょうせつ》
ヨウジ止《ど》め
ハリス:
0.4~0.6号《ごう》
15~25cm
ハリ:袖《そで》3~6号《ごう》

エサ:アカムシ、キジ、練《ね》りエサ　チャート 167ページへGo!

マブナ釣《づ》りの極意《ごくい》！　探《さぐ》って誘《さそ》う

「一尺《いっしゃく》ずれたらアタリなし」といわれている通《とお》り、マブナはポイント探《さが》しが重要《じゅうよう》だ。ただし、ただ探《さが》すのではなく、図《ず》のように仕《し》かけを移動《いどう》させて、同時《どうじ》に魚《さかな》の食《く》い気《け》を誘《さそ》う。

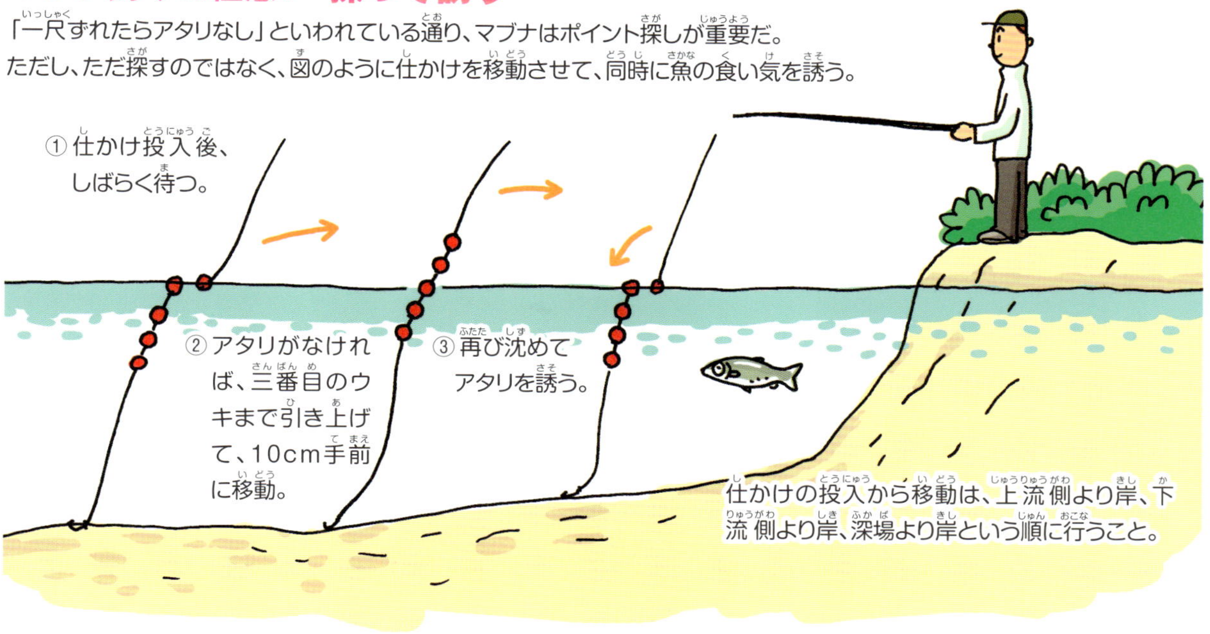

① 仕《し》かけ投入《とうにゅう》後《ご》、
しばらく待《ま》つ。
② アタリがなければ、三番目《さんばんめ》のウキまで引《ひ》き上《あ》げて、10cm手前《てまえ》に移動《いどう》。
③ 再《ふたた》び沈《しず》めてアタリを誘《さそ》う。
仕《し》かけの投入《とうにゅう》から移動《いどう》は、上流側《じゅうりゅうがわ》より岸《きし》、下《か》流側《りゅうがわ》より岸《しき》、深場《ふかば》より岸《きし》という順《じゅん》に行《おこな》うこと。

●シモリウキ仕かけのオモリの調整《ちょうせい》

この仕《し》かけの長所《ちょうしょ》は、エサをユラユラとゆっくり沈《しず》ませられることにある。そのためにはオモリの重《おも》さを調節《ちょうせつ》する必要《ひつよう》がある。

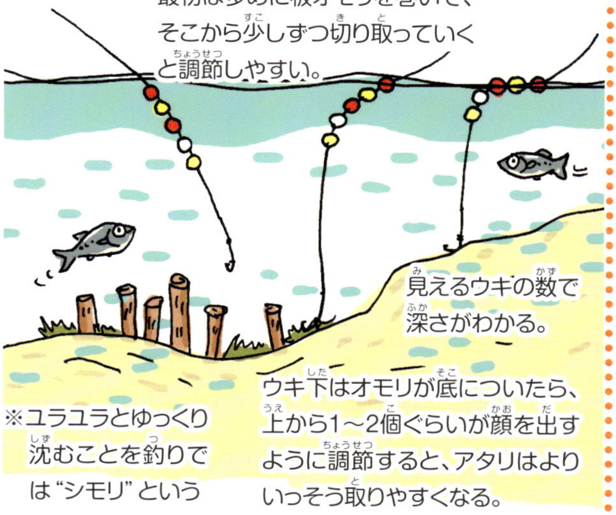

最初《さいしょ》は多《おお》めに板《いた》オモリを巻《ま》いて、そこから少《すこ》しずつ切《き》り取《と》っていくと調節《ちょうせつ》しやすい。
見《み》えるウキの数《かず》で深《ふか》さがわかる。
※ユラユラとゆっくり沈《しず》むことを釣《つ》りでは“シモリ”という
ウキ下《した》はオモリが底《そこ》についたら、上《うえ》から1～2個《こ》ぐらいが顔《かお》を出《だ》すように調節《ちょうせつ》すると、アタリはよりいっそう取《と》りやすくなる。

●アタリのパターン

マブナはエサが沈《しず》んでいくときに食《く》ってくることが多《おお》い。そのため、ウキの動《うご》きには常《つね》に注意《ちゅうい》していよう。

通常《つうじょう》でのシモリウキ

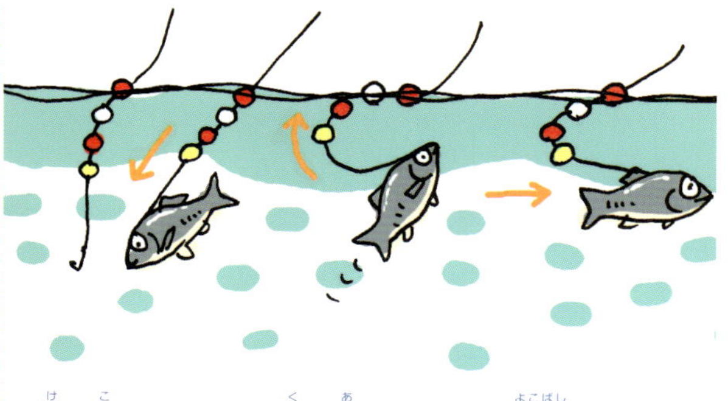

消《け》し込《こ》み
食《く》ってから深場《ふかば》に移動《いどう》したとき

食《く》い上《あ》げ
魚《さかな》の活性《かっせい》が上《あ》がっているとき

横走《よこばし》り
下《した》のウキに注意《ちゅうい》していないと取《と》りにくい

テナガエビ

　ザリガニと違《ちが》って、テナガエビはちゃんとハリを使《つか》って釣《つ》ります。最初《さいしょ》のアタリからアワセまで少《すこ》し時間《じかん》がかかるため、その間《あいだ》のハラハラドキドキ感《かん》はとってもスリリング！

●釣期《ちょうき》(月《つき》)　(○=良《よ》い　◎=最盛期《さいせいき》)

1	2	3	4	5	6	7	8	9	10	11	12
			○	○	◎	◎	◎	◎	○	○	

エビ目《もく》テナガエビ科《か》

- 分布《ぶんぷ》／本州《ほんしゅう》や四国《しこく》、九州《きゅうしゅう》などに生息《せいそく》。
- 体長《たいちょう》／平均《へいきん》5cmくらい、大《おお》きいもので12cmに成長《せいちょう》。
- 釣法《ちょうほう》／ウキ釣《づ》り、ミャク釣《づ》りなど

こんな所《ところ》にいるよ

ポイント
杭周《くいまわ》りや、
壊《こわ》れて沈《しず》んだ
釣《つ》り台《だい》
テトラポッドのすき間《ま》
捨《す》て石《いし》
釣《つ》り場《ば》は流《なが》れの緩《ゆる》い河川《かせん》の下流《かりゅう》域《いき》や用水路《ようすいろ》。または湖沼《こしょう》など。

ウキ釣《づ》り仕《し》かけで釣《つ》る

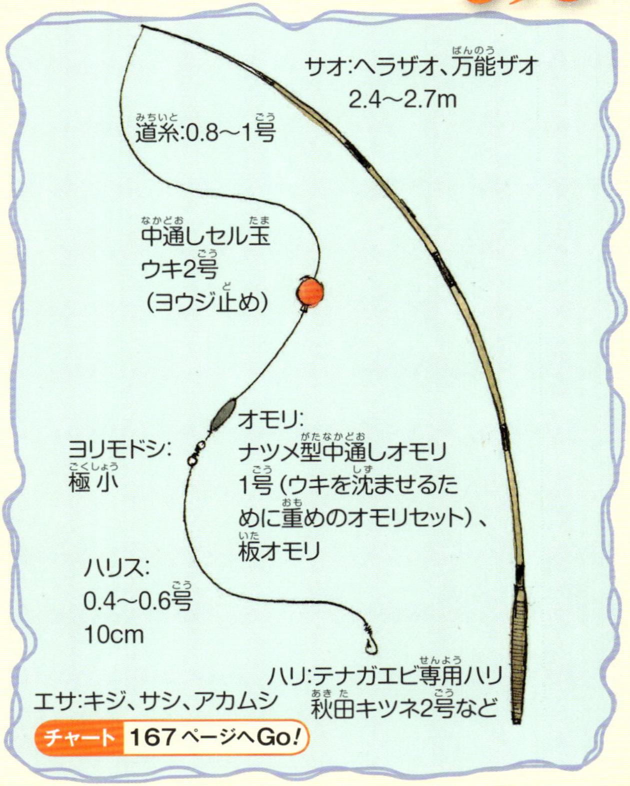
サオ:ヘラザオ、万能《ばんのう》ザオ
2.4〜2.7m
道糸《みちいと》:0.8〜1号《ごう》
中通《なかどお》しセル玉《たま》
ウキ2号《ごう》
(ヨウジ止《ど》め)
オモリ:
ナツメ型《がた》中通《なかどお》しオモリ
1号《ごう》(ウキを沈《しず》ませるために重《おも》めのオモリセット)、
板《いた》オモリ
ヨリモドシ:
極小《ごくしょう》
ハリス:
0.4〜0.6号《ごう》
10cm
ハリ:テナガエビ専用《せんよう》ハリ
秋田《あきた》キツネ2号《ごう》など
エサ:キジ、サシ、アカムシ

チャート　167ページへGo!

釣《つ》り方《かた》

テナガエビはとってもおくびょうで警戒心《けいかいしん》の強《つよ》い生《い》き物《もの》。**だから朝夕《あさゆう》のマズメ時《どき》がチャンスタイム。**日中《にっちゅう》でももちろん釣《つ》れるよ。曇《くも》りや小雨模《こさめも》様《よう》ならOK。好天《こうてん》のときは底《そこ》に陽《ひ》の届《とど》かない日陰《ひかげ》で釣《つ》ろう。エサの付《つ》け方《かた》はイラストを参考《さんこう》にしよう。

ハリ先《さき》を出《だ》す
垂《た》らさない

夏《なつ》の暑《あつ》さが一段落《ひとだんらく》すると、数《かず》を釣《つ》ることはできないけど、大《おお》きく育《そだ》った大物釣《おおものづ》りが楽《たの》しめるよ！

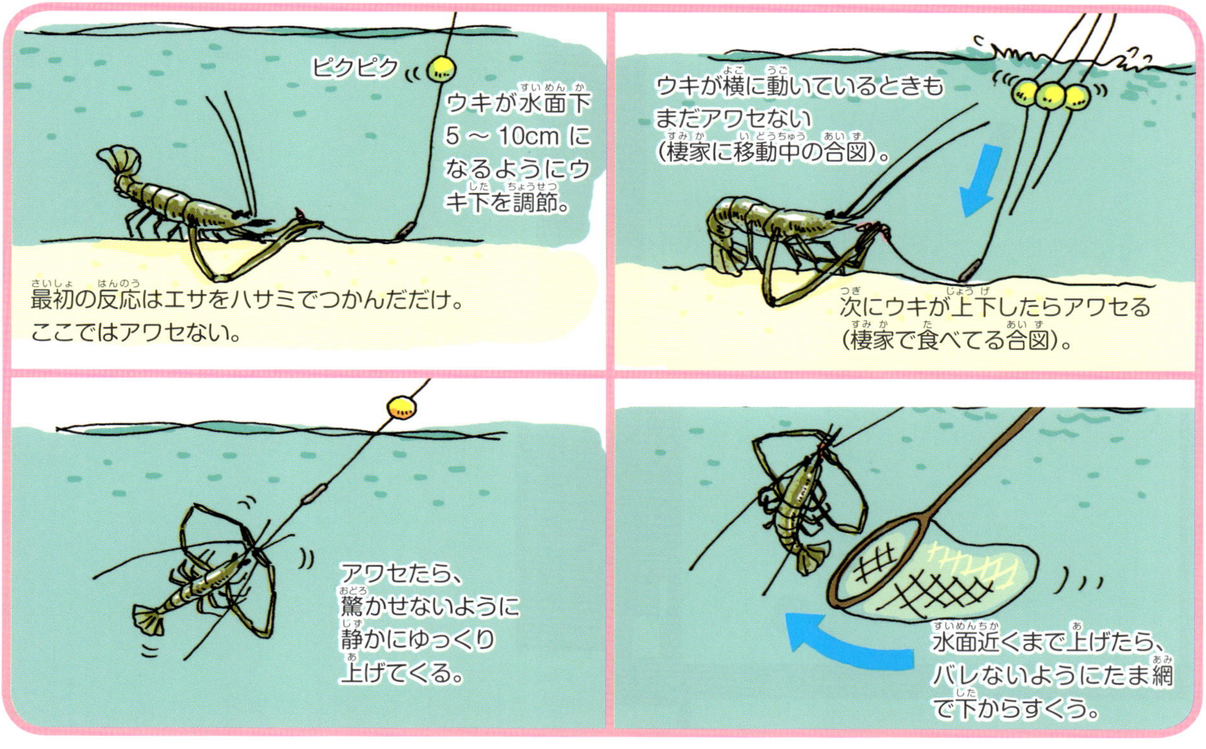
ピクピク
ウキが水面下《すいめんか》5～10cmになるようにウキ下《した》を調節《ちょうせつ》。
最初《さいしょ》の反応《はんのう》はエサをハサミでつかんだだけ。ここではアワセない。
ウキが横《よこ》に動《うご》いているときもまだアワセない（棲家《すみか》に移動中《いどうちゅう》の合図《あいず》）。
次《つぎ》にウキが上下《じょうげ》したらアワセる（棲家《すみか》で食《た》べてる合図《あいず》）。
アワセたら、驚《おどろ》かせないように静《しず》かにゆっくり上《あ》げてくる。
水面近《すいめんちか》くまで上《あ》げたら、バレないようにたま網《あみ》で下《した》からすくう。

クチボソ

とても身近《みぢか》なクチボソの標準和名《ひょうじゅんわめい》は“モツゴ”といいます。仕《し》かけはかんたんなので誰《だれ》でも気軽《きがる》に楽《たの》しめますが、「エサ取《と》り名人《めいじん》」でもあるため、釣《つ》るにはちょっとしたコツが必要《ひつよう》。

●釣期《ちょうき》(月《つき》)　(○=良《よ》い　◎=最盛期《さいせいき》)

1	2	3	4	5	6	7	8	9	10	11	12
		○	○	◎	◎	◎	○	○	○	○	

コイ目《もく》コイ科《か》

- 分布《ぶんぷ》／自然生息地《しぜんせいそくち》は関東《かんとう》から西《にし》の本州《ほんしゅう》、四国《しこく》、九州《きゅうしゅう》。
- 体長《たいちょう》／体長《たいちょう》は10cm前後《ぜんご》。
- 釣法《ちょうほう》／ウキ釣《づ》り、ミャク釣《づ》りなど

こんな所《ところ》にいるよ

ポイント
杭《くい》の周《まわ》りや岸際《きしぎわ》の水草《みずくさ》
群《む》れを探《さが》す
釣《つ》り場《ば》は野池《のいけ》や沼《ぬま》、用水路《ようすいろ》など。

ウキ釣《づ》り仕《し》かけで釣《つ》る

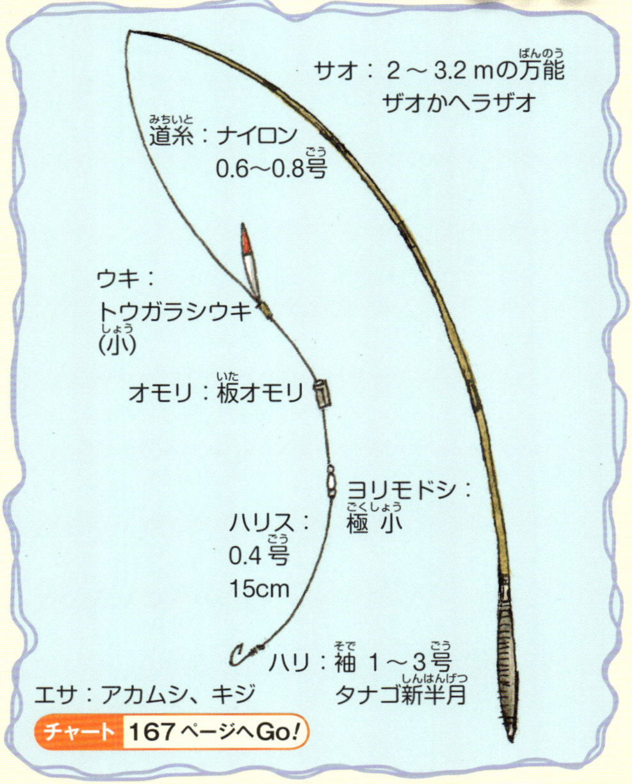
サオ：2～3.2 mの万能《ばんのう》ザオかヘラザオ
道糸《みちいと》：ナイロン 0.6～0.8号《ごう》
ウキ：トウガラシウキ(小《しょう》)
オモリ：板《いた》オモリ
ヨリモドシ：極小《ごくしょう》
ハリス：0.4号《ごう》 15cm
ハリ：袖《そで》 1～3号《ごう》 タナゴ新半月《しんはんげつ》
エサ：アカムシ、キジ

チャート 167ページへGo!

エサ取《と》り名人《めいじん》なだけに エサ付《つ》けが釣果《ちょうか》を左右《さゆう》する

クチボソにはアカムシが一番《いちばん》。しかし、エサ取《と》り名人《めいじん》なだけにハリ付《つ》けはとても重要《じゅうよう》。

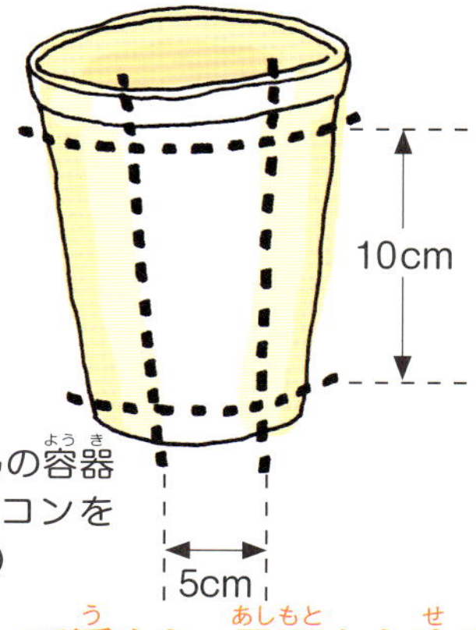

①カップめんの容器《ようき》（昔《むかし》はダイコンを使《つか》っていた）

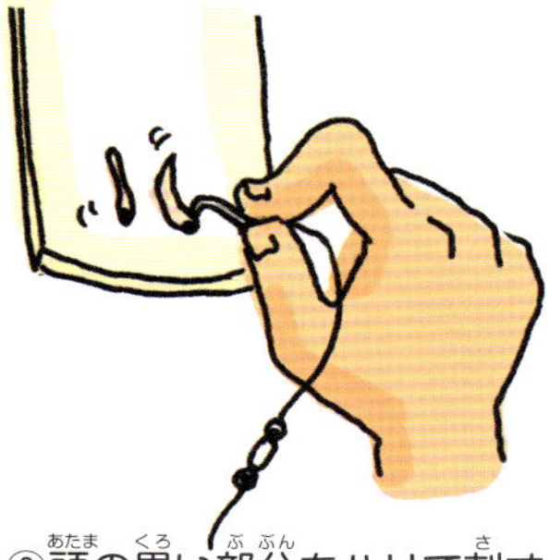

②頭《あたま》の黒《くろ》い部分《ぶぶん》をハリで刺《さ》す。アカムシは付《つ》け方《かた》が悪《わる》いと赤《あか》い体液《たいえき》が流《なが》れでてしまうので注意《ちゅうい》。

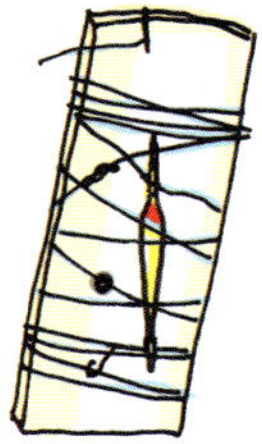

③使《つか》い終《お》えた簡易《かんい》エサ付《つ》け器《き》はそのまま仕《し》かけ巻《ま》きにも使《つか》える。

●エサは必《かなら》ず底《そこ》から離《はな》して浮《う》かし、足下《あしもと》から攻《せ》めるのがセオリー！

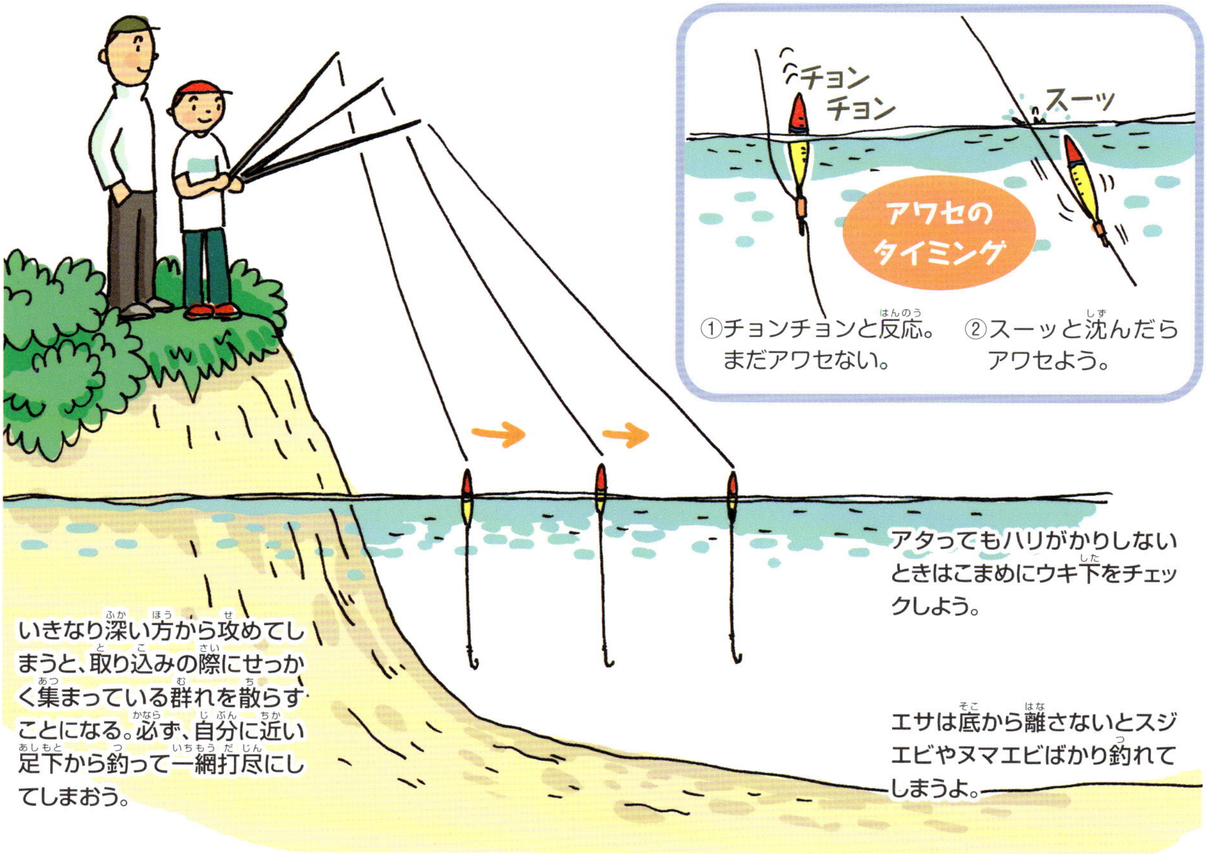

①チョンチョンと反応《はんのう》。まだアワセない。

②スーッと沈《しず》んだらアワセよう。

アタってもハリがかりしないときはこまめにウキ下《した》をチェックしよう。

いきなり深《ふか》い方《ほう》から攻《せ》めてしまうと、取《と》り込《こ》みの際《さい》にせっかく集《あつ》まっている群《む》れを散《ち》らすことになる。必《かなら》ず、自分《じぶん》に近《ちか》い足下《あしもと》から釣《つ》って一網打尽《いちもうだじん》にしてしまおう。

エサは底《そこ》から離《はな》さないとスジエビやヌマエビばかり釣《つ》れてしまうよ。

ワカサギ

釣《つ》りにはそれぞれに楽《たの》しみ方《かた》があります。大物《おおもの》の豪快《ごうかい》な引《ひ》きを楽《たの》しむ釣《つ》りや、あえてむずしい魚《さかな》に挑戦《ちょうせん》する釣《つ》りなど。ワカサギ釣《づ》りの醍醐味《だいごみ》とは「いかにして数《かず》を釣《つ》るか」にあります。

●釣期《ちょうき》(月《つき》)　(○=良《よ》い　◎=最盛期《さいせいき》)

1	2	3	4	5	6	7	8	9	10	11	12
◎	◎	○	○					○	○	◎	◎

サケ目《もく》キュウリウオ科《か》

- 分布《ぶんぷ》／日本各地《にほんかくち》の湖沼《こしょう》に移植《いしょく》されている。
- 体長《たいちょう》／体長《たいちょう》は最大《さいだい》で約《やく》13cm。
- 釣法《ちょうほう》／ウキ釣《づ》り、サビキ釣《づ》り、穴釣《あなづ》り

こんな所《ところ》にいるよ

ポイント

※栈橋近《さんばしちか》くは釣《つ》り禁止《きんし》エリアとなっている所《ところ》もあるので注意《ちゅうい》

遊覧船《ゆうらんせん》などの船着《ふなつき》き場《ば》周辺《しゅうへん》は、たえず水《みず》がかきまぜられているために魚《さかな》が集《あつ》まる好《こう》ポイント。

サビキ釣《づ》り仕《し》かけで釣《つ》る

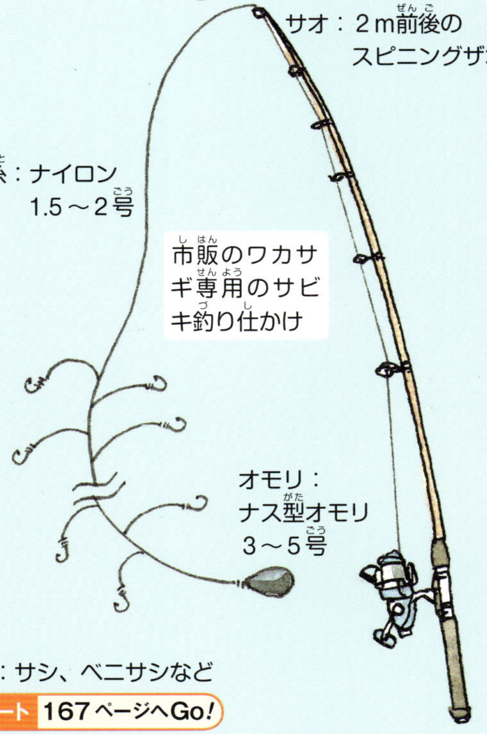
サオ：2m前後《ぜんご》の
スピニングザオ
道糸《みちいと》：ナイロン
1.5～2号《ごう》
市販《しはん》のワカサギ専用《せんよう》のサビキ釣《づ》り仕《し》かけ
オモリ：
ナス型《がた》オモリ
3～5号《ごう》

エサ：サシ、ベニサシなど

チャート　167ページへGo!

品《しな》を変《か》えずにタナだけ変《か》えて、回遊《かいゆう》してくるワカサギをキャッチ！

サオは3本《ぼん》くらい用意《ようい》すると、タナを見《み》つけやすい。

①スタート時《じ》は3本《ぼん》それぞれ違《ちが》った層《そう》を攻《せ》める。1本《ぼん》は底《そこ》に合《あ》わせ、後《あと》の2本《ほん》はそこから浅《あさ》くしていく。

②アタリがなければ、50cmずつタナを上《あ》げていく。

③アタリがでたら、そのサオのタナに他《ほか》のサオも合《あ》わせる。

ボートでの誘《さそ》い方《かた》

①オモリが着底《ちゃくてい》したら、イトのたるみを巻《ま》く。
②まず、仕《し》かけを小刻《こきざ》みに震《ふる》わす。
③一呼吸《ひとこきゅう》おいて、仕《し》かけを30cmぐらい上《あ》げる。
④アタリがなければ、②から繰《く》り返《かえ》し誘《さそ》う。

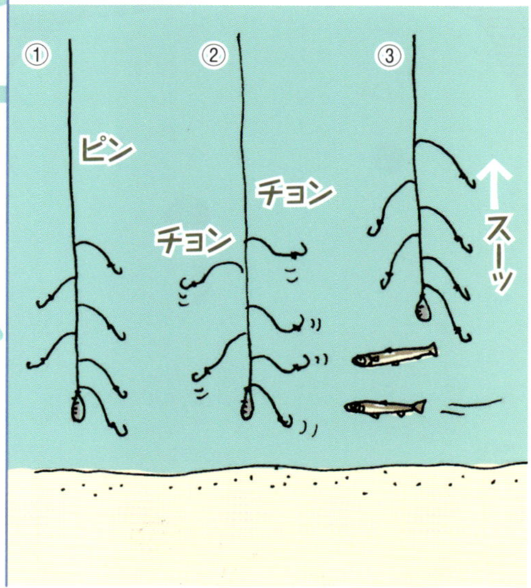

●ワカサギの外《はず》し方《かた》

ワカサギは口元《くちもと》がとても繊細《せんさい》な魚《さかな》なので、オモリを引《ひ》いて仕《し》かけを振《ふ》れば、かんたんにハリから外《はず》すことができる。

●スクリューの逆回転《ぎゃくかいてん》

船《ふね》が方向転換《ほうこうてんかん》をすると、酸素《さんそ》が水《みず》によく溶《と》けるだけでなく、エサとなるプランクトンも巻《ま》き上《あ》げられるために魚《さかな》がたくさん集《あつ》まってくる。

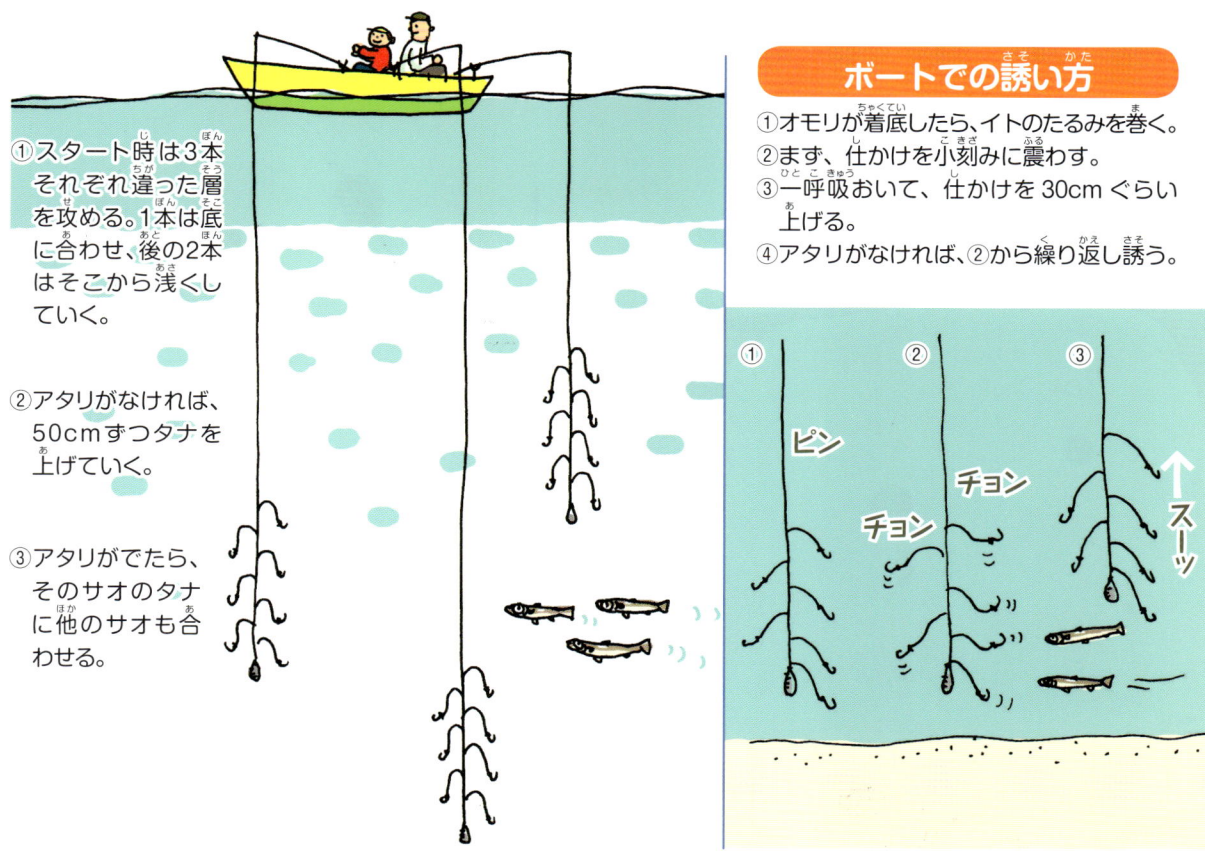

穴釣《あなづ》り仕《し》かけで釣《つ》る

冬《ふゆ》は釣《つ》りのオフシーズンだが、そんな季節《きせつ》にしかできない釣《つ》りがあります。それが冬《ふゆ》の風物詩《ふうぶつし》の穴釣《あなづ》りです。

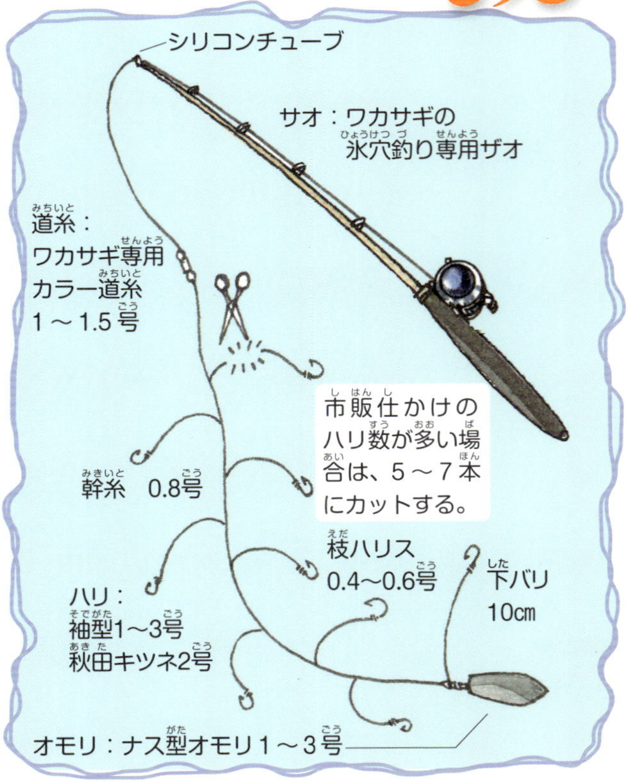

シリコンチューブ
サオ：ワカサギの
氷穴釣《ひょうけつづ》り専用《せんよう》ザオ
道糸《みちいと》：
ワカサギ専用《せんよう》
カラー道糸《みちいと》
1～1.5号《ごう》
市販《しはん》仕《し》かけの
ハリ数《すう》が多《おお》い場《ば》
合《あい》は、5～7本《ほん》
にカットする。
幹糸《みきいと》　0.8号《ごう》
枝《えだ》ハリス
0.4～0.6号《ごう》
下《した》バリ
10cm
ハリ：
袖型《そでがた》1～3号《ごう》
秋田《あきた》キツネ2号《ごう》
オモリ：ナス型《がた》オモリ1～3号《ごう》

●道具《どうぐ》
予備《よび》の防寒着《ぼうかんぎ》
風《かぜ》よけテント
レンタン火鉢《ひばち》
氷《こおり》すくいのアミ
穴《あな》あけ器《き》
新聞紙《しんぶんし》（魚《さかな》が凍《こお》っ
てくっつかない）

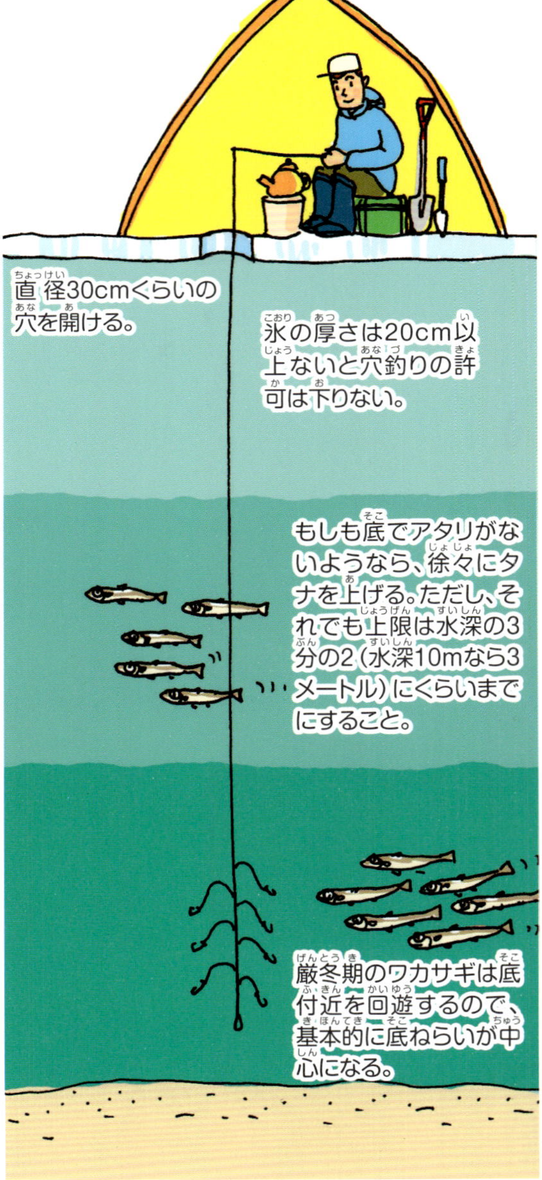

直径《ちょっけい》30cmくらいの
穴《あな》を開《あ》ける。
氷《こおり》の厚《あつ》さは20cm以《い》
上《じょう》ないと穴釣《あなづ》りの許《きょ》
可《か》は下《お》りない。
もしも底《そこ》でアタリがな
いようなら、徐々《じょじょ》にタ
ナを上《あ》げる。ただし、そ
れでも上限《じょうげん》は水深《すいしん》の3
分《ぶん》の2（水深《すいしん》10mなら3
メートル）にくらいまで
にすること。
厳冬期《げんとうき》のワカサギは底《そこ》
付近《ふきん》を回遊《かいゆう》するので、
基本的《きほんてき》に底《そこ》ねらいが中《ちゅう》
心《しん》になる。

冷《つめ》たい水温《すいおん》のなか、いかにワカサギの食《く》い気《け》を誘《さそ》うかがカギ！

動《うご》きの誘《さそ》い

1 寄《よ》せの誘《さそ》い

サオを30～50cm間隔《かんかく》で上下《じょうげ》させて誘《さそ》う。

グングン

2 食《く》わせの誘《さそ》い

サオのグリップを氷穴《ひょうけつ》の角《かど》で小突《こづ》いて、独特《どくとく》の振《しん》動《どう》で誘《さそ》う。

トントン

3 たるみの誘《さそ》い

わざとイトのたるみを作《つく》り、それを張《は》ったり緩《ゆる》めたりして誘《さそ》う。

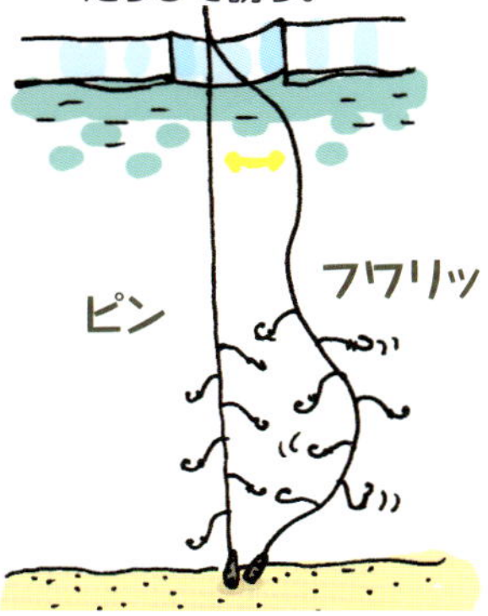
ピン
フワリッ

取《と》り込《こ》みは一定《いってい》の早《はや》さで行《おこな》うこと。

数匹《すうひき》かかっているとバレやすいため注意《ちゅうい》しよう。

とても寒《さむ》いため、どうしても動《うご》きはぎこちなくなるよ。

エサの付《つ》け方《かた》もひと工夫《くふう》しよう

食《く》いがよいとき

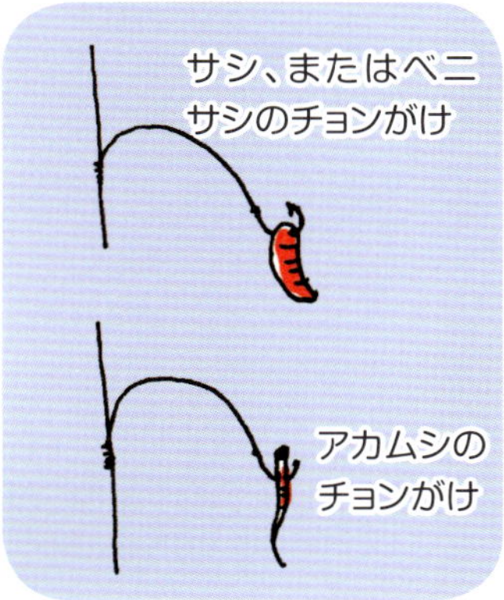
サシ、またはベニサシのチョンがけ
アカムシのチョンがけ

食《く》いが悪《わる》いとき

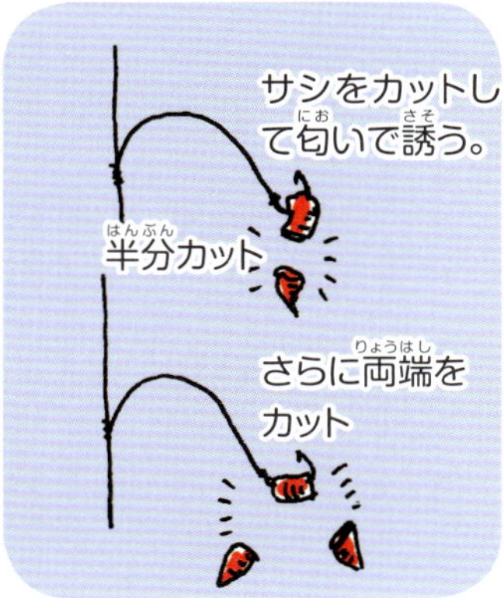
サシをカットして匂《にお》いで誘《さそ》う。
半分《はんぶん》カット
さらに両端《りょうはし》をカット

チャート 167ページへGo!

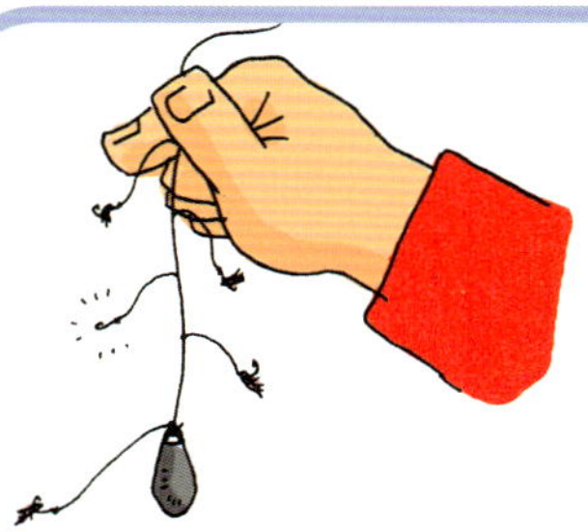

アタリの多《おお》いハリのエサはこまめにチェックして、常《つね》に新鮮《しんせん》なエサをつけておこう。ピンポイントで群《む》れに当《あ》たっている証拠《しょうこ》だ。

オイカワ

梅雨《つゆ》が終《お》わって夏《なつ》になると、朝夕《あさゆう》のマズメ時《どき》にオイカワが盛《さか》んに水面《すいめん》を割《わ》って、飛《と》んでいる羽虫《はむし》を捕《と》らえます。毛《け》バリと聞《き》くと何《なん》ともむずかしそうですが、この釣《つ》り方《かた》はとてもかんたんなのです。

●釣期《ちょうき》（月《つき》）　（○＝良《よ》い　◎＝最盛期《さいせいき》）

1	2	3	4	5	6	7	8	9	10	11	12
○	○	○	◎	◎	◎	◎	◎	◎	○	○	○

コイ目《もく》コイ科《か》

- 分布《ぶんぷ》／アユに混《ま》じって放流《ほうりゅう》され、生息地《せいそくち》は全土《ぜんど》に広《ひろ》がりつつある。
- 体長《たいちょう》／２年《ねん》で成魚《せいぎょ》となり、体長《たいちょう》は約《やく》20cmになる。
- 釣法《ちょうほう》／ウキ釣《づ》り、ミャク釣《づ》り、毛《け》バリ釣《づ》り、フライフィッシングなど

こんな所《ところ》にいるよ

ポイント
カーブ
瀬《せ》の流《なが》れが複雑《ふくざつ》な所《ところ》
毛《け》バリ釣《づ》りでは、流《なが》れの変化《へんか》している所《ところ》がポイントになる。
釣《つ》り場《ば》は河川《かせん》の上流《じょうりゅう》から中流《ちゅうりゅう》の終《お》わりまで。

毛《け》バリの流《なが》し釣《づ》り仕《し》かけで釣《つ》る

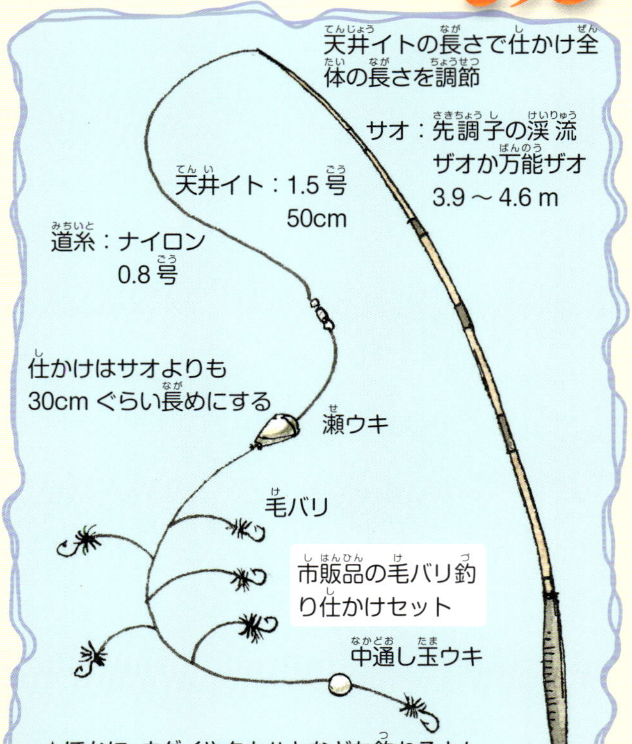
天井《てんじょう》イトの長《なが》さで仕《し》かけ全《ぜん》体《たい》の長《なが》さを調節《ちょうせつ》
サオ：先調子《さきちょうし》の渓流《けいりゅう》ザオか万能《ばんのう》ザオ 3.9～4.6 m
天井《てんい》イト：1.5号《ごう》 50cm
道糸《みちいと》：ナイロン 0.8号《ごう》
仕《し》かけはサオよりも30cm ぐらい長《なが》めにする
瀬《せ》ウキ
毛《け》バリ
市販品《しはんひん》の毛《け》バリ釣《づ》り仕《し》かけセット
中通《なかどお》し玉《たま》ウキ

★ほかに、ウグイやタカハヤなども釣《つ》れるよ！

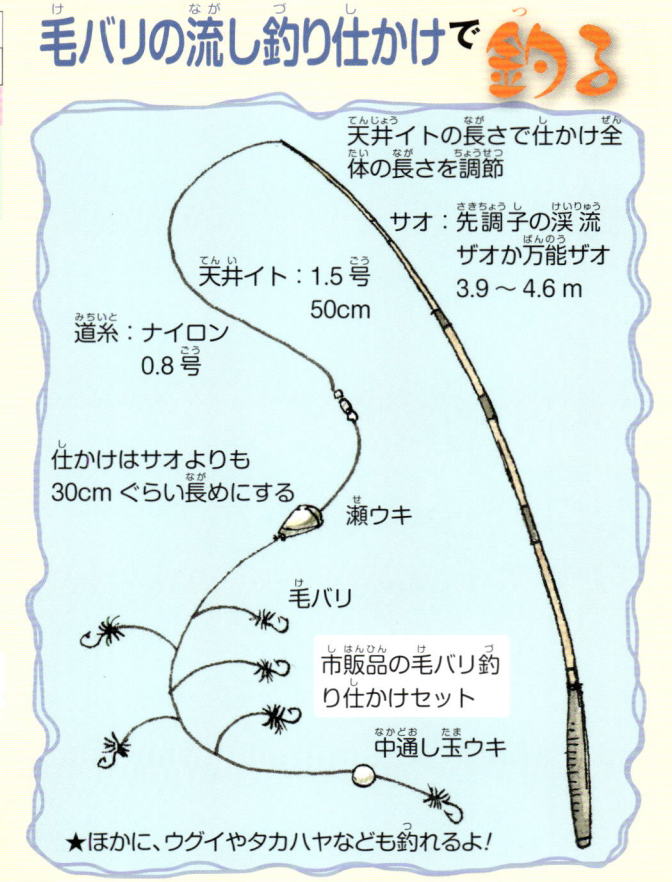

流《なが》れの速度《そくど》に合《あ》わせて誘《さそ》えば、入《い》れ食《ぐ》いまちがいなし！

操作《そうさ》のコツ

川《かわ》の流《なが》れが速《はや》い場合《ばあい》はサオの引《ひ》く動作《どうさ》は遅《おそ》くなる。逆《ぎゃく》に流《なが》れが遅《おそ》いときは操作《そうさ》を速《はや》くして流《なが》れと同調《どうちょう》させる。

毛《け》バリをより長《なが》く魚《さかな》にアピールさせるには、流《なが》れに対《たい》して仕《し》かけを平行《へいこう》に流《なが》すことが大切《たいせつ》。そのためには、サオを扇状《おうぎじょう》に手前《てまえ》に引《ひ》いてくる操作《そうさ》が必要《ひつよう》だ。

流《なが》れの方向《ほうこう》
仕《し》かけは常《つね》に“張《は》らず緩《ゆる》めず”を実行《じっこう》しよう。

思《おも》わぬ瀬《せ》ウキの効果《こうか》とは!?

一見《いっけん》、何《なに》もないようなこの形《かたち》。しかし、この瀬《せ》ウキの形《かたち》がとても重要《じゅうよう》。

瀬《せ》ウキが流《なが》れにのると、ゆらゆらふらふらと独特《どくとく》な動《うご》きをする。

瀬《せ》ウキにはいろいろなタイプがあるから、あれこれ試《ため》すとおもしろい。

瀬《せ》ウキ

瀬《せ》ウキの動《うご》きが仕《し》かけ全体《ぜんたい》に伝《つた》わり、毛《け》バリが魚《さかな》の食《く》い気《け》を誘《さそ》う。

中通《なかどお》し玉《たま》セルウキを外《はず》して少《すこ》し沈《しず》ませてみるのも作戦《さくせん》だよ。

ウグイ

これは主《おも》に夏《なつ》の釣《つ》りです。キャンプやバーベキューに出《で》かけて、もしも膝《ひざ》くらいの浅瀬《あさせ》を見《み》つけたらチャレンジしてみましょう。初心者《しょしんしゃ》や子《こ》どもでも十分楽《じゅうぶんたの》しめる釣《つ》りです。

●釣期《ちょうき》(月《つき》)　(○=良《よ》い　◎=最盛期《さいせいき》)

1	2	3	4	5	6	7	8	9	10	11	12
○	○	○	◎	◎	◎	◎	○	○	○	○	○

コイ目《もく》コイ科《か》

- 分布《ぶんぷ》／日本各地《にほんかくち》に生息《せいそく》。淡水型《たんすいがた》と降海型《こうかいがた》がいる。
- 体長《たいちょう》／約《やく》30cmまで成長《せいちょう》する。
- 釣法《ちょうほう》／ウキ釣《づ》り、ミャク釣《づ》り、投《な》げ込《こ》み釣《づ》り、毛《け》バリ釣《づ》りなど

こんな所《ところ》にいるよ

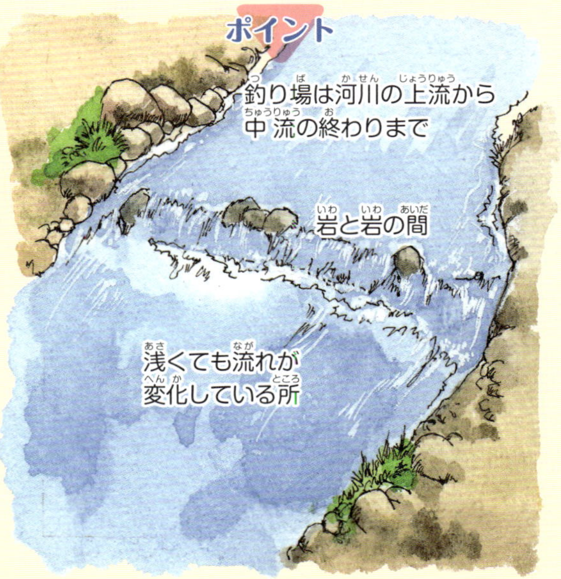
ポイント
釣《つ》り場《ば》は河川《かせん》の上流《じょうりゅう》から中流《ちゅうりゅう》の終《お》わりまで
岩《いわ》と岩《いわ》の間《あいだ》
浅《あさ》くても流《なが》れが変化《へんか》している所《ところ》

引《ひ》き送《おく》り釣《づ》り仕《し》かけで釣《つ》る

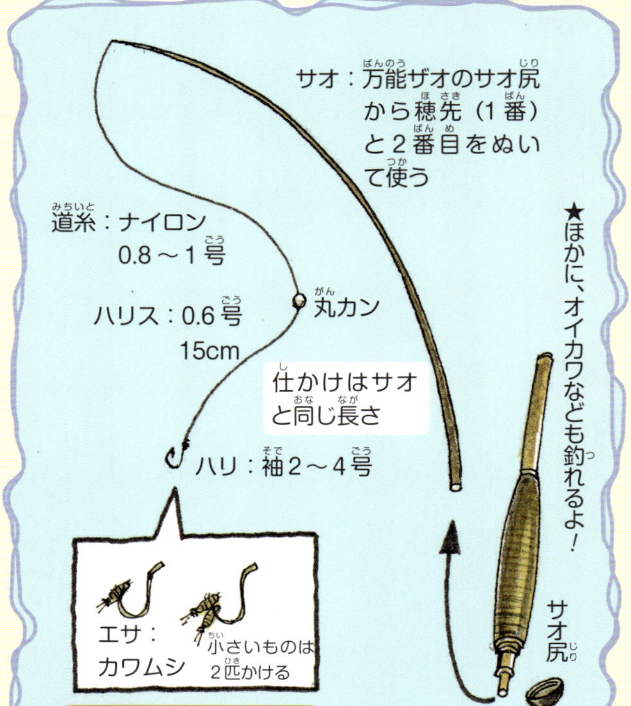
サオ：万能《ばんのう》ザオのサオ尻《じり》から穂先《ほさき》（1番《ばん》）と2番目《ばんめ》をぬいて使《つか》う
道糸《みちいと》：ナイロン 0.8～1号《ごう》
丸《がん》カン
ハリス：0.6号《ごう》 15cm
仕《し》かけはサオと同《おな》じ長《なが》さ
ハリ：袖《そで》2～4号《ごう》
エサ：カワムシ
小《ちい》さいものは2匹《ひき》かける
サオ尻《じり》
★ほかに、オイカワなども釣《つ》れるよ！

チャート 166ページへGo!

膝《ひざ》までつかって、“引《ひ》いては送《おく》って”を繰《く》り返《かえ》してこの釣《つ》りを楽《たの》しもう!

① ポイントを決《き》めたら上流側《じょうりゅうがわ》に立《た》ち、ポイントのやや後《うし》ろに仕《し》かけを投入《とうにゅう》。このとき腕《うで》は伸《の》びた状態《じょうたい》。
② 手首《てくび》まで水《みず》につけ、サオ全体《ぜんたい》も沈《しず》める。
③ サオを手前《てまえ》まで引《ひ》いてきたら、今度《こんど》はサオを流《なが》れよりも速《はや》く送《おく》りだす。
④ このとき、道糸《みちいと》はたるんで流《なが》れるため、エサは自然《しぜん》に流《なが》れて魚《さかな》が食《く》いつく。
⑤ アワセは必要《ひつよう》なし。次《つぎ》の動作《どうさ》の引《ひ》きがアワセになるからだ。
⑥ アタリがなければ、この①～⑤を繰《く》り返《かえ》す。

流《なが》れ
引《ひ》いてくるとサオにプルプルとアタリが伝《つた》わってくる。この瞬間《しゅんかん》が楽《たの》しい。

引《ひ》き送《おく》り釣《づ》りのポイント

ある程度《ていど》ポイントを限定《げんてい》するため、他《ほか》の釣《つ》りと同様《どうよう》にポイント決《き》めは重要《じゅうよう》。

沈《しず》み石《いし》の裏側《うらがわ》は身《み》を隠《かく》せるし、流《なが》れが変化《へんか》しているから魚《さかな》は集《あつ》まりやすい。

流《なが》れ

カジカ

エサのカワムシを採取《さいしゅ》しているとき、専用《せんよう》ネットによくカジカがかかります。この釣《つ》りをする人《ひと》は少《すく》なくなりましたが、カジカとの出会《であい》いは、今《いま》も昔《むかし》もさほど変《か》わりはないのです。

●釣期《ちょうき》(月《つき》) (○=良《よ》い ◎=最盛期《さいせいき》)

1	2	3	4	5	6	7	8	9	10	11	12
					○	○	◎	◎	○		

カサゴ目《もく》カジカ科《か》

- ●分布《ぶんぷ》／本州《ほんしゅう》や四国《しこく》、九州《きゅうしゅう》に生息《せいそく》。
- ●体長《たいちょう》／約《やく》10～15cmに成長《せいちょう》する。
- ●釣法《ちょうほう》／ウキ釣《づ》り、ミヤク釣りなど

こんな所《ところ》にいるよ

ポイント
釣《つ》り場《ば》は河川《かせん》の上流域《じょうりゅういき》
落《お》ち込《こ》んでいる所《ところ》や瀬《せ》の脇《わき》などの底石《そこいし》付近《ふきん》を重点的《じゅうてんてき》に探《さぐ》る
落《お》ち込《こ》み
流《なが》れ
底石《そこいし》

探《さぐ》り釣《づ》り仕《し》かけで釣《つ》る

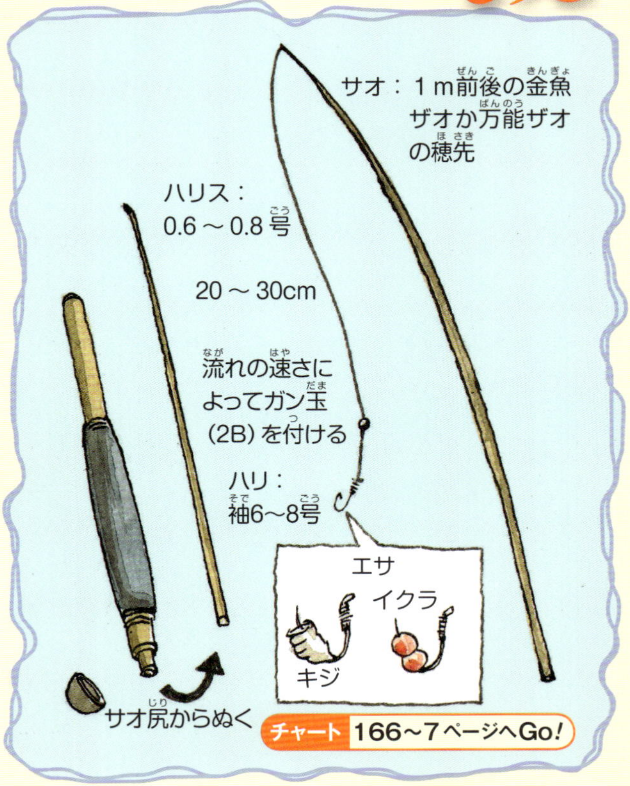
サオ：1ｍ前後《ぜんご》の金魚《きんぎょ》ザオか万能《ばんのう》ザオの穂先《ほさき》
ハリス：0.6～0.8号《ごう》
20～30cm
流《なが》れの速《はや》さによってガン玉《だま》(2B)を付《つ》ける
ハリ：袖《そで》6～8号《ごう》
エサ
イクラ
キジ
サオ尻《じり》からぬく

チャート 166～7ページへGo!

隠《かく》れているのか、いないのか？ ポイントをていねいに探《さぐ》っていこう！

1〜2分《ふん》しても反応《はんのう》がなければ、根《ね》がかりに気《き》をつけながら、サオを上下《じょうげ》させてみる。
アタリは手元《てもと》に“ブルブルッ”と伝《つた》わる。
石《いし》と石《いし》のすき間《ま》を探《さが》して穴状《あなじょう》になっていたら、その奥《おく》へ仕《し》かけを送《おく》り込《こ》もう。
アワセたら奥《おく》へ逃《に》げ込《こ》まれないよう手早《てばや》く取《と》り込《こ》む。

●ポイント探《さが》しのコツ

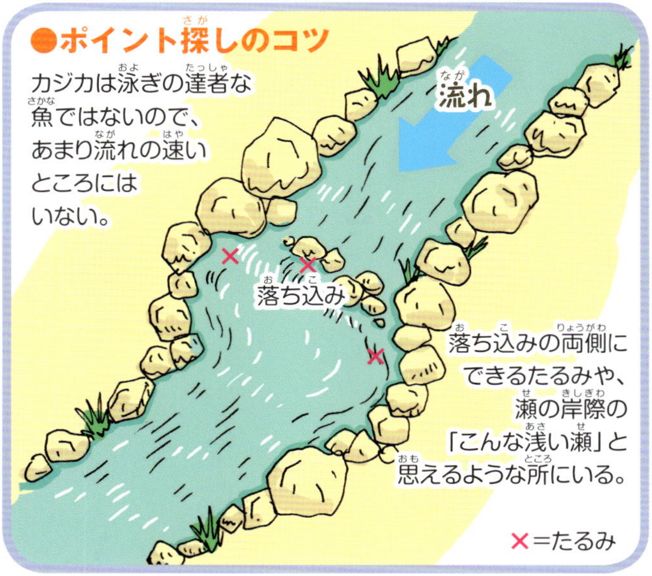
カジカは泳《およ》ぎの達者《たっしゃ》な魚《さかな》ではないので、あまり流《なが》れの速《はや》いところにはいない。
流《なが》れ
落《お》ち込《こ》み
落《お》ち込《こ》みの両側《りょうがわ》にできるたるみや、瀬《せ》の岸際《きしぎわ》の「こんな浅《あさ》い瀬《せ》」と思《おも》えるような所《ところ》にいる。
×＝たるみ

穴《あな》のなかのカジカはこんな感《かん》じ

のぞき込《こ》むと目《め》が合《あ》ったりするから楽《たの》しい。

ブルーギル

　ブルーギルとは“青《あお》いエラ”のことで、その名《な》の通《とお》り、若魚《わかうお》のエラはとても美《うつく》しいのが特徴《とくちょう》です。どこでも、誰《だれ》でも、いつでも、しかもたくさん釣《つ》れるという三拍子《さんびょうし》そろった魚《さかな》です。

●釣期《ちょうき》(月《つき》)　(○=良《よ》い　◎=最盛期《さいせいき》)

1	2	3	4	5	6	7	8	9	10	11	12
○	○	○	◎	◎	◎	◎	◎	◎	○	○	○

スズキ目《もく》サンフィッシュ科《か》

- 分布《ぶんぷ》／1960年《ねん》に移入《いにゅう》されて以来《いらい》、その生息域《せいそくいき》は広《ひろ》がっている。※1
- 体長《たいちょう》／約《やく》25cmまで成長《せいちょう》する。
- 釣法《ちょうほう》／ルアー、フライフィッシング、ウキ釣《づ》り、ミャク釣《づ》りなど

※1 特定外来生物《とくていがいらいせいぶつ》に指定《してい》

こんな所《ところ》にいるよ

ポイント
アシ際《ぎわ》
杭周《くいまわ》り
釣《つ》り場《ば》は流《なが》れの弱《よわ》い場所《ばしょ》や、湖《みずうみ》や野池《のいけ》

ウキ釣《づ》り仕《し》かけで釣《つ》る

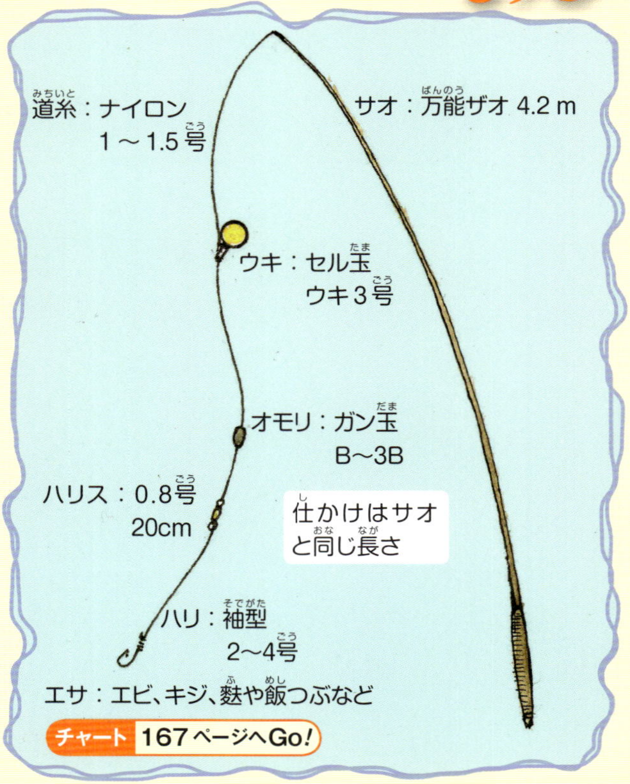
道糸《みちいと》：ナイロン
1～1.5号《ごう》
サオ：万能《ばんのう》ザオ 4.2 m
ウキ：セル玉《たま》
ウキ3号《ごう》
オモリ：ガン玉《だま》
B～3B
ハリス：0.8号《ごう》
20cm
仕《し》かけはサオと同《おな》じ長《なが》さ
ハリ：袖型《そでがた》
2～4号《ごう》
エサ：エビ、キジ、麸《ふ》や飯《めし》つぶなど

チャート 167ページへGo!

数《かず》を釣《づ》るのに必要《ひつよう》な極意《ごくい》!

ポイント移動《いどう》のたびに仕《し》かけを回《かい》収《しゅう》せずに、そのまま移動《いどう》して無駄《むだ》を省《はぶ》くという、この魚《さかな》ならではの方《ほう》法《ほう》。エサに対《たい》してとても貪欲《どんよく》なためにできる技《わざ》だ。

その① ポイント移動《いどう》の極意《ごくい》

2 アタリがなければ再《ふたた》び引《ひ》いて移動《いどう》し、群《む》れを探《さが》す。
1 自《みずか》ら移動《いどう》したら、自分《じぶん》の正面《しょうめん》まで仕《し》かけを引《ひ》いてくる。

その② 効率《こうりつ》よく釣《つ》るためのの極意《ごくい》

数《かず》を釣《つ》るには、効率《こうりつ》がよいに越《こ》したことはない。そのためにはかんたんでしかもスピーディに付《つ》けられるエサ選《えら》びは必要不可欠《ひつようふかけつ》だ。

1 カエシはつぶしておく。ハリが外《は》しやすくなる。

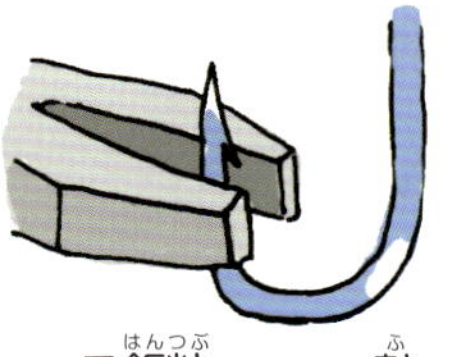

2 かんたん、スピーディなエサ

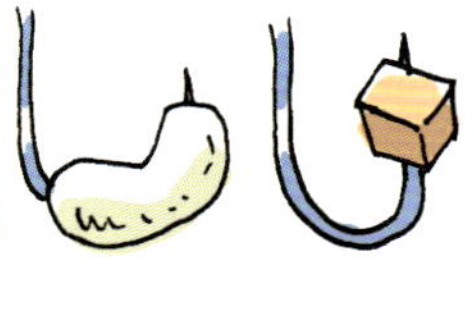
ご飯粒《はんつぶ》
麸《ふ》

雑食性《ざっしょくせい》だから、ちゃんと食《た》べてくれるよ。

その③ 誘《さそ》いの極意《ごくい》

アタリが遠《とお》のいたら、今度《こんど》は誘《さそ》って魚《さかな》を飽《あ》きさせないようにする。

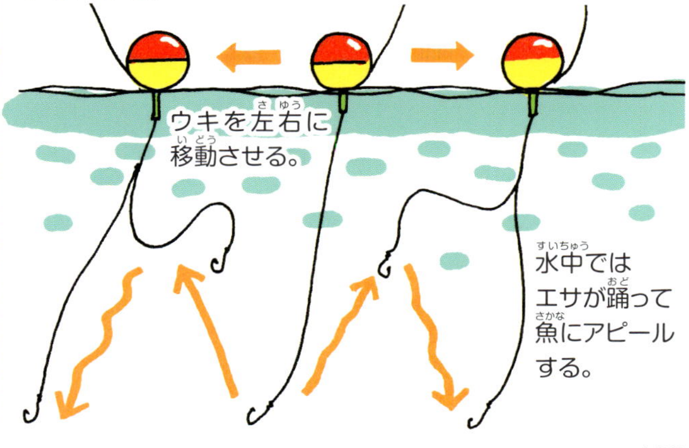
ウキを左右《さゆう》に移動《いどう》させる。
水中《すいちゅう》ではエサが踊《おど》って魚《さかな》にアピールする。

ウナギ

ウナギの生命力《せいめいりょく》はとても強《つよ》く、雨降《あめふ》りの日《ひ》には草地《くさち》を這《は》って移動《いどう》するほどです。ウナギの天然《てんねん》ものは養殖《ようしょく》と違《ちが》い、とても美味《びみ》。それを口《くち》にできるのは釣《つ》り人《びと》だけの特権《とっけん》なのです。

●釣期《ちょうき》(月《つき》)　(○=良《よ》い　◎=最盛期《さいせいき》)

1	2	3	4	5	6	7	8	9	10	11	12
				○	◎	◎	◎	◎			

ウナギ目《もく》ウナギ科《か》

- ●分布《ぶんぷ》／北海道《ほっかいどう》の中部《ちゅうぶ》より南《みなみ》の日本各地《にほんかくち》に生息《せいそく》。
- ●体長《たいちょう》／平均《へいきん》50ｃｍくらい、大《おお》きいもので１ｍくらいになる。
- ●釣法《ちょうほう》／投《な》げ込《こ》み釣《づ》り、置《お》きバリ釣《づ》り、穴釣《あなづ》り、シュモク釣《づ》りなど

こんな所《ところ》にいるよ

ポイント
ウナギは日中《にっちゅう》、陽《ひ》の届《とど》かない暗《くら》がりに潜《ひそ》んでいる。
釣《つ》り場《ば》は河川《かせん》の中流域《ちゅうりゅういき》から河口《かこう》を含《ふく》む下流域《かりゅういき》まで。

投《な》げ込《こ》み釣《づ》り仕《し》かけで釣《つ》る

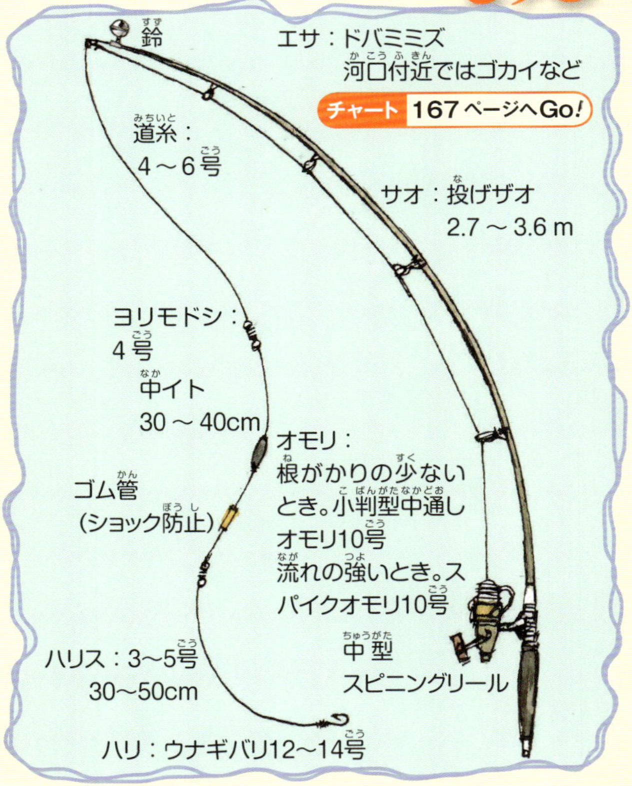
鈴《すず》
エサ：ドバミミズ
河口付近《かこうふきん》ではゴカイなど
チャート 167ページへGo!
道糸《みちいと》：
4～6号《ごう》
サオ：投《な》げザオ
2.7～3.6ｍ
ヨリモドシ：
4号《ごう》
中《なか》イト
30～40cm
オモリ：
根《ね》がかりの少《すく》ないとき。小判型中通《こばんがたなかどお》しオモリ10号《ごう》
流《なが》れの強《つよ》いとき。スパイクオモリ10号《ごう》
ゴム管《かん》
(ショック防止《ぼうし》)
中型《ちゅうがた》
スピニングリール
ハリス：3～5号《ごう》
30～50cm
ハリ：ウナギバリ12～14号《ごう》

ポイント

ウナギは夜行性《やこうせい》のため、主《おも》にタマズメ（陽《ひ》の傾《かたむ》く時間帯《じかんたい》）から日没《にちぼつ》までの時間帯《じかんたい》が勝負《しょうぶ》になります。ただし雨《あめ》の日《ひ》や、水《みず》に濁《にご》りのあるときは、日中《にっちゅう》でも棲家《すみか》から出《で》てきてエサを探《さが》すので釣《つ》れます。

釣《つ》り方《かた》

広範囲《こうはんい》を探《さぐ》る釣《つ》りなので、サオは4本《ほん》くらい用意《ようい》しよう。扇状《おうぎじょう》に投《な》げたら、リールを巻《ま》いて道糸《みちいと》を張《は》り、後《あと》は鈴《すず》が鳴《な》るのをひたすら待《ま》ちます。

最初《さいしょ》のアタリはウナギがエサをくわえただけ…。さらに待《ま》つとググッとサオが大《おお》きく曲《ま》がるので、道糸《みちいと》をたるませないように両手《りょうて》でサオをしっかり持《も》って強《つよ》くアワセます。後《あと》はリールを一定《いってい》のスピードで巻《ま》いて取《と》り込《こ》もう。

取《と》り込《こ》みをしたら必《かなら》ずフタをすること。また、手《て》についたウナギのヌメリは、その都度《つど》きれいに洗《あら》うかふき取《と》ること。

置《お》きバリ仕《し》かけで釣《つ》る

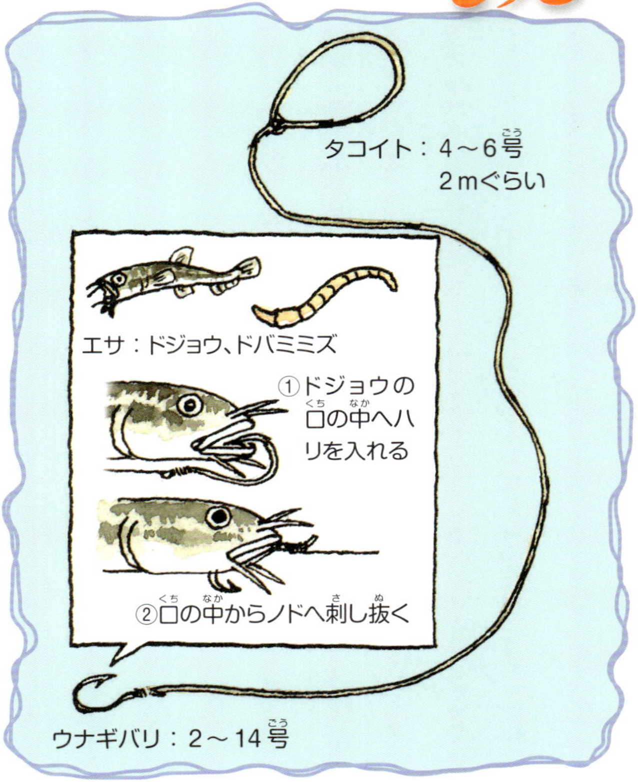
タコイト：4～6号《ごう》
2mぐらい
エサ：ドジョウ、ドバミミズ
①ドジョウの口《くち》の中《なか》へハリを入れる
②口《くち》の中《なか》からノドへ刺《さ》し抜《ぬ》く
ウナギバリ：2～14号《ごう》

これはウナギの習性《しゅうせい》である夜行性《やこうせい》を利用《りよう》した釣法《ちょうほう》。夏《なつ》の夕立後《ゆうだちご》、ウナギは棲家《すみか》を移動《いどう》して支流《しりゅう》にも入《はい》ってきます。川幅《かわはば》が狭《せま》ければ、ポイントもらくに決《き》められて釣《つ》りやすいです。

仕《し》かけの設置《せっち》がこの釣《つ》りのカギ

エサのドジョウはハリにかけると死《し》んでしまうため、仕《し》かけのセットの仕方《しかた》がとても重要《じゅうよう》になる。

悪《わる》い例《れい》
①流《なが》れが変化《へんか》に富《と》んでいない場所《ばしょ》だとドジョウの動《うご》きは悪《わる》く、ウナギを誘《さそ》わない。
②流《なが》れが弱《よわ》いと底《そこ》に沈《しず》んでしまったり、水面《すいめん》近《ちか》くをただようだけになってしまう。

仕《し》かけの置《お》き方《かた》の全体図《ぜんたいず》

少《すこ》し段差《だんさ》のあるところにセットすると、ドジョウは上下左《じょうげさ》右《ゆう》にと、まるで生《い》きているように泳《およ》ぐ。

エサのドジョウは魚屋《さかなや》さんでも売《う》っているし、専用《せんよう》の道具《どうぐ》でもかんたんに獲《と》ることができる。
杭《くい》などで固定《こてい》する。
流《なが》れに負《ま》けないくらいの石にタコ糸《いと》を巻《ま》き付《つ》ける。

PART 4

いろいろな魚を釣っちゃおう!

海釣り編

ハゼ

春《はる》に生《う》まれた稚魚《ちぎょ》は、夏《なつ》には８センチにまで成長《せいちょう》します。このころを釣《つ》り人《びと》たちは親《した》しみを込《こ》めて“デキハゼ”と呼《よ》びます。なぜならかんたんに数《かず》が釣《つ》れて楽《たの》しませてくれるからです。

●釣期《ちょうき》(月《つき》)　(○=良《よ》い　◎=最盛期《さいせいき》)

1	2	3	4	5	6	7	8	9	10	11	12
					○	◎	◎	◎	○		

スズキ目《もく》ハゼ科《か》

- 分布《ぶんぷ》／北海道南部《ほっかいどうなんぶ》より九州《きゅうしゅう》まで生息《せいそく》。
- 体長《たいちょう》／約《やく》20cmまで成長《せいちょう》する。
- 釣法《ちょうほう》／ウキ釣《づ》り、ミャク釣《づ》り、投《な》げ込《こ》み釣《づ》りなど

こんな所《ところ》にいるよ

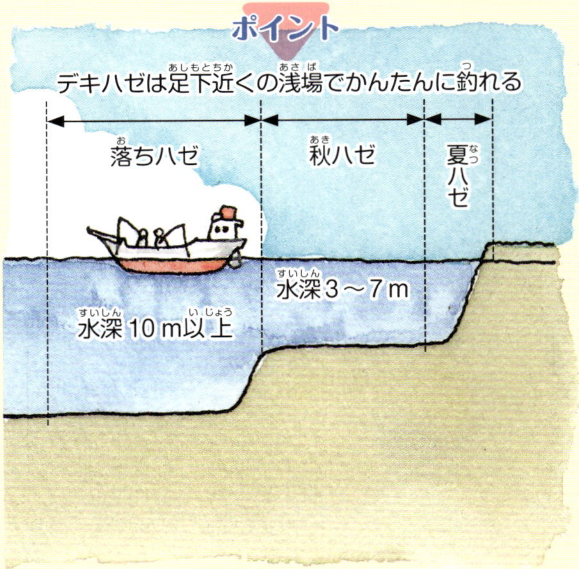
ポイント
デキハゼは足下近《あしもとちか》くの浅場《あさば》でかんたんに釣《つ》れる
落《お》ちハゼ
秋《あき》ハゼ
夏《なつ》ハゼ
水深《すいしん》3～7 m
水深《すいしん》10 m以上《いじょう》

ミャク釣《づ》り仕《し》かけで釣《つ》る

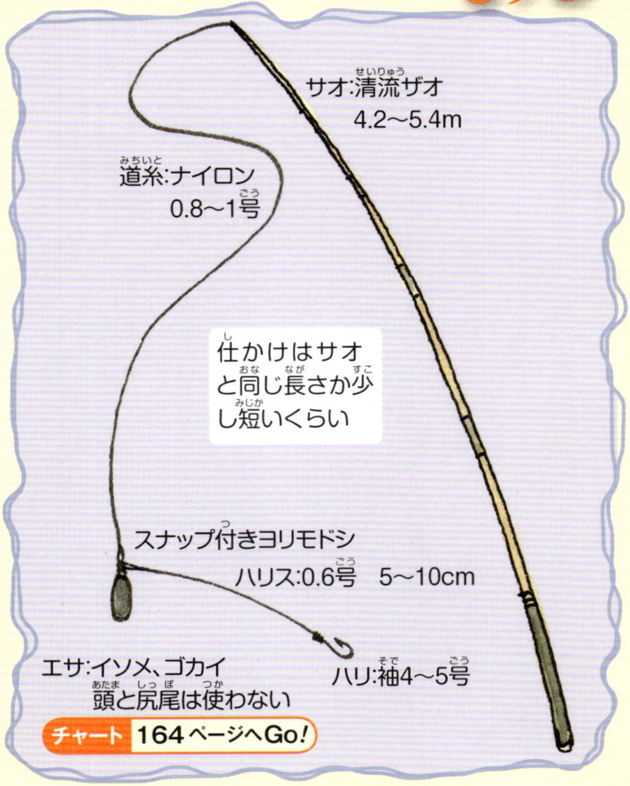
サオ:清流《せいりゅう》ザオ
4.2～5.4m
道糸《みちいと》:ナイロン
0.8～1号《ごう》
仕《し》かけはサオと同《おな》じ長《なが》さか少《すこ》し短《みじか》いくらい
スナップ付《つ》きヨリモドシ
ハリス:0.6号《ごう》　5～10cm
エサ:イソメ、ゴカイ
頭《あたま》と尻尾《しっぽ》は使《つか》わない
ハリ:袖《そで》4～5号《ごう》

チャート 164ページへGo!

わずかなアタリを逃《に》がさず、数《かず》を釣《つ》ることにチャレンジ！

送《おく》り振《ふ》り込《こ》みで仕《し》かけを投入《とうにゅう》したら、スタート。

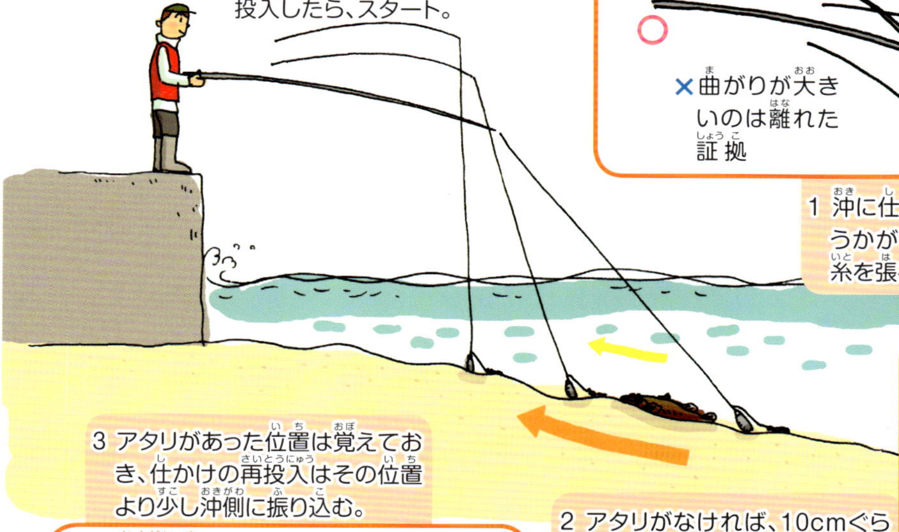

1 沖《おき》に仕《し》かけを投入《とうにゅう》し、まずは様子《ようす》をうかがう。アタリがわかるように道《みち》糸《いと》を張《は》る。

2 アタリがなければ、10cmぐらい移動《いどう》させながら誘《さそ》う。待《ま》つ間《あいだ》は5秒《びょう》ぐらい。モタモタしているとエサは取《と》られる。

3 アタリがあった位置《いち》は覚《おぼ》えておき、仕《し》かけの再投入《さいとうにゅう》はその位置《いち》より少《すこ》し沖側《おきがわ》に振《ふ》り込《こ》む。

1 の拡大図《かくだいず》

道糸《みちいと》を張《は》った際《さい》にオモリは底《そこ》から離《はな》さない。その目安《めやす》となるのがサオ先《さき》の曲《ま》がり具合《ぐあい》。

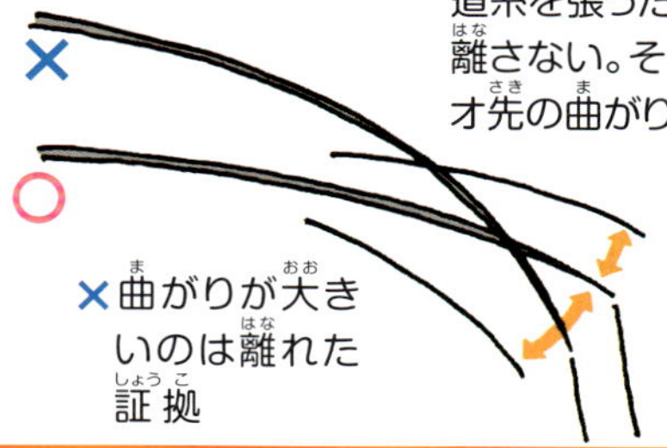
×曲《ま》がりが大《おお》きいのは離《はな》れた証拠《しょうこ》
○この間《あいだ》の反復《はんふく》で仕《し》かけを操作《そうさ》する

2 の拡大図《かくだいず》

移動《いどう》のときの誘《さそ》いは、オモリがこのように動《うご》くのが理想《りそう》。

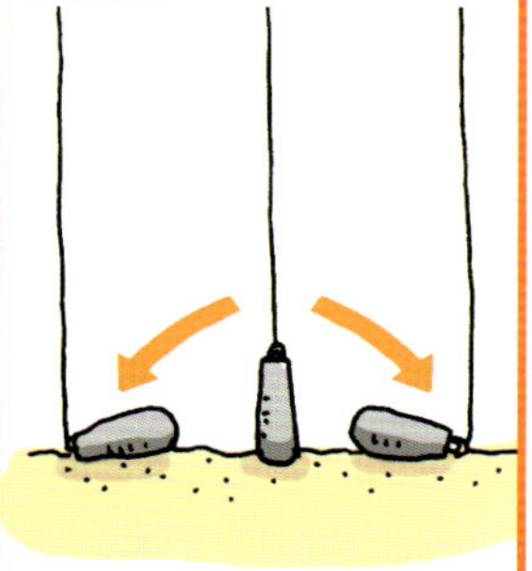

3 の拡大図《かくだいず》

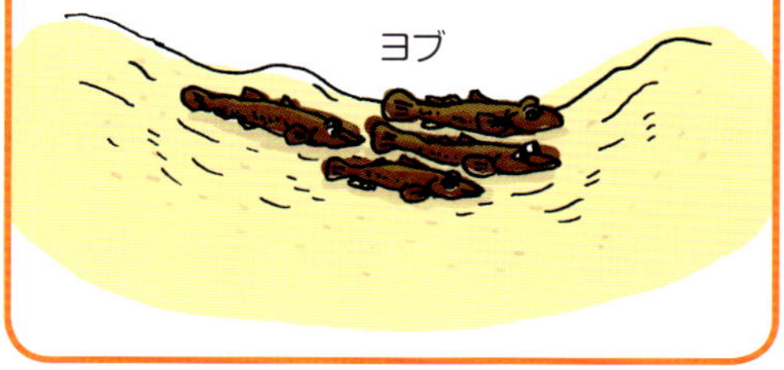
ヨブ

ハゼはヨブ（砂底《すなぞこ》がもり上《あ》がっている所《ところ》）などのポイントに数匹《すうひき》の群《む》れを作《つく》っている。

●ポイント探《さが》しのコツ

どのポイントを探《さぐ》る場合《ばあい》でも、常《つね》に仕《し》かけは自分《じぶん》の手前《てまえ》に引《ひ》いてくるようにサオを操作《そうさ》する。それができないと、ハゼのアタリは取《と》れないので注意《ちゅうい》しよう。

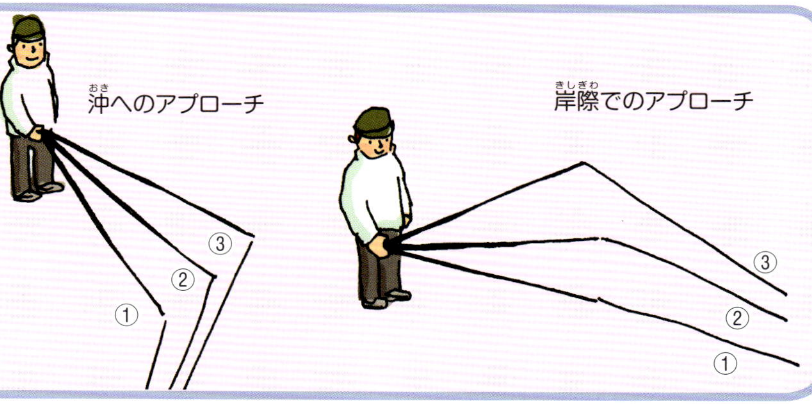
沖《おき》へのアプローチ
①
②
③
岸際《きしぎわ》でのアプローチ
③
②
①

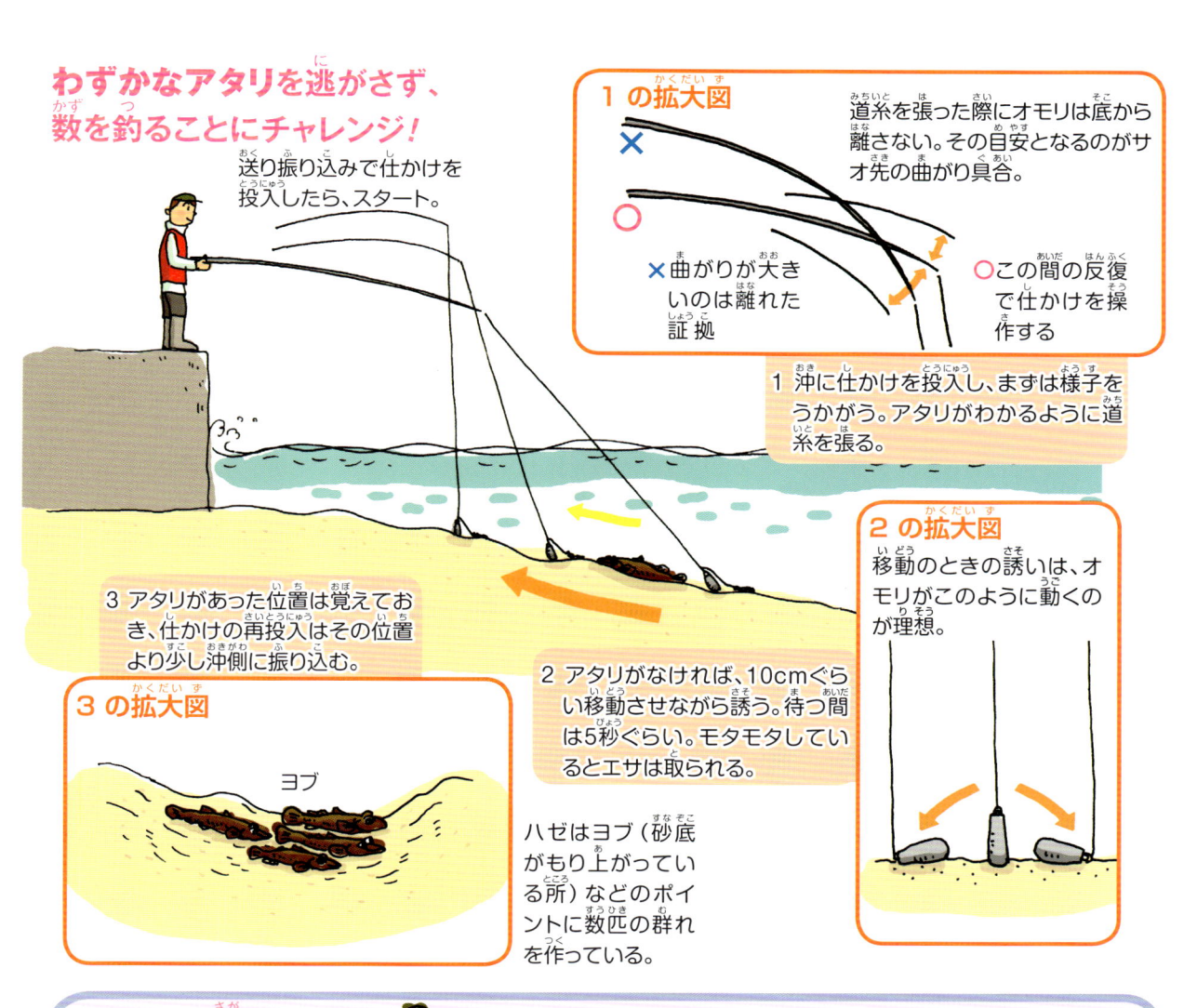

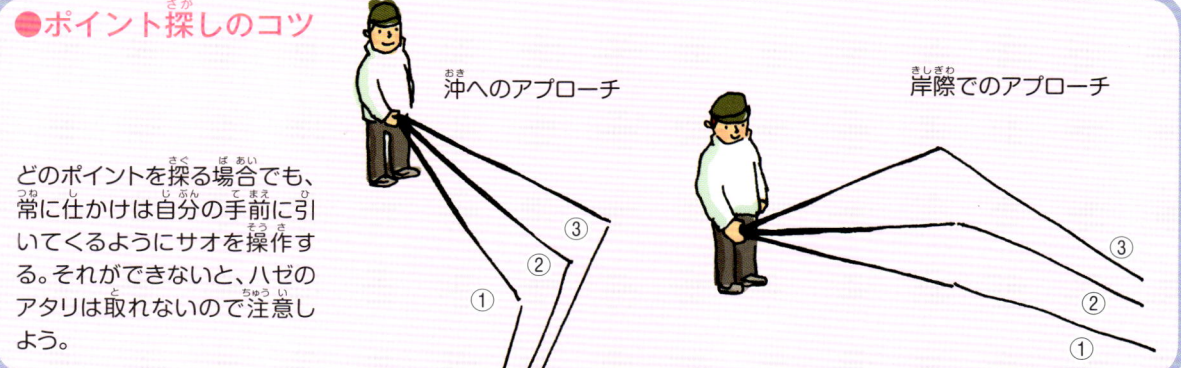

瞬《まばた》き1回《かい》! ハゼのアワセの極意《ごくい》①

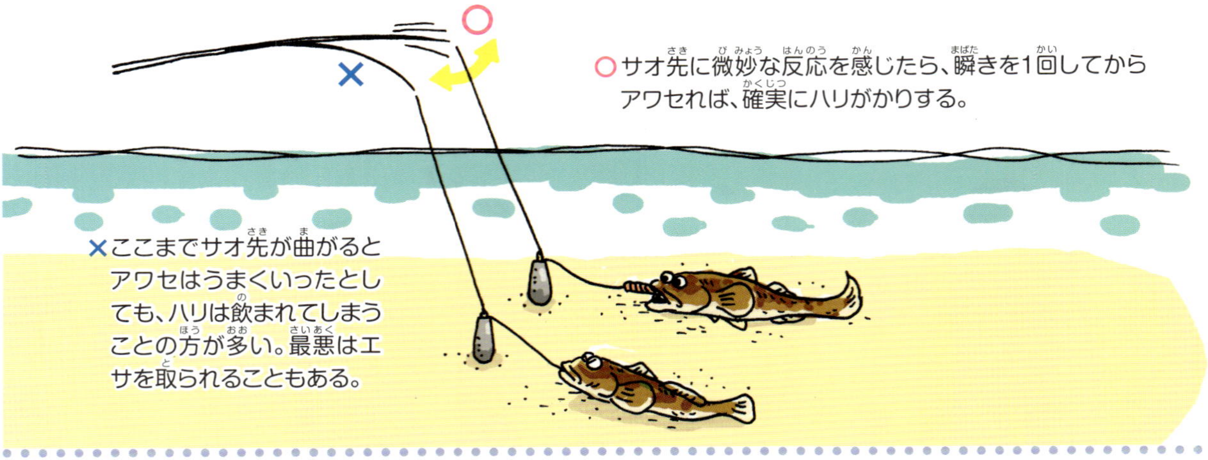

○サオ先《さき》に微妙《びみょう》な反応《はんのう》を感《かん》じたら、瞬《まばた》きを1回《かい》してからアワセれば、確実《かくじつ》にハリがかりする。

×ここまでサオ先《さき》が曲《ま》がるとアワセはうまくいったとしても、ハリは飲《の》まれてしまうことの方《ほう》が多《おお》い。最悪《さいあく》はエサを取《と》られることもある。

ハリスの長《なが》さ! ハゼのアワセの極意《ごくい》②

○適度《てきど》なハリスの長《なが》さ

この○×例《れい》を参考《さんこう》に、釣《つ》り場《ば》の状況《じょうきょう》に合《あ》わせてハリスの長《なが》さを調節《ちょうせつ》しよう。

ハリスの長《なが》さが状況《じょうきょう》にマッチしていると、ハゼがエサを口《くち》にしただけでそのアタリは直接《ちょくせつ》道糸《みちいと》へ伝《つた》わる。

×長《なが》すぎる例《れい》。

これを見《み》れば、アタリが伝《つた》わらないことは一目瞭然《いちもくりょうぜん》だろう。

投《な》げ込《こ》み釣《づ》り仕《し》かけで釣《つ》る

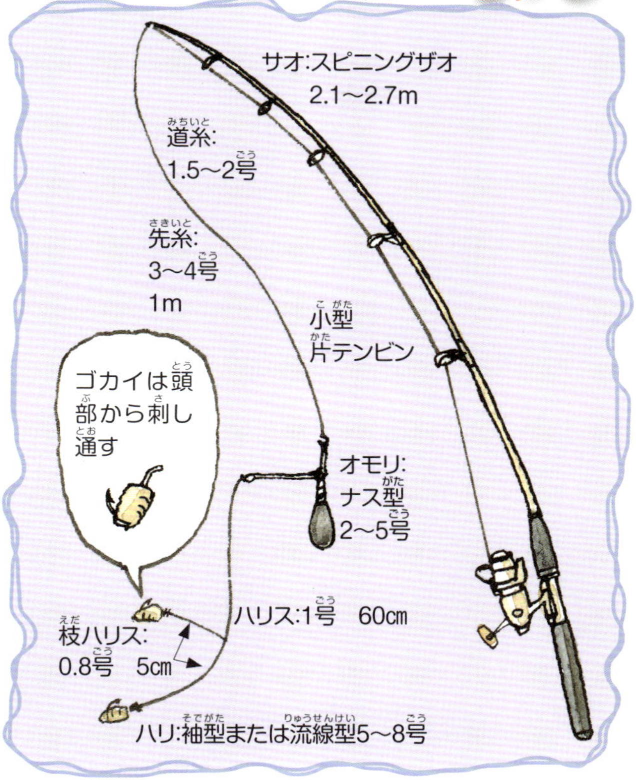
サオ:スピニングザオ
2.1～2.7m
道糸《みちいと》:
1.5～2号《ごう》
先糸《さきいと》:
3～4号《ごう》
1m
小型《こがた》
片《かた》テンビン
ゴカイは頭《とう》部《ぶ》から刺《さ》し通《とお》す
オモリ:
ナス型《がた》
2～5号《ごう》
ハリス:1号《ごう》　60cm
枝《えだ》ハリス:
0.8号《ごう》　5cm
ハリ:袖型《そでがた》または流線型《りゅうせんけい》5～8号《ごう》

この釣《つ》り方《かた》は、いわばミャク釣《づ》り(夏《なつ》)の秋《あき》バージョンになります。体長《たいちょう》が大《おお》きくなった秋《あき》のハゼは“彼岸《ひがん》ハゼ”とも呼《よ》ばれ、越冬《えっとう》のために深場《ふかば》へと移動《いどう》します。

夏《なつ》のポイント
夏《なつ》の“デキハゼ”は
足下近《あしもとちか》くで釣《つ》れる。
秋《あき》のポイント
秋《あき》の“彼岸《ひがん》ハゼ”は
やや沖《おき》にいるため、
スピニングザオで
釣《つ》る。

仕《し》かけの移動《いどう》と誘《さそ》い

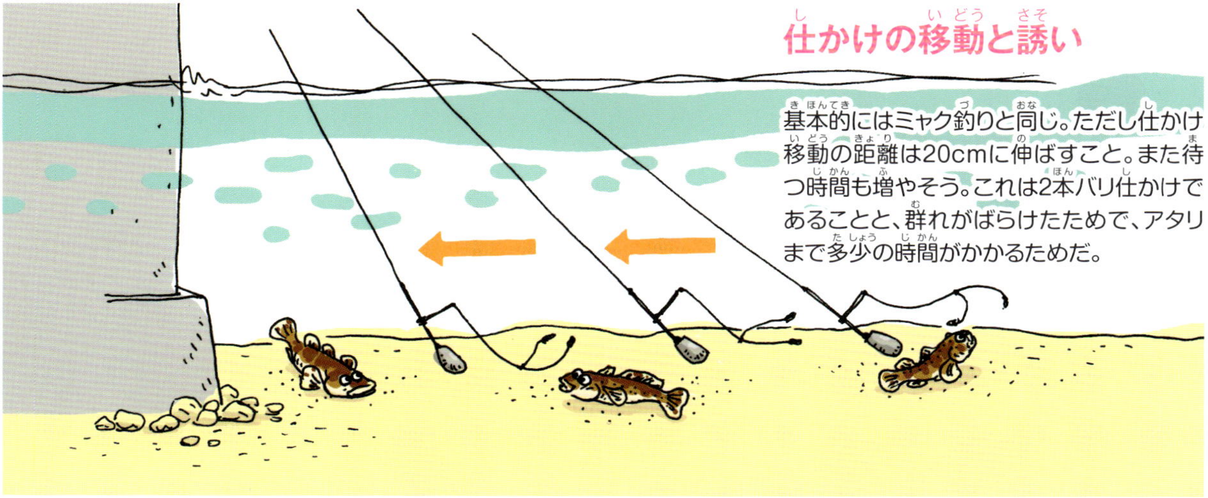

基本的《きほんてき》にはミャク釣《づ》りと同《おな》じ。ただし仕《し》かけ移動《いどう》の距離《きょり》は20cmに伸《の》ばすこと。また待《ま》つ時間《じかん》も増《ふ》やそう。これは2本《ほん》バリ仕《し》かけであることと、群《む》れがばらけたためで、アタリまで多少《たしょう》の時間《じかん》がかかるためだ。

サヨリ

秋《あき》から春《はる》にかけてベストシーズンになりますが、年間《ねんかん》を通《とお》して防波堤《ぼうはてい》周辺《しゅうへん》を回遊《かいゆう》するために、夏《なつ》でも釣《つ》れます。また、非常《ひじょう》におくびょうな魚《さかな》であることも覚《おぼ》えておきましょう。

●釣期《ちょうき》(月《つき》)　(○=良《よ》い　◎=最盛期《さいせいき》)

1	2	3	4	5	6	7	8	9	10	11	12
◎	◎	○	○	○	○	○	○	○	◎	◎	◎

ダツ目《もく》サヨリ科《か》

●分布《ぶんぷ》／日本《にほん》の各地《かくち》の沿岸《えんがん》に生息《せいそく》。
●体長《たいちょう》／40cmぐらいまで成長《せいちょう》する。
●釣法《ちょうほう》／シモリ釣《づ》り、カゴ釣《づ》り、飛《と》ばしウキ釣《づ》りなど

こんな所《ところ》にいるよ

ポイント
潮《しお》の動《うご》きがよければ内側《うちがわ》でも外側《そとがわ》でもよい
警戒心《けいかいしん》の増《ま》した成魚《せいぎょ》も波《なみ》のあるときは水面《すいめん》に浮上《ふじょう》してくる
季節《きせつ》によって、河《か》口《こう》や潮《しお》が沖《おき》に向《む》かって流《なが》れている所《ところ》もポイント

シモリウキ釣《づ》り仕《し》かけで釣《つ》る

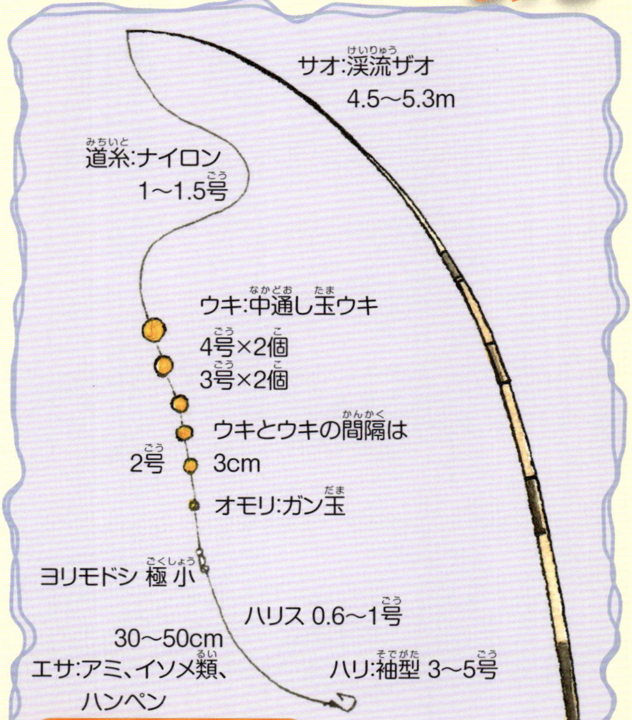
サオ:渓流《けいりゅう》ザオ
4.5〜5.3m
道糸《みちいと》:ナイロン
1〜1.5号《ごう》
ウキ:中通《なかどお》し玉《たま》ウキ
4号《ごう》×2個《こ》
3号《ごう》×2個《こ》
ウキとウキの間隔《かんかく》は
3cm
2号《ごう》
オモリ:ガン玉《だま》
ヨリモドシ 極小《ごくしょう》
ハリス 0.6〜1号《ごう》
30〜50cm
エサ:アミ、イソメ類《るい》、
ハンペン
ハリ:袖型《そでがた》 3〜5号《ごう》

チャート 165ページへGo!

状況《じょうきょう》によっていろいろと変《か》わるサヨリのタナ。基本《きほん》となる2つのパターンを把握《はあく》しておこう。

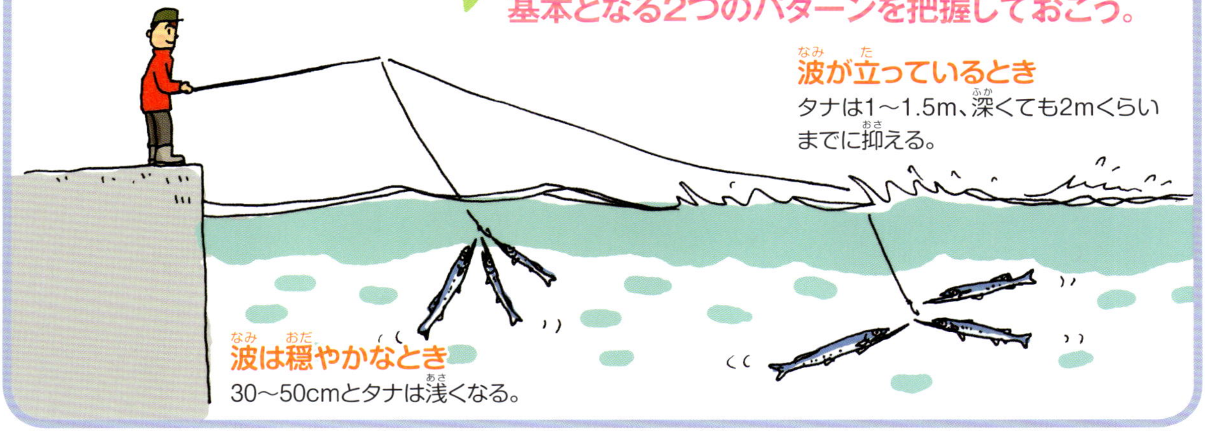

波《なみ》が立《た》っているとき

タナは1～1.5m、深《ふか》くても2mくらいまでに抑《おさ》える。

波《なみ》は穏《おだ》やかなとき

30～50cmとタナは浅《あさ》くなる。

釣《つ》り方《かた》のコツのコツ

サヨリは沖《おき》からやってくる。なので、仕《し》かけは手前《てまえ》に投入《とうにゅう》し、沖《おき》へと送《おく》り出《だ》す。つまり、潮《しお》は沖《おき》に向《む》かって流《なが》れている所《ところ》がポイントだ。

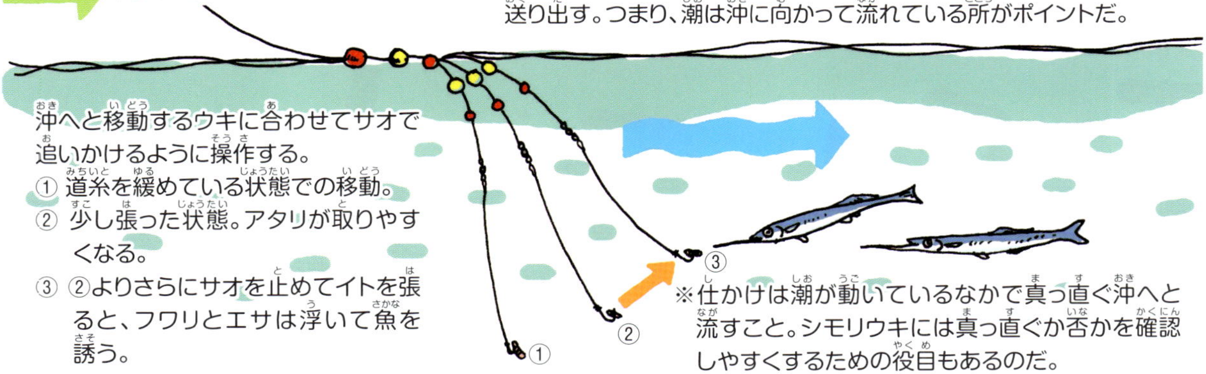

沖《おき》へと移動《いどう》するウキに合《あ》わせてサオで追《お》いかけるように操作《そうさ》する。

① 道糸《みちいと》を緩《ゆる》めている状態《じょうたい》での移動《いどう》。
② 少《すこ》し張《は》った状態《じょうたい》。アタリが取《と》りやすくなる。
③ ②よりさらにサオを止《と》めてイトを張《は》ると、フワリとエサは浮《う》いて魚《さかな》を誘《さそ》う。

※仕《し》かけは潮《しお》が動《うご》いているなかで真《ま》っ直《す》ぐ沖《おき》へと流《なが》すこと。シモリウキには真《ま》っ直《す》ぐか否《いな》かを確認《かくにん》しやすくするための役目《やくめ》もあるのだ。

取《と》り込《こ》み方《かた》

群《む》れを散《ち》らさないために、多《た》少《しょう》は強引《ごういん》でも無理《むり》に群《む》れから離《はな》して一気《いっき》にぬき上《あ》げる。また、魚《さかな》を寄《よ》せているときにコマセを巻《ま》いて群《む》れをキープしておくことも大切《たいせつ》だ。

アタリを逃《にが》さないための心得《こころえ》

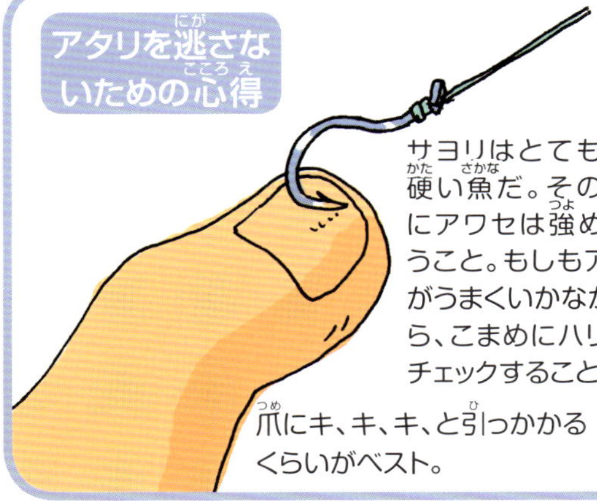

サヨリはとても口《くち》の硬《かた》い魚《さかな》だ。そのためにアワセは強《つよ》めに行《おこな》うこと。もしもアワセがうまくいかなかったら、こまめにハリ先《さき》をチェックすること。

爪《つめ》にキ、キ、キ、と引《ひ》っかかるくらいがベスト。

シロギス

防波堤《ぼうはてい》からの投《な》げ釣《づ》りには２大《だい》スターがいます。１匹《ぴき》は夏《なつ》のシロギスで、もう１匹《ぴき》は冬《ふゆ》のカレイ。他《ほか》にカサゴにアイナメ、マゴチ、ベラなど様々《さまざま》な魚《さかな》に出会《であ》えるのが、この釣《つ》りのおもしろいところです。

●釣期《ちょうき》（月《つき》）　（○＝良《よ》い　◎＝最盛期《さいせいき》）

1	2	3	4	5	6	7	8	9	10	11	12
			○	◎	◎	◎	○	◎	◎	○	

スズキ目《もく》キス科《か》

- 分布《ぶんぷ》／北海道南部《ほっかいどうなんぶ》から九州《きゅうしゅう》に生息《せいそく》。
- 体長《たいちょう》／約《やく》30cmまで成長《せいちょう》する。
- 釣法《ちょうほう》／投《な》げ釣《づ》りなど

こんな所《ところ》にいるよ

ポイント
砂底《すなぞこ》のヨブは絶好《ぜっこう》のポイント
船道《ふなみち》の
カケアガリ

ちょい投《な》げ釣《つ》り仕《し》かけで釣《つ》る

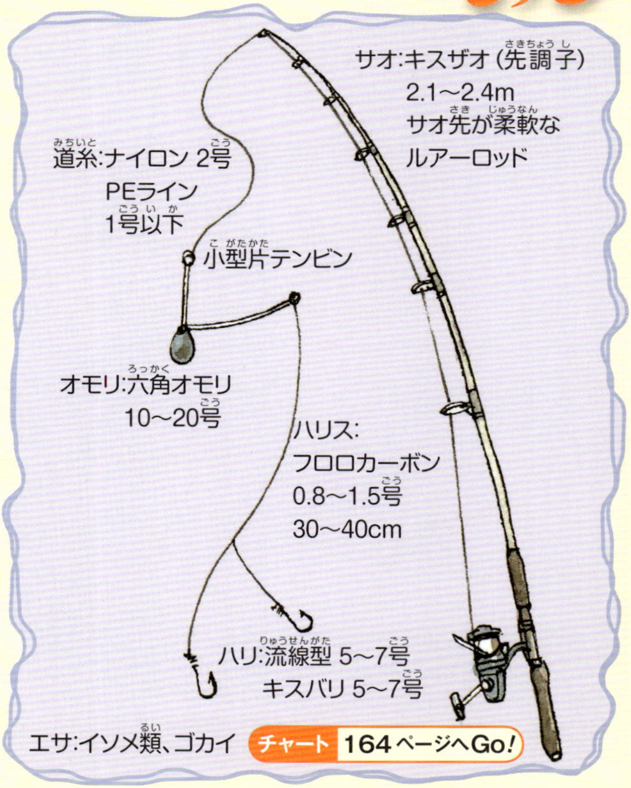
サオ:キスザオ（先調子《さきちょうし》）
2.1～2.4m
サオ先《さき》が柔軟《じゅうなん》な
ルアーロッド
道糸《みちいと》:ナイロン 2号《ごう》
PEライン
1号以下《ごういか》
小型片《こがたかた》テンビン
オモリ:六角《ろっかく》オモリ
10～20号《ごう》
ハリス:
フロロカーボン
0.8～1.5号《ごう》
30～40cm
ハリ:流線型《りゅうせんがた》 5～7号《ごう》
キスバリ 5～7号《ごう》
エサ:イソメ類《るい》、ゴカイ

チャート 164ページへGo!

絶好《ぜっこう》ポイントのヨブとはこんな所《ところ》

複雑《ふくざつ》な波《なみ》の動《うご》きによって底《そこ》の砂《そな》の地形《ちけい》が変化《へんか》したところ。そういう所《ところ》にシロギスは集《あつ》まる。

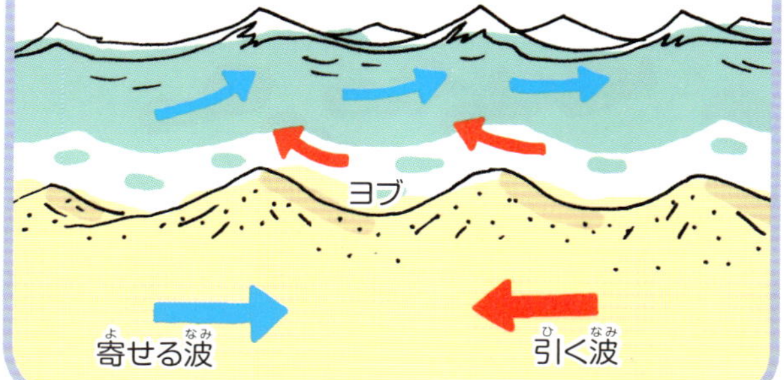

ヨブ
寄《よ》せる波《なみ》
引《ひ》く波《なみ》

季節《きせつ》によって変《か》わるポイント

シロギスの産卵期《さんらんき》は初夏《しょか》から初秋《しょしゅう》で、その時期《じき》は浅瀬《あさせ》に移動《いどう》してくる。産卵《さんらん》を終《お》えると徐々《じょじょ》に水深《すいしん》のある方《ほう》へ移動《いどう》するため、冬《ふゆ》のポイントは深場《ふかば》へと変《か》わる。

冬《ふゆ》
夏《なつ》
※潮《しお》の干満《かんまん》にも合《あ》わせて移動《いどう》するよ

ファミリーフィッシングでの釣《つ》り座《ざ》のイメージ

親子《おやこ》そろって同《おな》じ釣法《ちょうほう》で釣《つ》るのは楽《たの》しいが、できれば最初《さいしょ》は別々《べつべつ》の釣《つ》りにチャレンジすることを勧《すす》めたい。なぜなら、初心者《しょしんしゃ》のうちはその日《ひ》のコンディションにあった釣法《ちょうほう》を見分《みわ》けることはむずしいし、違《ちが》った釣《つ》り方《かた》によって広範囲《こうはんい》のポイントを探《さぐ》れるという利点《りてん》もあるからだ。

投《な》げ込《こ》み釣《つ》りと引《ひ》き釣《づ》りにチャレンジ

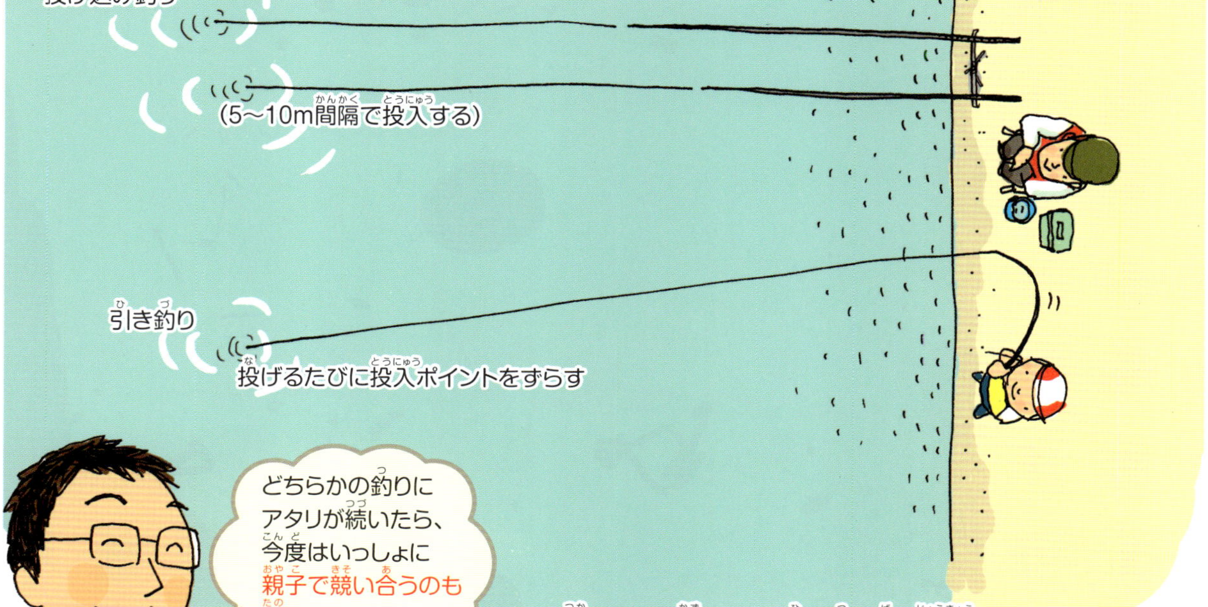

投《な》げ込《こ》み釣《つ》り
（5～10m間隔《かんかく》で投入《とうにゅう》する）
引《ひ》き釣《づ》り
投《な》げるたびに投入《とうにゅう》ポイントをずらす
どちらかの釣《つ》りにアタリが続《つづ》いたら、今度《こんど》はいっしょに親子《おやこ》で競《きそ》い合《あ》うのも楽《たの》しいよね。

※使《つか》うサオの数《かず》は、その日《ひ》の釣《つ》り場《ば》の状 況《じょうきょう》（釣《つ》り場《ば》の混《こ》み具合《ぐあい》）によって決《き》めよう。

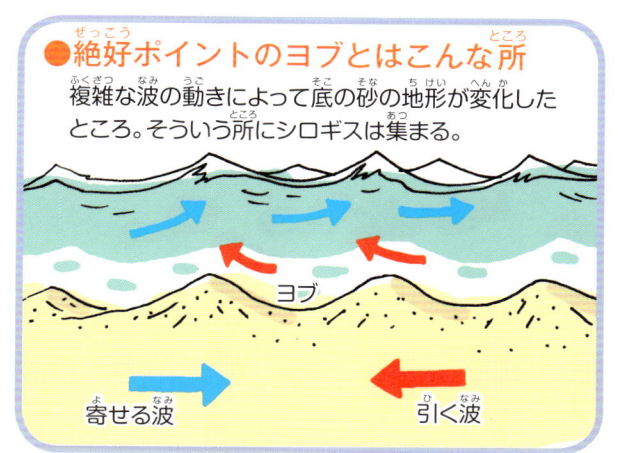

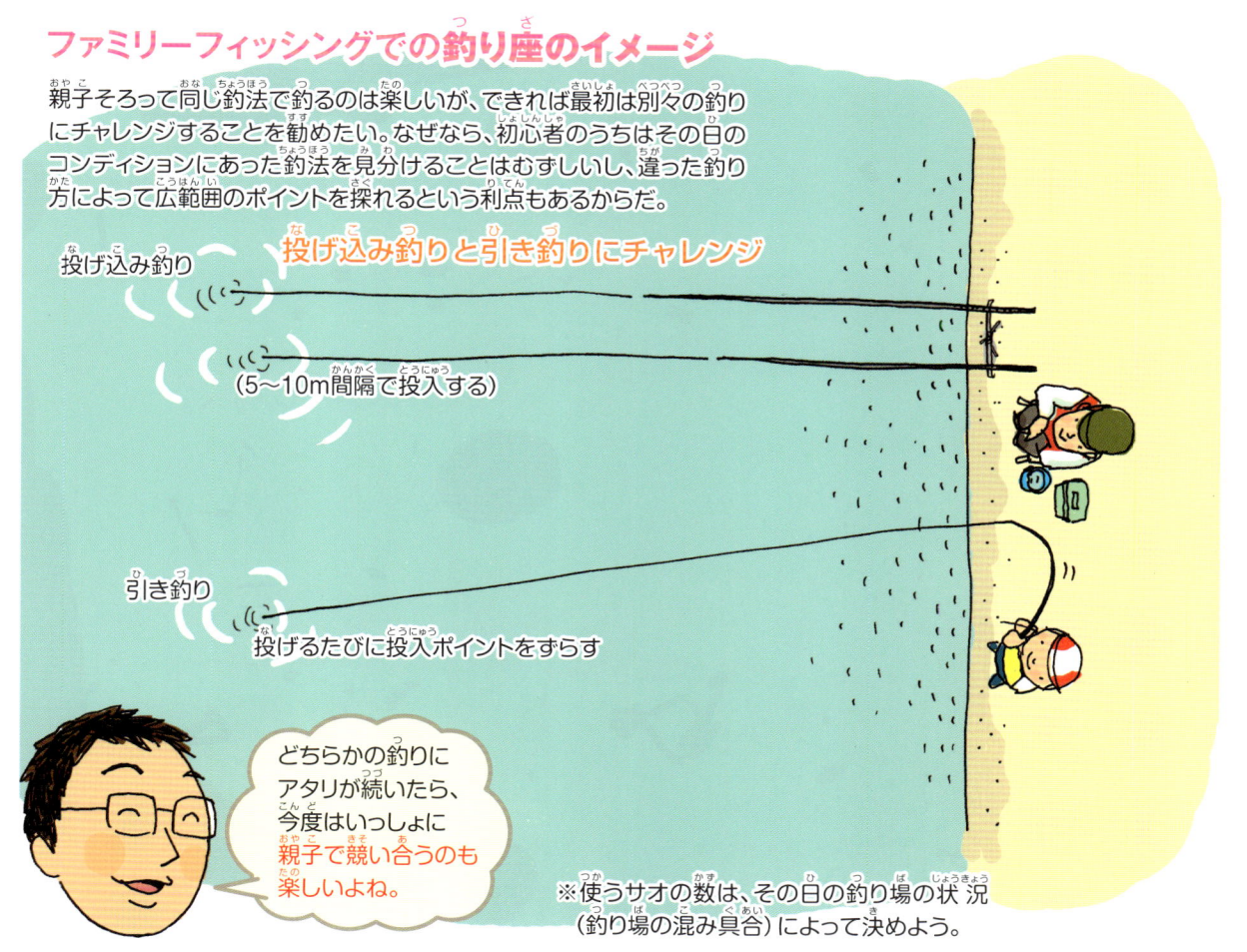

引《ひ》いては止《と》め、引《ひ》いては止《と》め、単調《たんちょう》だけど、攻《せ》めの気持《きもち》ちでねらう“引《ひ》き釣《づ》り”

この釣《つ》りは投《な》げた仕《し》かけをゆっくり底《そこ》を引《ひ》いてくるだけのとてもシンプルな釣《つ》り方《かた》。
かんたんなだけでなく、シロギスにはとても効果《こうか》を発揮《はっき》する。
それは仕《し》かけを引《ひ》いてくるときに、オモリが砂《すな》を舞《ま》い上《あ》がらせたり、エサを踊《おど》らせて魚《さかな》を誘《さそ》うからである。

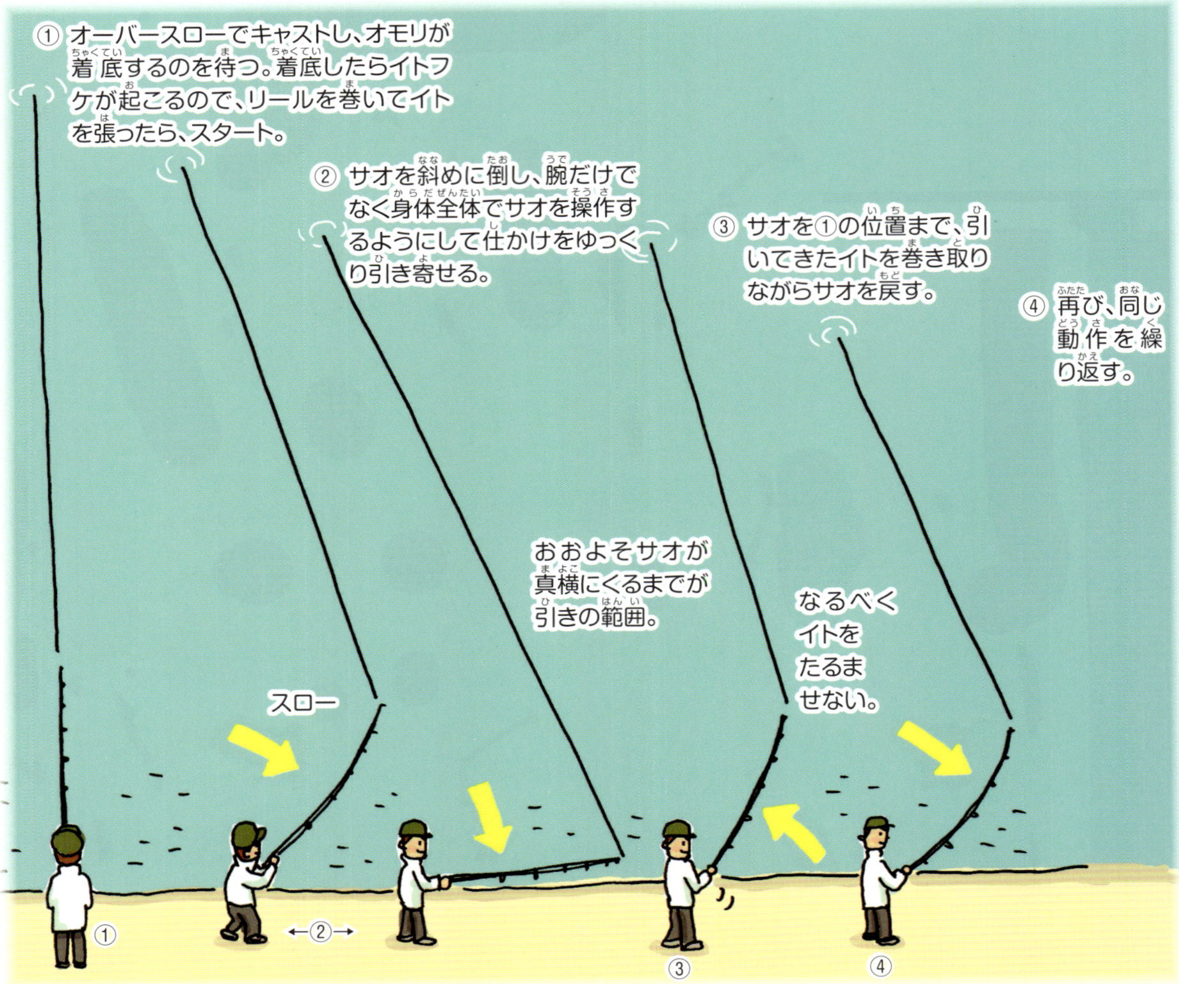

① オーバースローでキャストし、オモリが着底《ちゃくてい》するのを待《ま》つ。着底《ちゃくてい》したらイトフケが起《お》こるので、リールを巻いてイトを張《は》ったら、スタート。
② サオを斜《なな》めに倒《たお》し、腕《うで》だけでなく身体全体《からだぜんたい》でサオを操作《そうさ》するようにして仕《し》かけをゆっくり引《ひ》き寄《よ》せる。
③ サオを①の位置《いち》まで、引《ひ》いてきたイトを巻《ま》き取《と》りながらサオを戻《もど》す。
④ 再《ふたた》び、同《おな》じ動作《どうさ》を繰《く》り返《かえ》す。
おおよそサオが真横《まよこ》にくるまでが引《ひ》きの範囲《はんい》。
なるべくイトをたるませない。
スロー
①
←②→
③
④

コツのコツ1	一連《いちれん》の動《うご》きはスムーズに流《なが》れるように行《おこな》うこと。決《け》して途切《とぎ》れ途切《とぎ》れにならないようにする。
コツのコツ2	アタリはあってもあえて無視《むし》するくらいの気持《きも》ちでこの動作《どうさ》を繰《く》り返《かえ》す。引《ひ》きの動作《どうさ》で十分《じゅうぶん》アワセになるからだ。
コツのコツ3	オモリが重《おも》くなったら、仕《し》かけがヨブゾーンに入《はい》った証拠《しょうこ》。引《ひ》きを止《と》めて様子《ようす》を伺《うかが》うのも手《て》。

“投《な》げ込《こ》み釣《づ》り”だからといって、決《けっ》してノンビリできない釣《つ》り

投《な》げ込《こ》み釣《づ》りと聞《き》くと「投《な》げてひたすらアタリを待《ま》つ」というイメージだが、シロギスの場合《ばあい》は違《ちが》う。
アタリがなければ、4〜5分《ふん》おきに仕《し》かけを1mぐらい引《ひ》いてみる。また、これを繰《く》り返《かえ》せば、当然《とうぜん》ポイントからは外《はず》れてしまうため、その都度《つど》、活《い》きのよいエサに変《か》えるなどけっこう忙《いそが》しいのである。

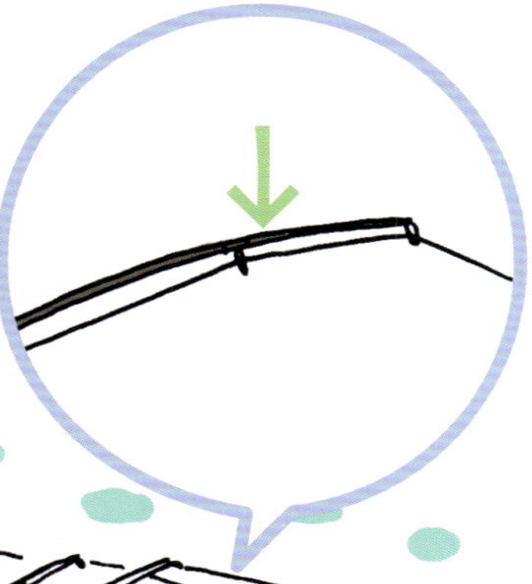

サオ先《さき》はこれくらいカーブするように、リールを巻《ま》いてイトを張《は》る。

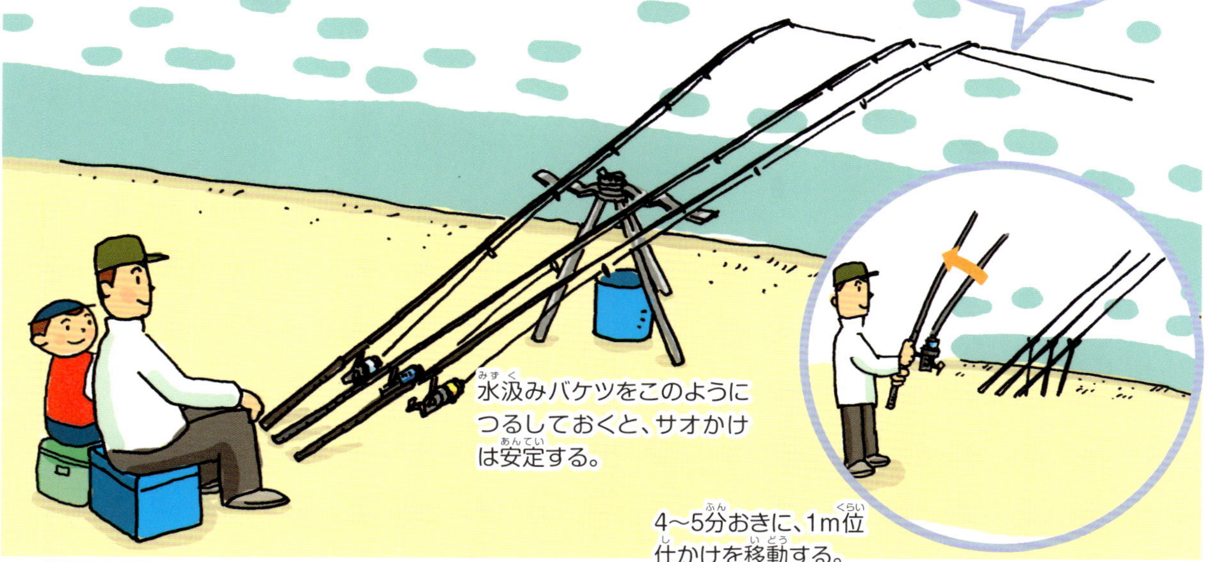

水汲《みずく》みバケツをこのようにつるしておくと、サオかけは安定《あんてい》する。
4〜5分《ふん》おきに、1m位《くらい》仕《し》かけを移動《いどう》する。

シロギスは口《くち》がとても弱《よわ》い魚《さかな》。強《つよ》いアワセをすると口切《くちぎ》れの原因《げんいん》となりバレてしまう。

一家《いっか》で釣《つ》れたりしたときは取《と》り込《こ》みに気《き》をつけよう。特《とく》に波《なみ》に巻《ま》かれると、仕《し》かけは使《つか》いものにならなくなってしまうので注意《ちゅうい》しよう。

カレイ

日本《にほん》にはたくさんの種類《しゅるい》のカレイが棲《す》んでいますが、防波堤《ぼうはてい》からの投《な》げ釣《づ》りで釣《つ》れるのは、マコガレイ（写真《しゃしん》）とイシガレイです。ポイントに違《ちが》いはありますが、釣期《ちょうき》はほぼ同《おな》じです。

●釣期《ちょうき》（月《つき》）（○＝良《よ》い　◎＝最盛期《さいせいき》）

1	2	3	4	5	6	7	8	9	10	11	12
◎	◎	○	○	○					○	○	◎

カレイ目《もく》カレイ科《か》

- 分布《ぶんぶ》／北海道南部《ほっかいどうなんぶ》から九州《きゅうしゅう》に生息《せいそく》。
- 体長《たいちょう》／体長《たいちょう》はメスで50cm、オスで35cmになる。
- 釣法《ちょうほう》／投《な》げ釣《づ》りなど

こんな所《ところ》にいるよ

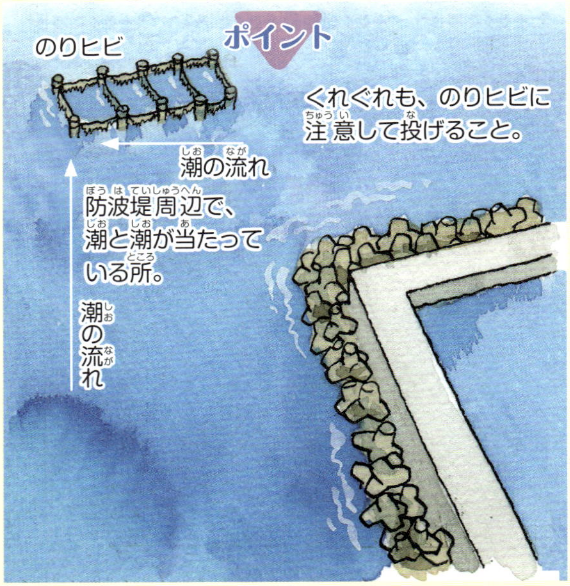
ポイント
のりヒビ
くれぐれも、のりヒビに注意《ちゅうい》して投《な》げること。
潮《しお》の流《なが》れ
防波堤周辺《ぼうはていしゅうへん》で、潮《しお》と潮《しお》が当《あ》たっている所《ところ》。
潮《しお》の流《なが》れ

投《な》げ釣《づ》り仕《し》かけで釣《つ》る

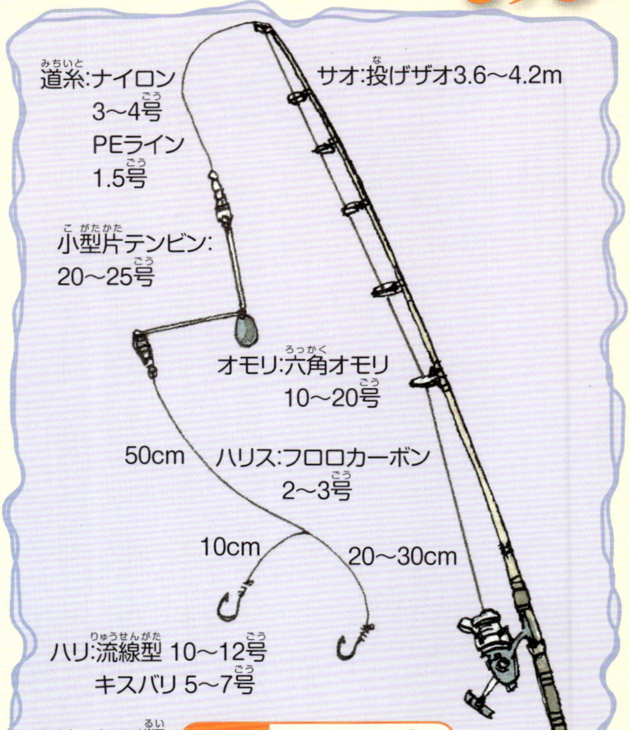
道糸《みちいと》:ナイロン 3〜4号《ごう》
PEライン 1.5号《ごう》
サオ:投《な》げザオ3.6〜4.2m
小型片《こがたかた》テンビン:20〜25号《ごう》
オモリ:六角《ろっかく》オモリ 10〜20号《ごう》
50cm
ハリス:フロロカーボン 2〜3号《ごう》
10cm
20〜30cm
ハリ:流線型《りゅうせんがた》 10〜12号《ごう》
キスバリ 5〜7号《ごう》
エサ:イソメ類《るい》

チャート 164ページへGo!

釣《つ》り場《ば》の状況《じょうきょう》に合《あ》わせて臨機応変《りんきおうへん》に攻《せ》める

投《な》げ込《こ》み釣《づ》りの場合《ばあい》、当然《とうぜん》のごとくサオの本数《ほんすう》が多《おお》いほど魚《さかな》のアタる確率《かくりつ》は高《たか》くなる。しかし、釣《つ》り場《ば》の状況《じょうきょう》によってはサオの本数《ほんすう》も限《かぎ》られるため、釣《つ》り方《かた》のパターンも変《か》えて攻《せ》めてみよう。

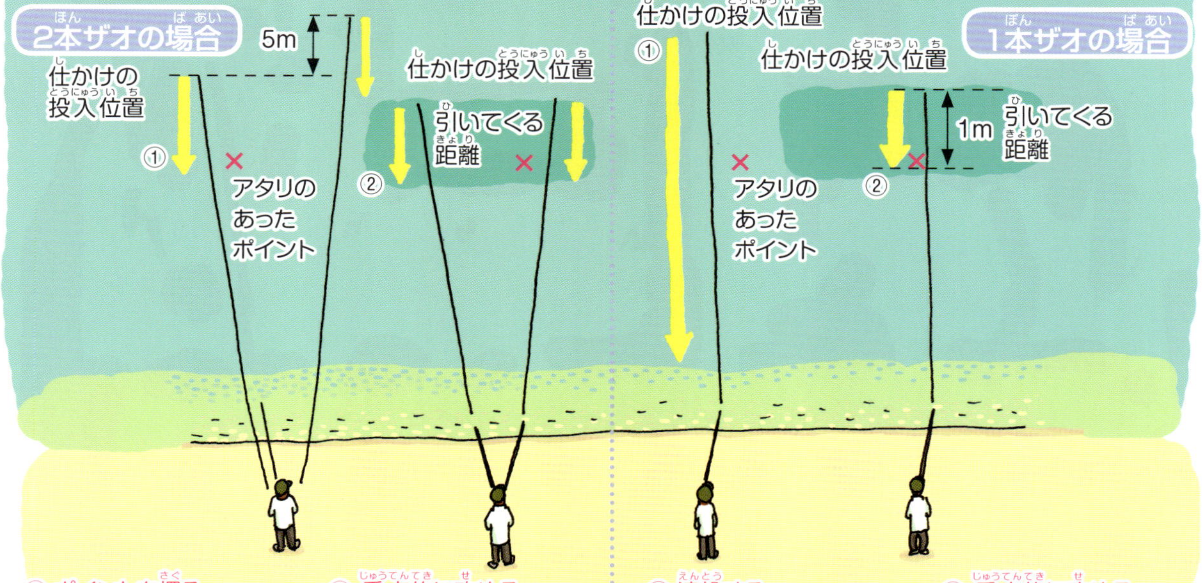

2本《ほん》ザオの場合《ばあい》
5m
仕《し》かけの投入位置《とうにゅういち》
①
アタリのあったポイント
仕《し》かけの投入位置《とうにゅういち》
引《ひ》いてくる距離《きょり》
②
仕《し》かけの投入位置《とうにゅういち》
①
1本《ぽん》ザオの場合《ばあい》
仕《し》かけの投入位置《とうにゅういち》
引《ひ》いてくる距離《きょり》
1m
アタリのあったポイント
②

① ポイントを探《さぐ》る

前後《ぜんご》5mの間隔《かんかく》で仕《し》かけを投入《とうにゅう》する。そこから4～5分《ふん》おきに約《やく》50cmずつ仕《し》かけを引《ひ》いて止《と》めて、魚《さかな》を探《さが》す。

② 重点的《じゅうてんてき》に攻《せ》める

アタリのあった場所《ばしょ》を覚《おぼ》えておき、さらに少《すこ》し沖《おき》へ仕《し》かけを投《な》げる。そして今度《こんど》は引《ひ》く距離《きょり》を短《みじか》くして丹念《たんねん》に釣《つ》っていく。

① 遠投《えんとう》する

とにかく遠投《えんとう》することが大切《たいせつ》。そこから油断《ゆだん》することなく、2本《ほん》ザオよりも短《みじか》い間隔《かんかく》で引《ひ》いてきて魚《さかな》を探《さが》す。

② 重点的《じゅうてんてき》に攻《せ》める

2本《ほん》ザオのときと同《おな》じようにして釣《つ》る。

●砂底《すなそこ》のイメージ

仕《し》かけを引《ひ》いてくるとこのように砂《すな》が舞《ま》う。興味《きょうみ》をもったカレイが寄《よ》ってくる。

●カレイのアワセ

カレイに早《はや》アワセは禁物《きんもつ》だ。前《まえ》アタリのモゾモゾとしたサオの動《うご》きの後《あと》に、激《はげ》しくサオが反応《はんのう》する。その瞬間《しゅんかん》にアワセをする。

●カレイがヒトデ釣《づ》り!?

なにもせず、ひたすらアタリを待《ま》っているとヒトデが釣《つ》れてしまう。決《けっ》して引《ひ》っかかったのではなく、ちゃんとヒトデにエサを食《く》われている。

イイダコ

イイダコは強《つよ》い白色《はくしょく》を好《この》みます。そのためエサには、なんとラッキョウやブタの脂身《あぶらみ》、ネギなんかをテンヤに巻《ま》きつけます。釣《つ》れると、食《た》べるのが惜《お》しいくらいかわいいのです。

●釣期《ちょうき》(月《つき》)　(○=良《よ》い　◎=最盛期《さいせいき》)

1	2	3	4	5	6	7	8	9	10	11	12
								◎	◎	◎	○

八腕形目《はちわんけいもく》マダコ科《か》

- 分布《ぶんぷ》／北海道南部《ほっかいどうなんぶ》から太平洋西部《たいへいようせいぶ》などに生息《せいそく》。
- 体長《たいちょう》／約《やく》30cmまで成長《せいちょう》する。
- 釣法《ちょうほう》／投《な》げ釣《づ》り

こんな所《ところ》にいるよ

ポイント
砂地《すなじ》に落《お》ちている
貝殻《かいがら》に棲《す》む
湾内《わんない》の浅場《あさば》。水深《すいしん》2メートル
まで寄《よ》ってくる

投《な》げ釣《づ》り仕《し》かけで釣《つ》る

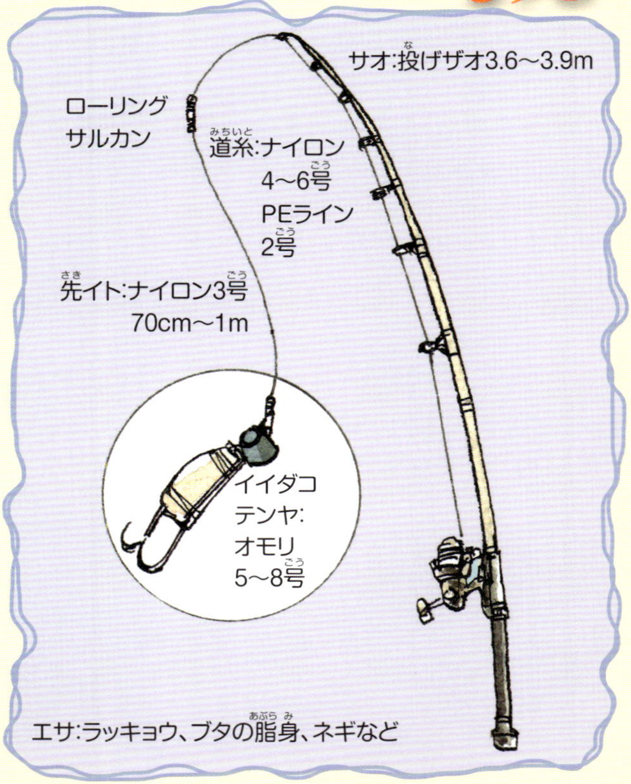
サオ:投《な》げザオ3.6〜3.9m
ローリング
サルカン
道糸《みちいと》:ナイロン
4〜6号《ごう》
PEライン
2号《ごう》
先《さき》イト:ナイロン3号《ごう》
70cm〜1m
イイダコ
テンヤ:
オモリ
5〜8号《ごう》
エサ:ラッキョウ、ブタの脂身《あぶらみ》、ネギなど

イイダコの釣《つ》り方《かた》

① テンヤを投《な》げたら底《そこ》に着《つ》くまで待《ま》ち、イトのたるみを巻《ま》き取《と》る。
② おおよそ一呼吸《ひとこきゅう》の間《あいだ》に5cmくらいの速度《そくど》で仕《し》かけをしゃくったり、引《ひ》いたりする。
③ テンヤを操作《そうさ》しているときに少《すこ》しでも重《おも》さを感《かん》じたら、すかさず全体《ぜんたい》を大《おお》きく上《あ》げてアワセる。
④ アワセが成功《せいこう》したら、イトを緩《ゆる》めないこと。テンヤのハリにはカエシがないためである。

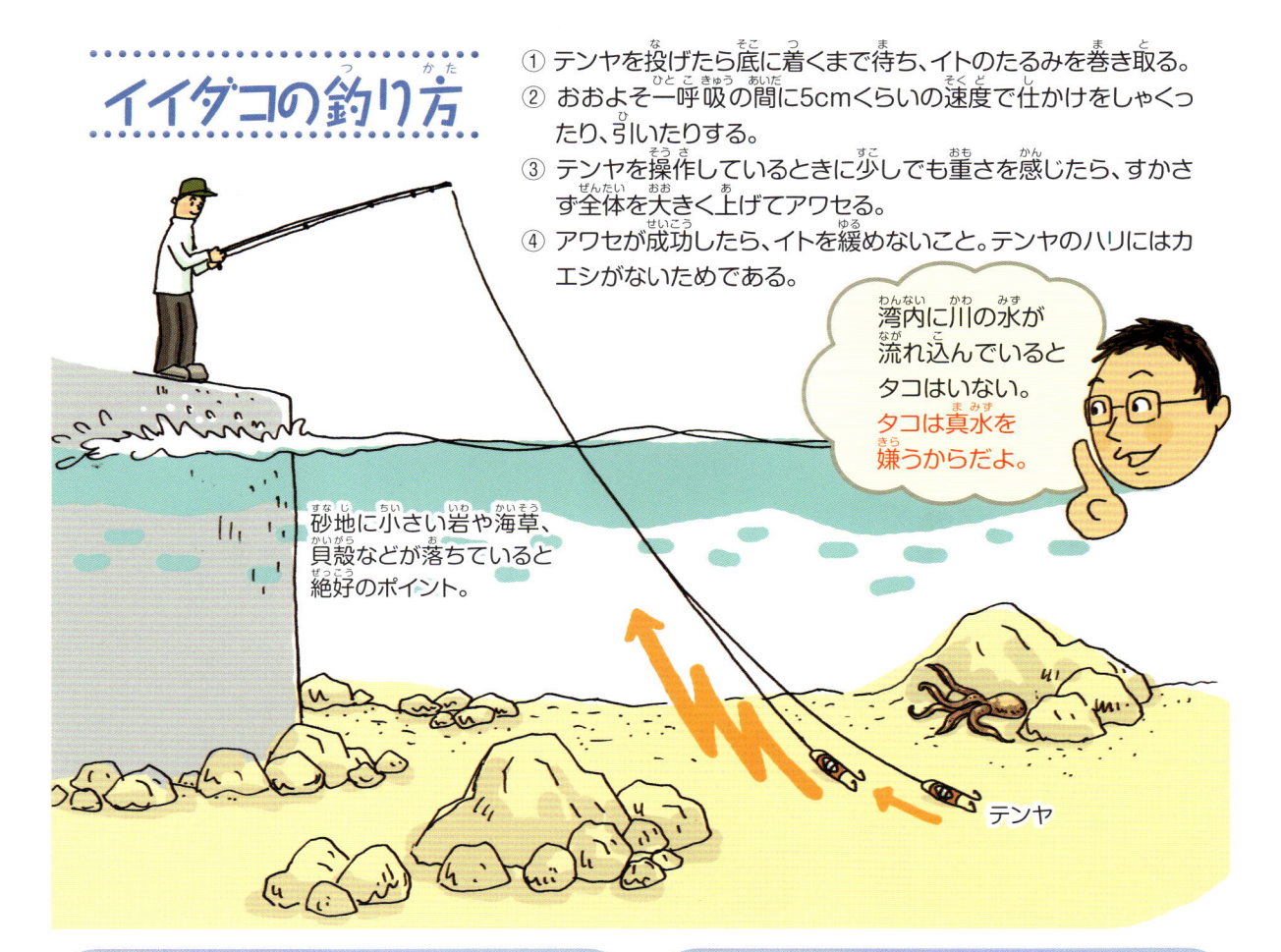

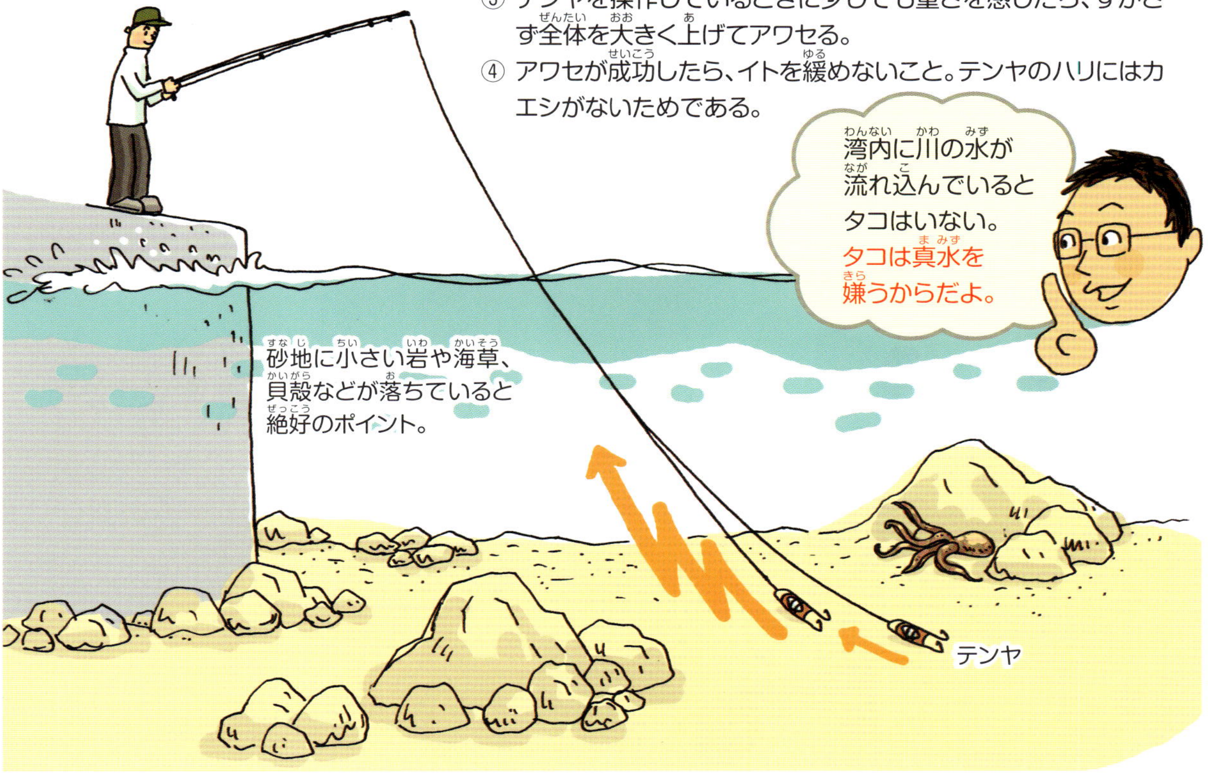
湾内《わんない》に川《かわ》の水《みず》が
流《なが》れ込《こ》んでいると
タコはいない。
タコは真水《まみず》を
嫌《きら》うからだよ。
砂地《すなじ》に小《ちい》さい岩《いわ》や海草《かいそう》、
貝殻《かいがら》などが落《お》ちていると
絶好《ぜっこう》のポイント。
テンヤ

イイダコの誘《さそ》い方《かた》①

沖《おき》の場合《ばあい》は、投《な》げた後《あと》、シャクリと引《ひ》きを繰《く》り返《かえ》して誘《さそ》う。

※シャクリ=サオを操作《そうさ》してエサを踊《おど》らせること。

イイダコの誘《さそ》い②

防波堤《ぼうはてい》の際《きわ》までテンヤがきたら、底層付近《ていそうふきん》でテンヤを上下《じょうげ》させて誘《さそ》うようにする。

ウミタナゴ

ウミタナゴは魚《さかな》には珍《めずら》しい卵胎生《らんたいせい》（お腹《なか》のなかで卵《たまご》を孵化《ふか》させる）で、晩秋《ばんしゅう》から初夏《しょか》にかけて稚魚《ちぎょ》を産《う》みます。大《おお》きさは30センチぐらいですが、引《ひ》きは強力《きょうりょく》です。

●釣期《ちょうき》（月《つき》）（○=良《よ》い　◎=最盛期《さいせいき》）

1	2	3	4	5	6	7	8	9	10	11	12
					○	◎	◎	○	○	◎	◎

スズキ目《もく》ウミタナゴ科《か》

- 分布《ぶんぷ》／北海道《ほっかいどう》から九州《きゅうしゅう》にまで生息《せいそく》。
- 体長《たいちょう》／30cmぐらいまで成長《せいちょう》する。
- 釣法《ちょうほう》／シモリウキ釣《づ》り、ウキ釣《づ》りなど

こんな所《ところ》にいるよ

ポイント
海草《かいそう》の生《は》えている所《ところ》
テトラポッド周辺《しゅうへん》
捨《す》て石《いし》

シモリウキ釣《づ》り仕《し》かけで釣《つ》る

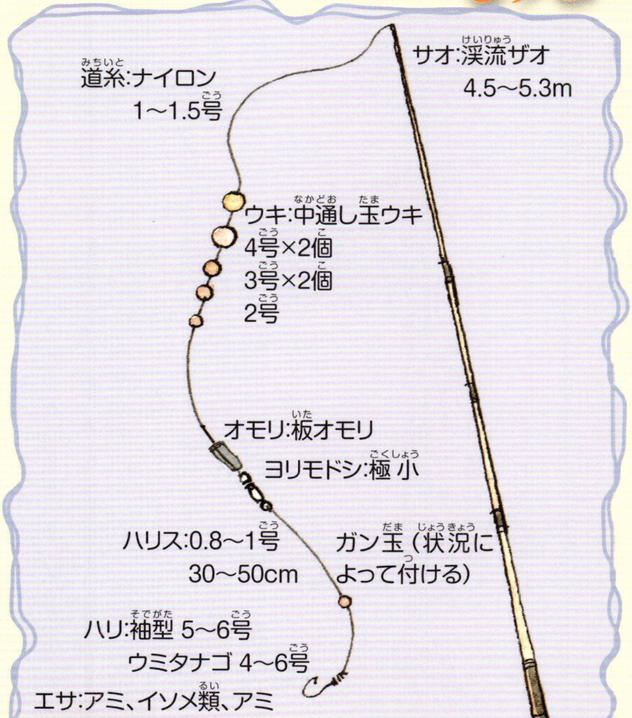
サオ:渓流《けいりゅう》ザオ
4.5〜5.3m
道糸《みちいと》:ナイロン
1〜1.5号《ごう》
ウキ:中通《なかどお》し玉《たま》ウキ
4号《ごう》×2個《こ》
3号《ごう》×2個《こ》
2号《ごう》
オモリ:板《いた》オモリ
ヨリモドシ:極小《ごくしょう》
ハリス:0.8〜1号《ごう》
30〜50cm
ガン玉《だま》（状況《じょうきょう》によって付《つ》ける）
ハリ:袖型《そでがた》 5〜6号《ごう》
ウミタナゴ 4〜6号《ごう》
エサ:アミ、イソメ類《るい》、アミ

チャート 164ページへGo!

ウミタナゴの性格《せいかく》とは?

仕《し》かけをセットしたらポイントにコマセを巻《ま》いて魚《さかな》が集《あつ》まるまで待《ま》つ。このときに水面下《すいめんか》をのぞきこんだりはしないこと。ウミタナゴはおくびょうな魚《さかな》で警戒心《けいかいしん》がとても強《つよ》い。せっかく集《あつ》まりだした魚《さかな》を散《ち》らしかねないので注意《ちゅうい》しよう。

アタリを明確《めいかく》にするためのシモリウキ調整《ちょうせい》のコツ

① 中通《なかどお》し玉《たま》ウキ5個《こ》の場合《ばあい》

3番目《ばんめ》のウキがこれくらい沈《しず》むように板《いた》オモリを調整《ちょうせい》。ただし、必《かなら》ずエサを付《つ》けた状態《じょうたい》で調整《ちょうせい》すること。

② 中通《なかどお》し玉《たま》ウキ2個《こ》の場合《ばあい》

このウキでアタリを取《と》るため、他《ほか》より目立《めだ》つ色《いろ》にしておく。

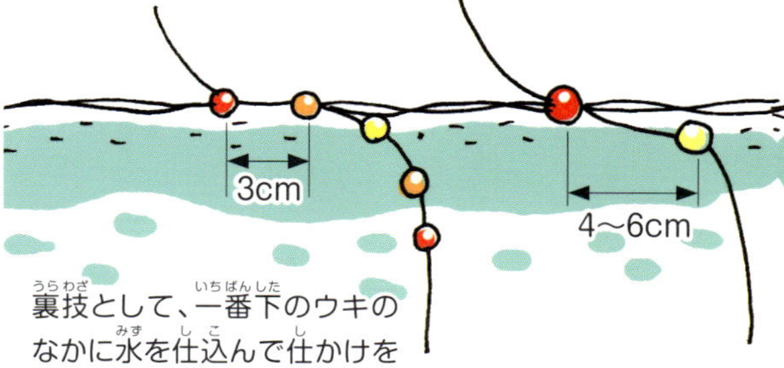

裏技《うらわざ》として、一番下《いちばんした》のウキのなかに水《みず》を仕込《しこ》んで仕《し》かけを安定《あんてい》させる手《て》もある。当然《とうぜん》、オモリは軽《かる》くなる。

ウミタナゴのアタリのパターン

① 前《まえ》ブレ

3番目《ばんめ》のウキにかすかな反応《はんのう》がでる。

② 本《ほん》アタリ

ウキがスッと消《け》し込《こ》むので、このときに小《ちい》さい力《ちから》で、ただししっかりサオを立《た》ててアワセる。

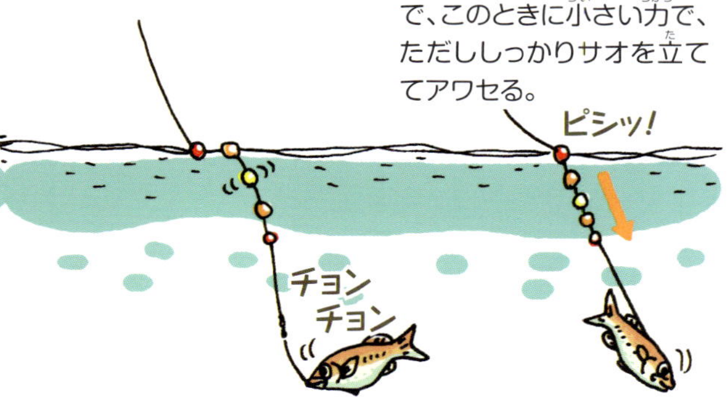

ウキ下調整《したちょうせい》の失敗例《しっぱいれい》

① 食《く》い上《あ》げ

アタリのときに沈《しず》んでいるウキが浮《う》いてしまうのは、魚《さかな》のいる層《そう》よりもウキ下《した》が長《なが》いために起《お》こる現象《げんしょう》。ウキ下《した》を短《みじ》くして調節《ちょうせつ》する。

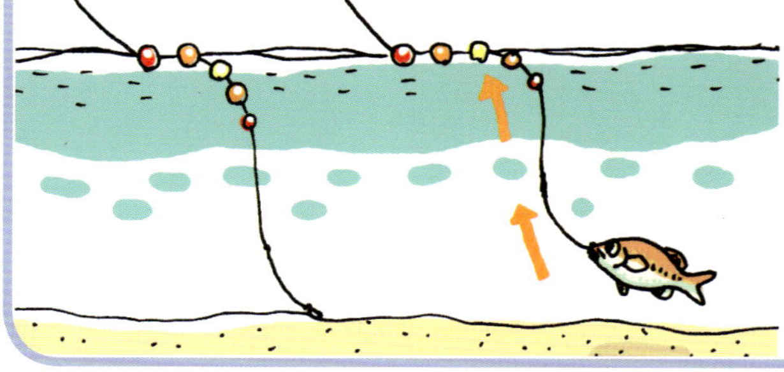

② 横走《よこばし》り

仕《し》かけが落《お》ち着《つ》く前《まえ》のアタリも、やはりウキ下《した》の長《なが》いことが原因《げんいん》。さらにこれよりもウキ下《した》が長《なが》いと、エサを取《と》られても気《き》づかない。

メジナ

メジナはグレとも呼《よ》ばれています。磯《いそ》釣《づ》りでは、釣《つ》り人《びと》の技術《ぎじゅつ》次第《しだい》で釣果《ちょうか》は大《おお》きく変《か》わるためにとても人気《にんき》があります。幼魚《ようぎょ》なら防波堤《ぼうはてい》でも十分《じゅうぶん》釣《つ》れ、その引《ひ》きは強力《きょうりょく》でスリル満点《まんてん》です。

●釣期《ちょうき》(月《つき》)　(○=良《よ》い　◎=最盛期《さいせいき》)

1	2	3	4	5	6	7	8	9	10	11	12
		◎	○	○	○	○	○	◎	◎	◎	

スズキ目《もく》ウミタナゴ科《か》

- 分布《ぶんぷ》/北海道南部《ほっかいどうなんぶ》より南《みなみ》の沿岸部《えんがんぶ》に生息《せいそく》。
- 体長《たいちょう》/50cmぐらいまで成長《せいちょう》する。
- 釣法《ちょうほう》/ウキ釣《づ》りなど

こんな所《ところ》にいるよ

ポイント

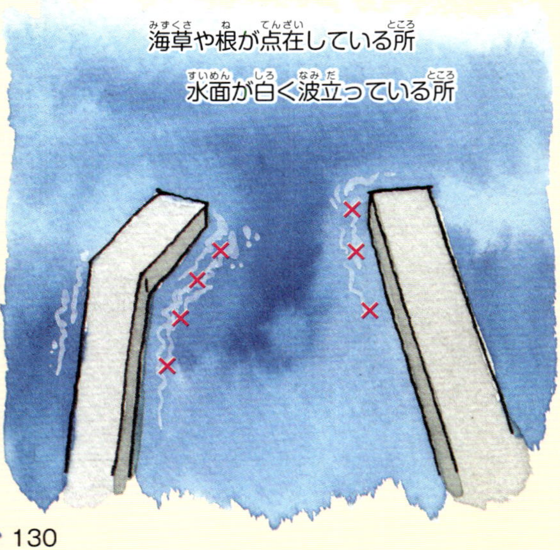
海草《みずくさ》や根《ね》が点在《てんざい》している所《ところ》
水面《すいめん》が白《しろ》く波立《なみだ》っている所《ところ》

ウキ釣《づ》り仕《し》かけで釣《つ》る

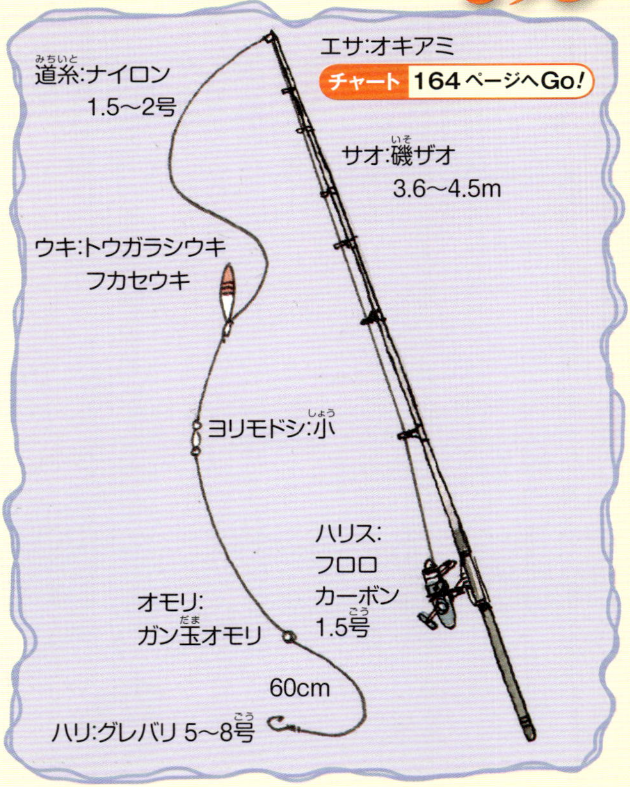
道糸《みちいと》:ナイロン
1.5〜2号
エサ:オキアミ
サオ:磯《いそ》ザオ
3.6〜4.5m
ウキ:トウガラシウキ
フカセウキ
ヨリモドシ:小《しょう》
ハリス:
フロロ
カーボン
1.5号《ごう》
オモリ:
ガン玉《だま》オモリ
60cm
ハリ:グレバリ 5〜8号《ごう》

チャート 164ページへGo!

防波堤《ぼうはてい》から攻《せ》める小《こ》メジナ釣《づ》り

メジナと聞《き》くと磯《いそ》での釣《つ》りを連想《れんそう》するが、小物《こもの》なら防波堤《ぼうはてい》からでも十分《じゅうぶん》釣《つ》ることはできる。初心者《しょしんしゃ》には、たとえ地磯《じいそ》（陸《りく》つづきの磯場《いそば》）であっても危険《きけん》。また、小物《こもの》だからといって、あなどってはいけない。きっと、その引《ひ》きの強《つよ》さに驚《おどろ》くはずだ。

最初《さいしょ》は2本《ほん》の仕《し》かけのウキ下《した》を変《か》えて攻《せ》めてみる。
魚《さかな》を一《いっ》か所《しょ》に止《と》めておくようにコマセをまくこと。
少《すこ》しずつまくのがコツ。

付《つ》けエサとコマセが同調《どうちょう》していない悪《わる》いパターン

エサをチェックしたときに取《と》られていないばかりか、かじられた跡《あと》もないとき、エサはコマセの外《そと》にあることが多《おお》い。また、せっかく集《あつ》まった魚《さかな》のタナ（層《そう》）にエサが届《とど》いていない場合《ばあい》もある。当然《とうぜん》アタリはない。

付《つ》けエサとコマセが同調《どうちょう》している良《よ》いパターン

小《いち》さい前《まえ》アタリの後《あと》、スーッとゆっくりウキが沈《しず》む。これだと確実《かくじつ》にしかもかんたんにアワせられる。

スーッ
つまり、メジナ釣《づ》りのむずしくもおもしろいところとは、コマセの投《とう》入《にゅう》と仕《し》かけの操作《そうさ》にあるんだよ。

メジナのアワセ方《かた》

サオのしなりを利用《りよう》して、鋭《するど》い動作《どうさ》でアワセよう。

イメージとしては、“ビシッ”と鳴《な》るくらい。

メジナのヤリトリ①

距離《きょり》が近《ちか》い場合《ばあい》

足下《あしもと》でかかると、メジナは水中《すいちゅう》へ潜《もぐ》る傾向《けいこう》がある。この場合《ばあい》はサオでヤリトリするよりも腰《こし》を落《お》とすことでタメを作《つく》る。無理《むり》にサオでヤリトリをしようとすると、イトが切《き》られてしまうので気《き》をつけよう。

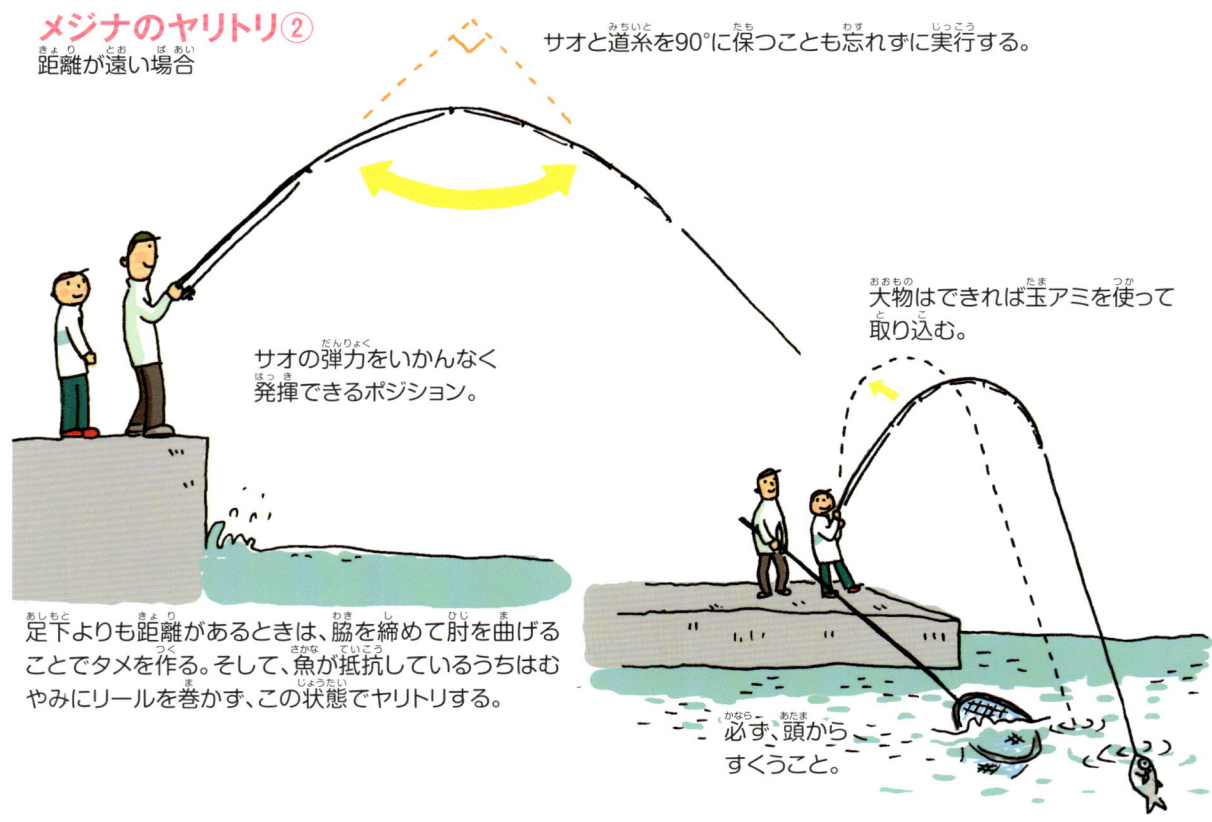

メジナのヤリトリ②

距離《きょり》が遠《とお》い場合《ばあい》

サオと道糸《みちいと》を90°に保《たも》つことも忘《わす》れずに実行《じっこう》する。
サオの弾力《だんりょく》をいかんなく発揮《はっき》できるポジション。

足下《あしもと》よりも距離《きょり》があるときは、脇《わき》を締《し》めて肘《ひじ》を曲《ま》げることでタメを作《つく》る。そして、魚《さかな》が抵抗《ていこう》しているうちはむやみにリールを巻《ま》かず、この状態《じょうたい》でヤリトリする。

大物《おおもの》はできれば玉《たま》アミを使《つか》って取《と》り込《こ》む。

必《かなら》ず、頭《あたま》からすくうこと。

PART 5

海と川のルアーフィッシング

ルアーフィッシングって、どんな釣《つ》り？

ルアーフィッシングとは、いわゆる魚《さかな》の食性《しょくせい》を利用《りよう》した釣《つ》り方《かた》です。
その点《てん》では、他《ほか》の釣《つ》りと何《なん》ら変《か》わりはありません。
ただ大《おお》きく違《ちが》うのは、**ルアーという物体《ぶったい》を使《つか》う**ことにあります。
そもそもルアーには、それ自体《じたい》に生命《せいめい》はありません。
それを、ときには生《い》きた小魚《こざかな》のように、ときには昆虫《こんちゅう》のように操《あやつ》るのです。
あたかも**生物《せいぶつ》のごとくルアーに生命《せいめい》を注《そそ》ぎ込《こ》む**という行為《こうい》に、
この釣《つ》りのおもしろさがあるのです。

スィー
スィー
このルアーを魚《さかな》のように
動《うご》かしても魚《さかな》は見向《みむ》きも
しない。
ピョン!
ピョン!
ピョン!
バシャッ!!
やはりフロッグタイプはカエルの
ような動《うご》きを演出《えんしゅつ》しないと……、
ほらっ、さっきの魚《さかな》がやる気満々《きまんまん》
になったよ。

“備《そな》えあれば患《うれ》いなし”安全重視《あんぜんじゅうし》をモットーに動《うご》きやすさを追求《ついきゅう》しよう!

キャスト、大物《おおもの》とのヤリトリ、そして移動《いどう》…、
ルアーフィッシングは他《ほか》の釣《つ》りと比《くら》べ、格段《かくだん》にアクティブさが要求《ようきゅう》されます。
そのために必要《ひつよう》なものはコンパクトにまとめて身《み》に着《つ》けるようにし、
手《て》にはロッド以外《いがい》は持《も》たないようにしましょう。
移動《いどう》がおっくうになることは、即《そく》、釣果《ちょうか》に影響《えいきょう》します。

キャップ
熱中症《ねっちゅうしょう》予防《よぼう》のためだけでなく、キャスト時《じ》のアクシデントから頭《あたま》を守《まも》ってくれる。

ライフジャケット
(自己責任《じこせきにん》で用意《ようい》)
これは小物入《こものい》れがセットになっているタイプ。

タックルボックス
これは持《も》ち運《は》こぶものではなく、あくまでも収納《しゅうのう》するための物《もの》。ここから必要《ひつよう》なルアーを選《えら》んで、ルアーケースに入《い》れる。

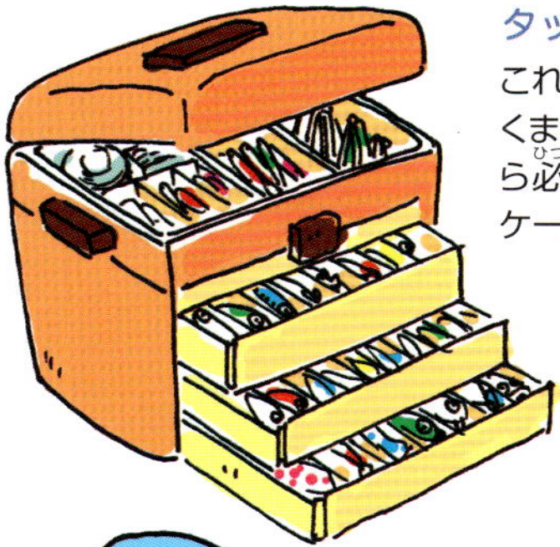

キーバックチェーン
アクティブに行動《こうどう》するには、あるととても便利《べんり》なもの。ラインカッターなどの小物類《こものるい》も紛失《ふんしつ》せず安心《あんしん》。

メジャー
ルアーフィッシングはゲームフィッシングでもある。釣《つ》った魚《さかな》の大《おお》きさがこの釣《つ》りのトロフィ。

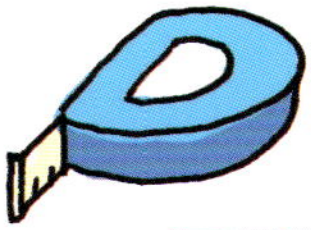

ランディングネット
対象魚《たいしょうぎょ》によっては必要《ひつよう》になる。このタイプは渓流用《けいりゅうよう》。

ウエストバッグ
両手《りょうて》をあけておくために必要《ひつよう》。サイズは大《おお》きいタイプを選《えら》ぶ。

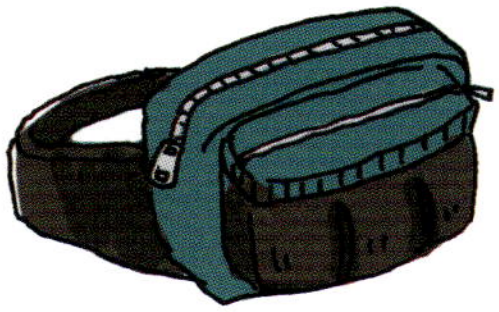

ルアーケース
これがないとハリはむき出《だ》しになって危険《きけん》。

フィールドプライヤー
安全《あんぜん》かつ丁寧《ていねい》にハリを外《はず》すために必需品《ひつじゅひん》。

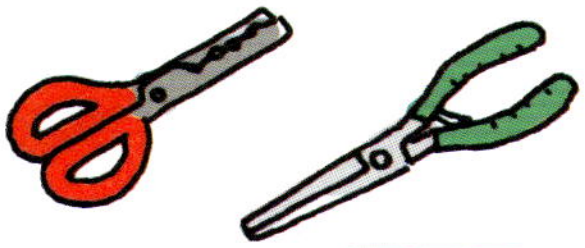

ユニットケース
シンカー、予備《よび》のハリ、スナップ等《など》、ルアーフィッシングにも様々《さまざま》な小物《こもの》がある。

ラインカッター
いろいろなタイプがあるが、爪切《つめき》りタイプが使《つか》いやすい。

偏光《へんこう》グラス
これがあるのとないのとでは、釣果《ちょうか》にかなりの差《さ》がでる。水中《すいちゅう》や水面直下《すいめんちょっか》の様子《ようす》が手《て》に取《と》るようにわかるからだ。

フックシャープナー
ハリを研《みが》ぐための物《もの》。

【ロッド/ライン】ルアーフィッシングでは、サオはロッド、イトはラインと呼《よ》ぶんだ。

■ルアーの種類《しゅるい》

ルアーにはたくさんの種類《しゅるい》があります。それを**対象魚《たいしょうぎょ》や釣《つ》り方《かた》、そのときの自然環境《しぜんかんきょう》などをベースに使《つか》い分《わ》ける**のですが、最初《さいしょ》は数《かず》が多《おお》いためにあれこれと迷《まよ》うかもしれません。そこで、まずは家系図《かけいず》からどんなルアーがあるのかを知《し》り、**それぞれの特徴《とくちょう》や用途《ようと》を知《し》っておきましょう。**

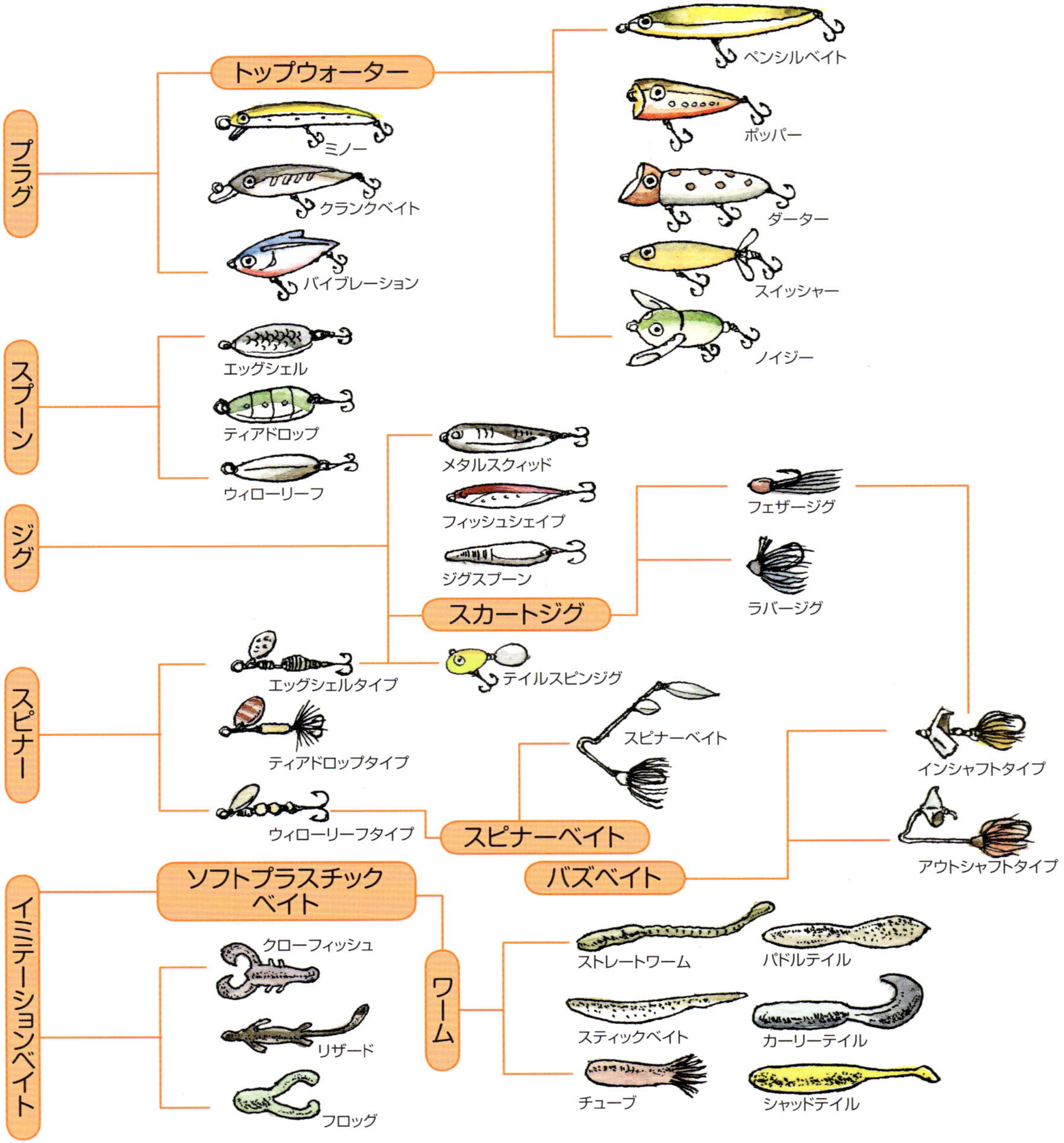

プラグ
トップウォーター
ペンシルベイト
ポッパー
ダーター
スイッシャー
ノイジー
ミノー
クランクベイト
バイブレーション
スプーン
エッグシェル
ティアドロップ
ウィローリーフ
ジグ
メタルスクィッド
フィッシュシェイプ
ジグスプーン
スカートジグ
フェザージグ
ラバージグ
テイルスピンジグ
スピナー
エッグシェルタイプ
ティアドロップタイプ
ウィローリーフタイプ
スピナーベイト
スピナーベイト
バズベイト
インシャフトタイプ
アウトシャフトタイプ
イミテーションベイト
ソフトプラスチックベイト
クローフィッシュ
リザード
フロッグ
ワーム
ストレートワーム
パドルテイル
スティックベイト
カーリーテイル
チューブ
シャッドテイル

スピナーベイト　水中《すいちゅう》

1本《ぽん》のシャフトに金属性《きんぞくせい》のブレードとラバースカートを装着《そうちゃく》した鉛《なまり》のヘッドから成《な》るルアー。ブレードで魚《さかな》を誘《さそ》い、ラバーとヘッドの動《うご》きでヒットさせる。

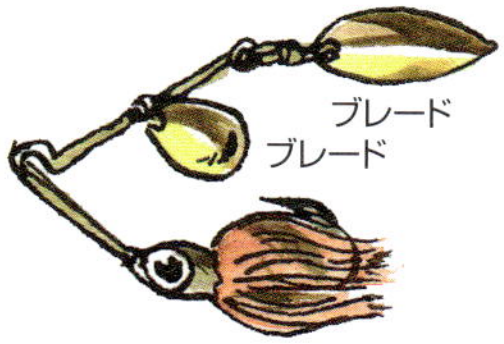

バズベイト　トップウォーター

アルミやプラスチックでできたペラを備《そな》えたスピナーベイトの兄弟的《きょうだいてき》なルアー。ただし、ペラの一部《いちぶ》を水面《すいめん》より上《うえ》に出《だ》して誘《さそ》うので、トップウォーターともいえる。

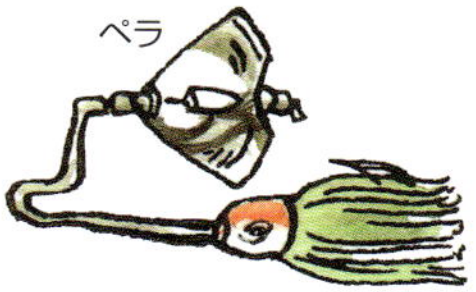

メタルジグ　水中《すいちゅう》

名《な》まえのとおり、ボディは金属《きんぞく》からできている。主《おも》に深場《ふかば》にいる魚《さかな》をねらうためのもの。小型《こがた》でもウエイトがあるため、かなりの遠投《えんとう》ができる。

スプーン　水中《すいちゅう》

ルアーフィッシングの起源《きげん》といえるルアー。マス類《るい》には必要不可欠《ひつようふかけつ》で、基本的《きほんてき》には形状《けいじょう》の違《ちが》う3タイプを状況《じょうきょう》に合《あ》わせて使《つか》い分《わ》ける。

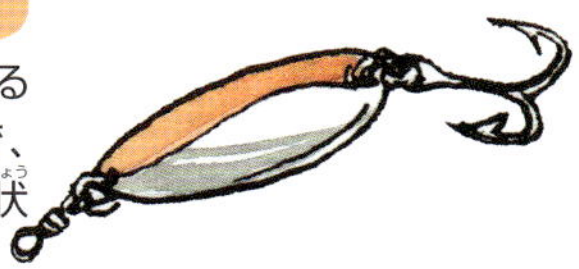

スピナー　水中《すいちゅう》

主《おも》にマス釣《つ》りに使《つか》う。リールを巻《ま》くと、ブレイドが回転《かいてん》して魚《さかな》を誘《さそ》う仕組《しく》みになっている。ブレイドは3タイプに分《わ》けられる。

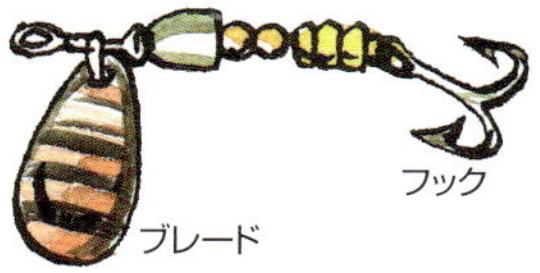

ラバージグ　ボトム

ハリの軸《じく》にオモリをセットしたジグヘッドとラバースカートを一体化《いったいか》したもの。そのままでも使《つか》えるし、ワームなどを付《つ》けてアピール度《ど》を強《つよ》くして使《つか》う方法《ほうほう》もある。

※トップウォーター＝浮力《ふりょく》によって水面《すいめん》で活躍《かつやく》するタイプ。
フローティングも同《おな》じ。
※水中《すいちゅう》＝重《おも》さによって沈《しず》むタイプ。
※ボトム＝底《そこ》で活躍《かつやく》するタイプ。

ソフトルアー　用途《ようと》は様々《さまざま》

誕生《たんじょう》してからの歴史《れきし》は浅《あさ》いものの使《し》用頻度《ようひんど》はかなり高《たか》い。理由《りゆう》は形《かたち》も動《うご》きもリアルだから。

ミノー　フローティング、サスペンド、ディープ

ミノーとは小魚《こざかな》のことで、つまりはそれを模《も》したルアーである。もともとルアーフィッシングの対象魚《たいしょうぎょ》は魚食《ぎょしょく》性《せい》なため、その使《つか》い方《かた》は万能《ばんのう》だ。

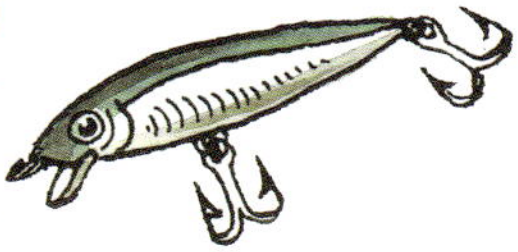

クランクベイト　シャロー、ディープ

ボディと比較《ひかく》すると大《おお》きなリップが特徴的《とくちょうてき》なルアー。そのリップの大《おお》きさや角度《かくど》によって、シャローからディープまで潜《もぐ》る深《ふか》さは変《か》わる。

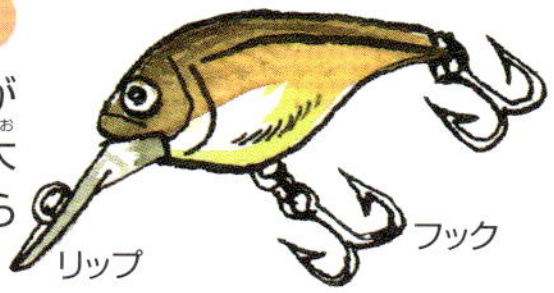

バイブレーション　サスペンド　シンキング

引《ひ》いてくると、小刻《こきざ》みに震動《しんどう》しながら動《うご》くルアー。深度別《しんどべつ》タイプと、ラトル（音《おと》を発《はっ》する）とノンラトル（音《おと》なし）の特徴《とくちょう》を合《あ》わせることができる。

ノイジー　トップウォーター

ブラックバスの代表的《だいひょうてき》ルアー。投《な》げてから単純《たんじゅん》にリールを巻《ま》くだけで、勝手《かって》にアクションをしてくれるので初心者《しょしんしゃ》でもかんたんに使《つか》うことができる。

ペンシルベイト　トップウォーター

名《な》まえの由来《ゆらい》どおり、その形状《けいじょう》はとてもシンプル。そのために使《つか》い手次《てし》第《だい》で変幻自在《へんげんじざい》にアクションできる。技量《ぎりょう》はとても要求《ようきゅう》されるルアー。

※シャロー＝浅瀬《あさせ》で活躍《かつやく》するタイプ。
※サスペンド＝水中《すいちゅう》で留《とど》まることができるタイプ。
※ディープ＝深場《ふかば》で活躍《かつやく》するタイプ。
※シンキング＝深《ふか》く潜《もぐ》れるタイプ。

■ルアーのアクションパターン

アクションとは動《うご》かすことであり、ルアーフィッシングでは、
さしずめ“生命《せいめい》を注《そそ》ぎ込《こ》む作業《さぎょう》”といえます。
最初《さいしょ》にお話《はなし》したとおり、ルアーに生命《せいめい》はありません。
どのようにあやつるかは釣《つ》り人《びと》の腕次第《うでしだい》。
そこで、いくつかアクションの種類《しゅるい》とあやつり方《かた》を紹介《しょうかい》しましょう。

ストップ&ゴー

もっとも基本《きほん》となるアクション。しかし効果《こうか》は絶大《ぜつだい》だ。動《うご》かしているときよりも、静止《せいし》しているときに神経《しんけい》を集中《しゅうちゅう》させよう。

リールを巻《ま》く、止《と》める、巻《ま》く、止《と》める、を繰《く》り返《かえ》すだけ。また、巻《ま》くだけの“タタ巻《ま》き”というアクションもある。

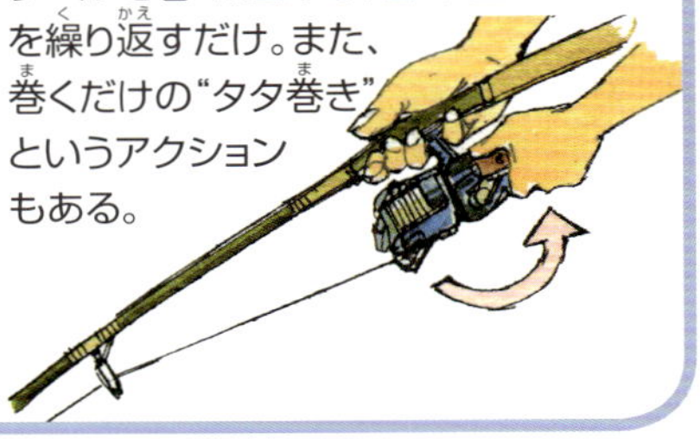

ジャーキング

あえてルアーのバランスを崩《くず》すアクション。このときの不規則《ふきそく》なごきが、強力《きょうりょく》に魚《さかな》へアピールする。

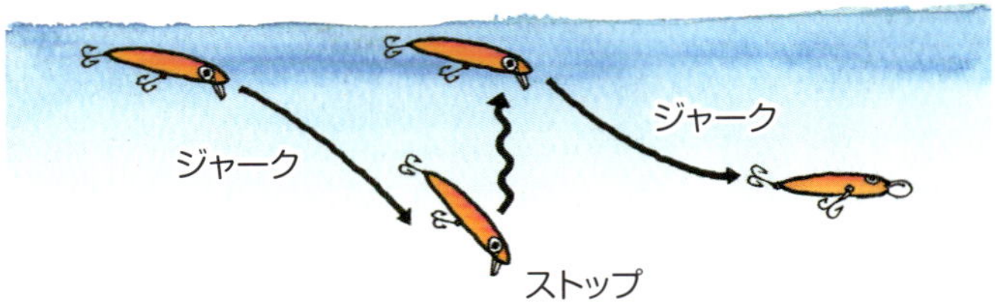

手首《てくび》ではなく、肘《ひじ》を使《つか》って大《おお》きくロッドをあおる。

トゥイッチング

小魚《こざかな》の動《うご》きに一番近《いちばんちか》いとされるアクション。素早《すば》い動《うご》きと瞬間《しゅんかん》のポーズを連続《れんぞく》させる。途中《とちゅう》の“ヒラ打《つ》ち”もきらめいて効果大《こうかだい》。

手首《てくび》のスナップを効《き》かせて、テンポよく小刻《こきざ》みに途切《とぎ》れることなく行《おこな》う。

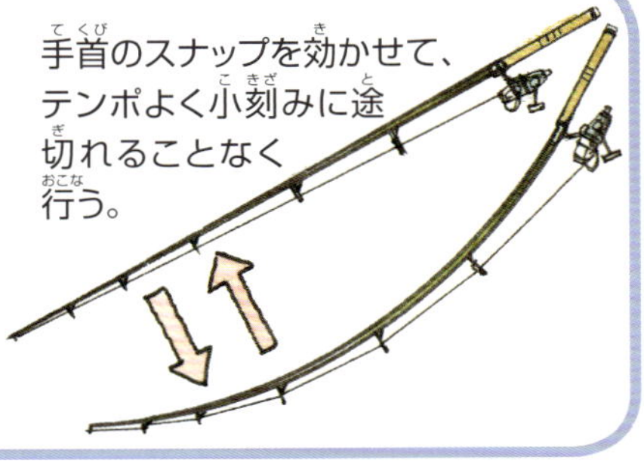

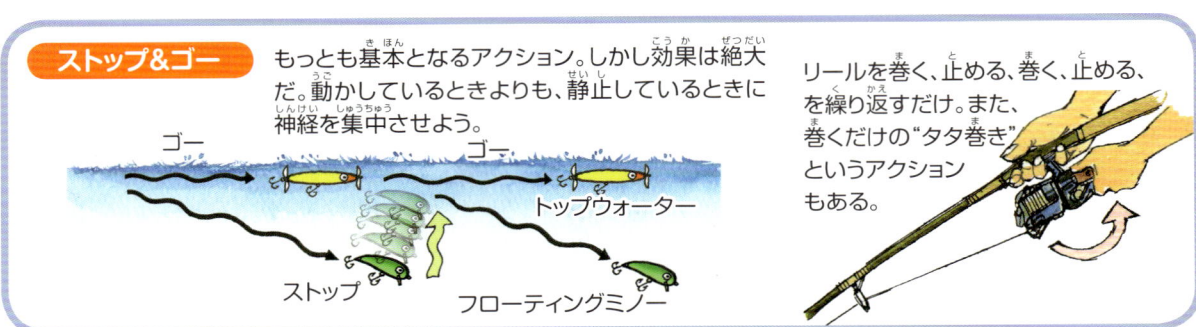

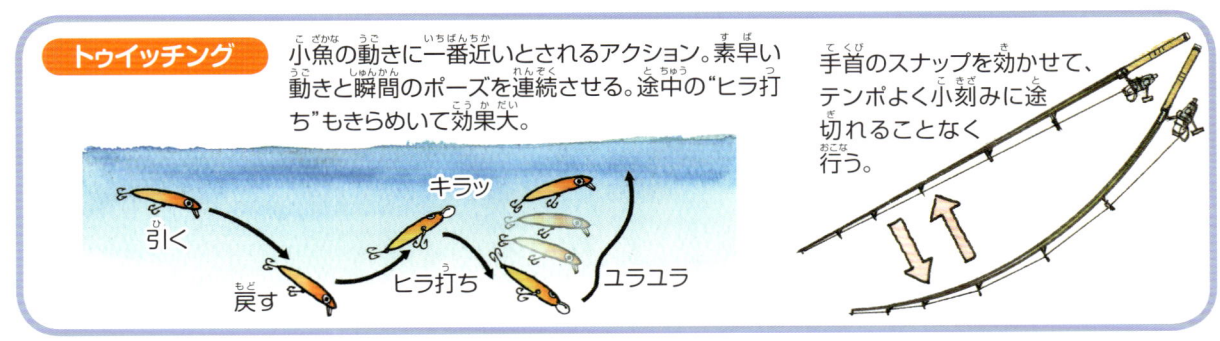

ズル引《ひ》き

ソフトベイトの基本中《きほんちゅう》の基本《きほん》アクション。底《そこ》の形状《けいじょう》に合《あ》わせて、浮《う》かすことなくピッタリとトレースさせるのがコツ。

①スタート
ズルズル
底《そこ》を感《かん》じながら、上下《じょうげ》ではなくほぼ水平《すいへい》にサオを動《うご》かす。
②フケたイトを巻《ま》きながらサオを①に戻《もど》す
②
ズルズル
①

シェイキング

これは他《ほか》のアクションと融合《ゆうごう》させてアピール度《ど》を高《たか》めるアクション。底《そこ》の障害物《しょうがいぶつ》に引《ひ》っかかったときの張《は》りを利《り》用《よう》する。

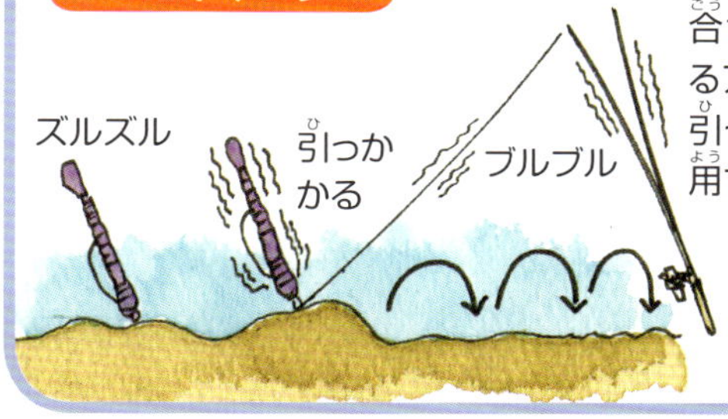
ズルズル
引《ひ》っかかる
ブルブル

ラインに軽《かる》く張《は》りをかけたまま、ロッドを小刻《こきざ》みにふるわせる。

ボトムバンピング

ラバージグやジグヘッドリグで行《おこな》うアクション。底《そこ》をトントンと小突《こづく》くように、比較的速《ひかくてきはや》いテンポで連続《れんぞく》して行《おこな》う。

タイミングよく巻《ま》き取《と》る
②フワリ
①トン
③トン
ラインのたるみをタイミングよく巻《ま》き取《と》る
①
②

フォーリング

ルアーを底《そこ》まで落《お》とし込《こ》んでいるときも魚《さかな》は見《み》ている。そのために行《おこな》うアクション。カーブフォールとフリーフォールがある。

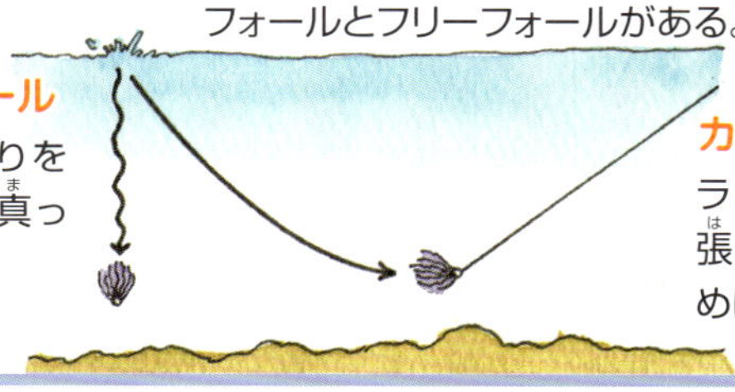

フリーフォール
ラインに張《は》りをかけないと真《ま》っ直《す》ぐ沈《しず》む。

カーブフォール
ラインにわざと張《は》りをかけて斜《なな》めに沈《しず》ませる。

バーチカルジギング

主《おも》にメタルジグで行《おこな》うアクション。夏場《なつば》の高水温《こうすいおん》のときや、冬場《ふゆば》などに底《そこ》の障害物周辺《しょうがいぶつしゅうへん》を攻《せ》めるときに効果《こうか》を発揮《はっき》する。

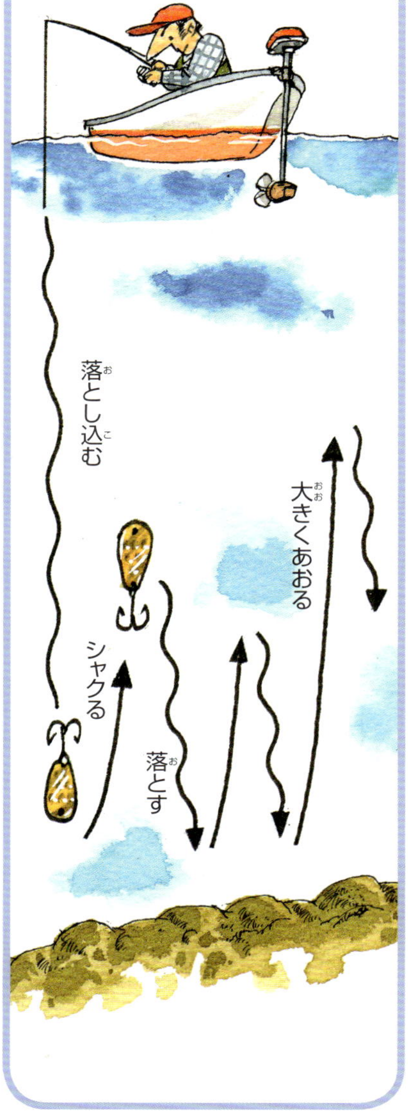
落《お》とし込《こ》む
大《おお》きくあおる
シャクる
落《お》とす

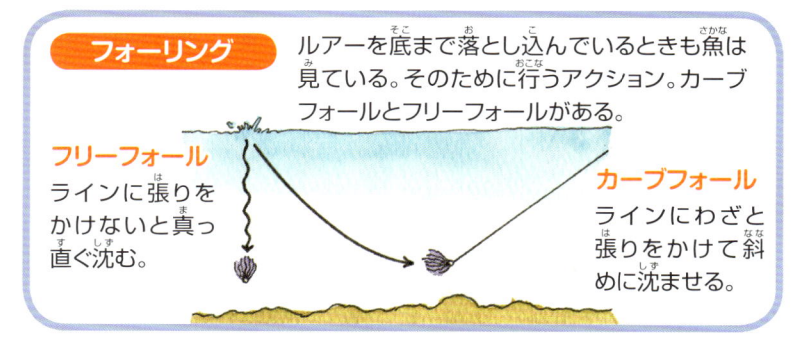

海《うみ》のターゲット

あたり前《まえ》のことですが、海《うみ》にはたくさんの種類《しゅるい》の魚《さかな》がいます。
そしてその数《かず》を追《お》うようにルアーフィッシングのターゲットも増《ふ》え続《つづ》けています。
トローリングを除《のぞ》けば、そのキッカケとなったのはスズキでした。
今《いま》では“シーバス”という愛称《あいじょう》で呼《よ》ばれるほどの人気《にんき》ぶりです。
その他《ほか》には、ライトタックルでねらうソイやカサゴ、
人気《にんき》が高《たか》まりつつあるヒラメやマゴチ。
また、ルアーにとても近《ちか》い“餌木《えぎ》”と呼《よ》ばれる擬似《ぎじ》エサの一種《いっしゅ》を使《つか》っての
アオリイカの釣《つ》りも人気《にんき》があります。

アイナメ
アオリイカ
マゴチ
サバ
シマアジ
カツオ

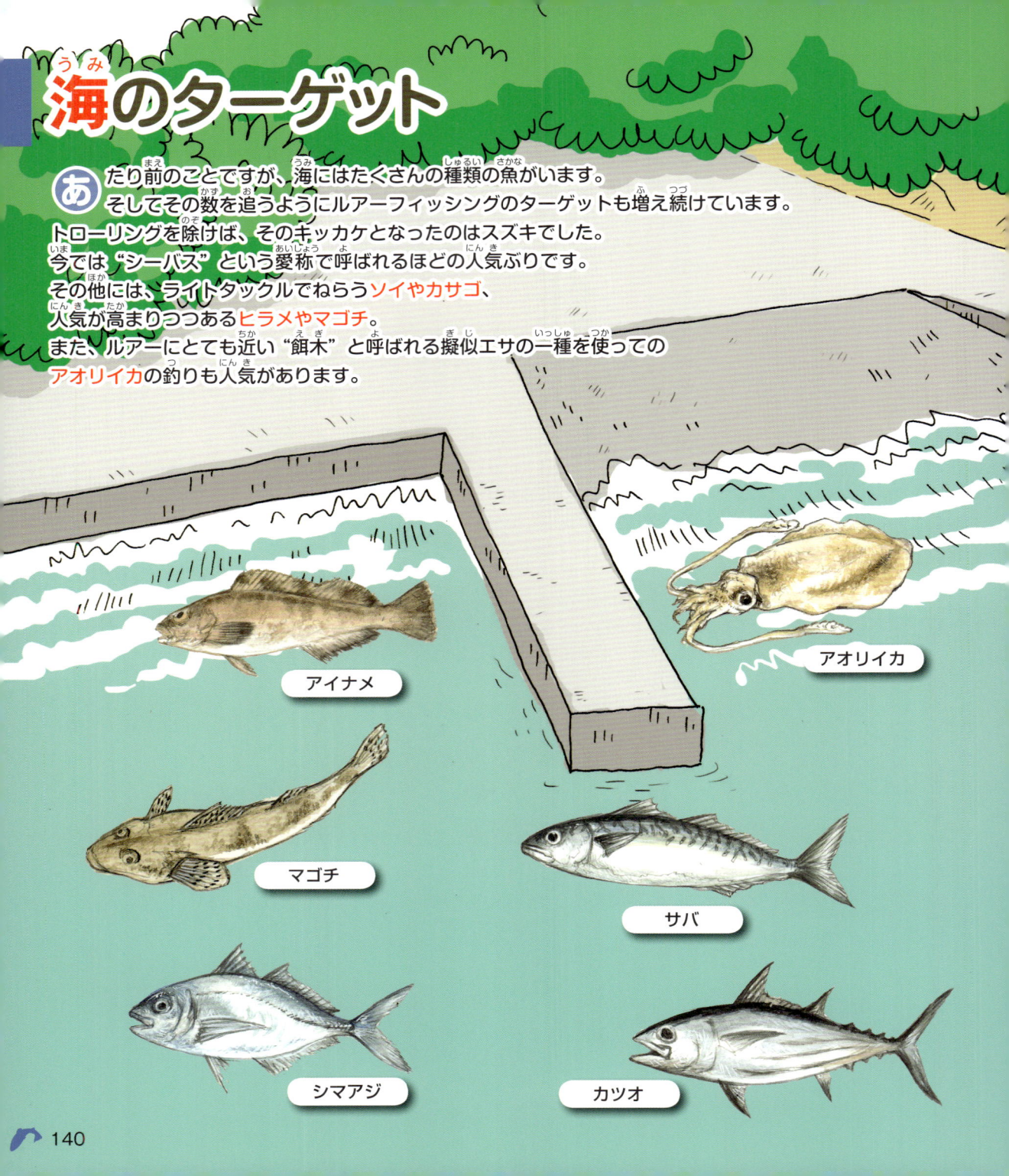

カサゴ
ムラソイ
メバル
スズキ
ヒラメ
タチウオ
マグロ

※トローリング＝水面下《すいめんか》の釣《つ》りイトを船《ふね》で引《ひ》き、魚《さかな》を誘《さそ》う方法《ほうほう》。

淡水《たんすい》のターゲット

日《に》本《ほん》のルアーフィッシングの始《はじ》まりとなり、
一大《いちだい》ブームを巻《ま》き起《お》こしたのはブラックバスです。
その人気《にんき》は昔《むかし》も今《いま》も変《か》わりなく続《つづ》いています。
海《うみ》と違《ちが》って魚種《ぎょしゅ》は限《かぎ》られているものの、その種《しゅ》に対《たい》する釣《つ》り人《びと》の思《おも》い入《い》れにはとても強《つよ》いものがあります。

例《たと》えば、鋭《するど》い自然観察《しぜんかんさつ》や高《たか》い技術《ぎじゅつ》が要求《ようきゅう》される
渓流《けいりゅう》のイワナやヤマメ、
大胆《だいたん》かつ繊細《せんさい》な湖《みずうみ》のニジマスやブラウントラウト、
愛着《あいちゃく》をもってモンスターと呼《よ》ばれるライギョやナマズなど。
どの魚《さかな》も大変人気《たいへんにんき》があります。

ウグイ
ブラックバス
ナマズ
湖《みずうみ》
ブラックバス
ニジマス
ブルーギル
ナマズ
ブルーギル
池《いけ》・沼《ぬま》
ブラックバス
ライギョ

管《かん》理《り》釣《つ》り場《ば》のルアーフィッシング

その日《ひ》の状況《じょうきょう》からルアーを選《えら》んでポイントにルアーをキャストし、流《なが》れをイメージしながらリールを巻《ま》く。そんな渓流《けいりゅう》の釣《つ》りを**手軽《てがる》に楽《たの》しめて、しかもたくさん釣《つ》れるのが管理釣《かんりつ》り場《ば》**のルアーフィッシングだ。

管理釣《かんりつ》り場《ば》は魚影《ぎょえい》が濃《こ》く、
場所《ばしょ》によっては
ルアー専用《せんよう》エリアもあるため、
渓流《けいりゅう》のルアーフィッシングを
マスターするには、
最適《さいてき》の場所《ばしょ》だよ。

用意《ようい》しておきたいルアーとその進《すす》む層《そう》

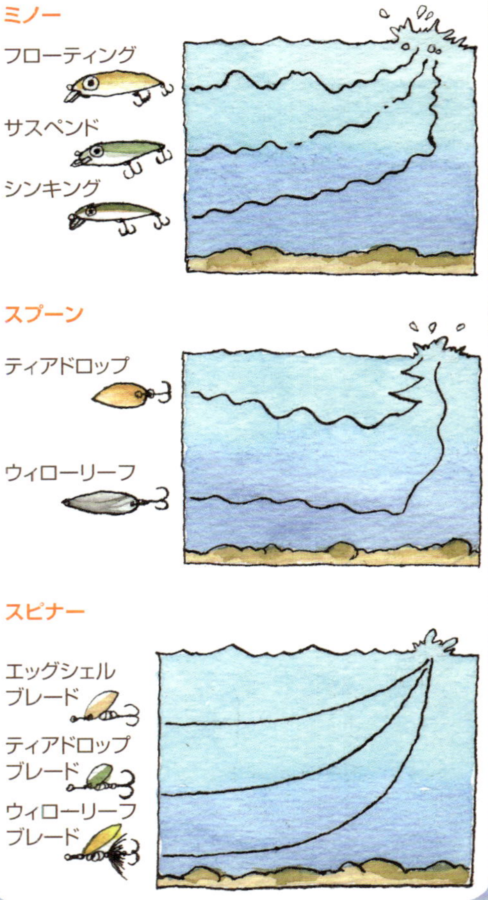

ミノー
フローティング
サスペンド
シンキング
スプーン
ティアドロップ
ウィローリーフ
スピナー
エッグシェル
ブレード
ティアドロップ
ブレード
ウィローリーフ
ブレード

タックル（道具《どうぐ》）

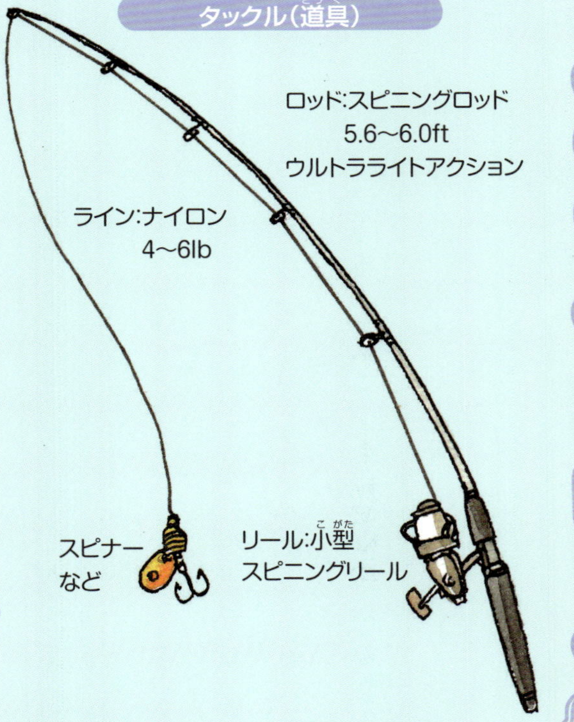

ロッド:スピニングロッド
5.6〜6.0ft
ウルトラライトアクション
ライン:ナイロン
4〜6lb
スピナー
など
リール:小型《こがた》
スピニングリール

“正確《せいかく》にポイントへとルアーを誘導《ゆうどう》しながら、
できるだけ長《なが》いコースを底《そこ》スレスレにスローに引《ひ》く”
これは管理釣《かんりつ》り場《ば》の基本的《きほんてき》なアプローチ（攻《せ》め方《かた》）。
何《なに》やらむずしく思《おも》うかもしれないけど、
2つの基本《きほん》パターンを理解《りかい》しておけば大丈夫《だいじょうぶ》！
後《あと》は実戦《じっせん》あるのみ。

アプローチの基本《きほん》パターンその① キャスト キーワード“位置《いち》”

なお、流《なが》れに対《たい》して、後《うし》ろからのアプローチをアップストリームキャストといい、正面《しょうめん》からはダウンストリームキャストという。
アップクロスキャスト：魚《さかな》は常《つね》に上流側《じょうりゅうがわ》へ頭《あたま》を向《む》けている。この位置《いち》からのキャストは魚《さかな》に気《き》づかれない理想《りそう》の位置《いち》。
流《なが》れ
ダウンクロスキャスト：魚《さかな》に釣《つ》り人《びと》が発見《はっけん》されやすいので、この方向《ほうこう》からのキャストは避《さ》けるべき。
クロスストリームキャスト：流《なが》れに対《たい》して、真横《まよこ》からのキャスト。

アプローチの基本《きほん》パターンその② リーリング キーワード“速《はや》さ”

スプーン

①リーリングが流《なが》れよりも速《はや》いと水面直下《すいめんちょっか》を泳《およ》ぐ
②リーリングが流《なが》れの速《はや》さと同《おな》じか、若干速《じゃっかんはや》いくらいだと、底近《そこちか》くを引《ひ》いてこれる
③リーリングが遅《おそ》すぎると沈《しず》んでしまい、根《ね》がかりの原因《げんいん》になる

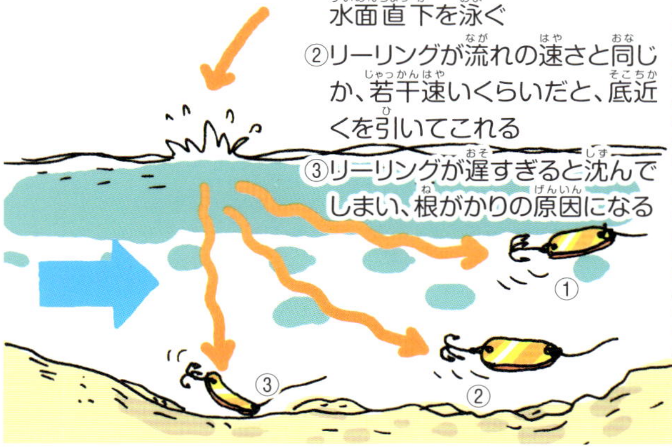
①
②
③

フローティングミノー

①リーリングが流《なが》れより遅《おそ》いと、うまく泳《およ》いでくれない
②リーリングが流《なが》れよりも速《はや》いと、潜《もぐ》って底付近《そこふきん》を引《ひ》ける

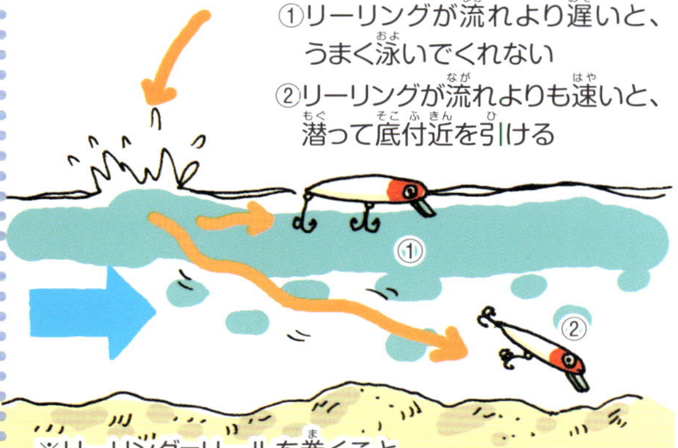
①
②

※リーリング＝リールを巻《ま》くこと。

それぞれのポイントへのアプローチ

落《お》ち込《こ》みからの流《なが》れ　キーワード“放流直後《ほうりゅうちょくご》”

放流直後《ほうりゅうちょくご》からの1時間《じかん》がもっとも釣《つ》りやすい時間帯《じかんたい》であることは、前項《ぜんこう》でも話《はな》したとおり。これは、その釣《つ》りやすいときにもっとも釣《つ》りやすいポイントでガンガン釣《つ》っちゃおうという作戦《さくせん》。

① Xへのアプローチ

ここは放流直後《ほうりゅうちょくご》のまだ流《なが》れに慣《な》れていない魚《さかな》が集《あつ》まるポイント。そこで、Aからややアップクロスから真横《まよこ》に引《ひ》いてきて、魚《さかな》にタップリとルアーを見《み》せて誘《さそ》う。ただし、一度《いちど》釣《つ》られて休《やす》んでる魚《さかな》は反応《はんのう》が鈍《にぶ》い。

② Yへのアプローチ

少《すこ》し時間《じかん》がたち、流《なが》れにも慣《な》れてきた魚《さかな》が集《あつ》まるポイント。Aから移動《いどう》せずにアップストリームでアプローチする。流《なが》れのなかにいるために釣《つ》りにくそうだが、本来《ほんらい》の野性《やせい》を取《と》り戻《もど》しつつあるので、積極的《せっきょくてき》にルアーを追《お》ってくる。

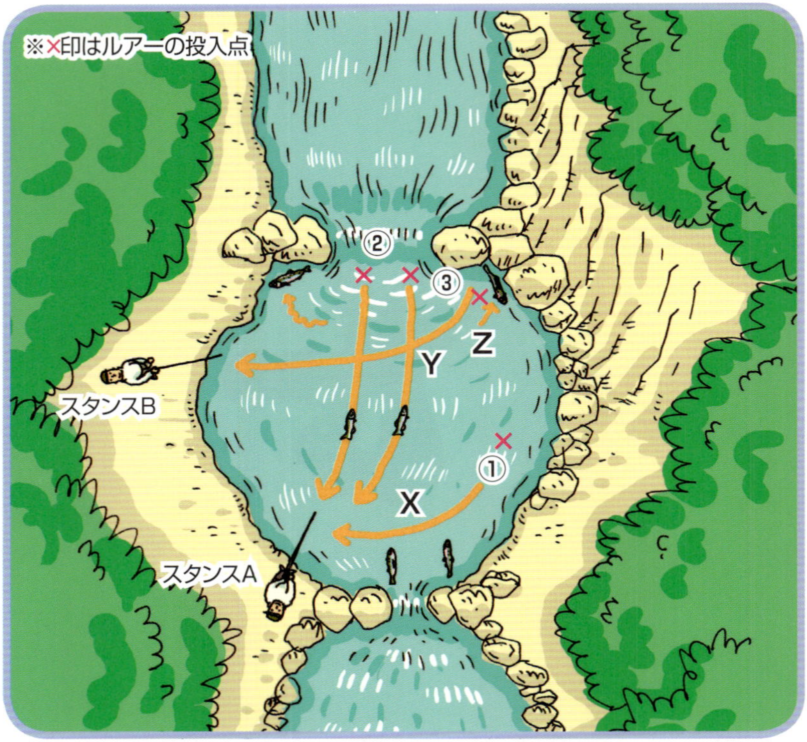

落《お》ち込《こ》みからの流《なが》れの断面図《だんめんず》

③ Zへのアプローチ

一番《いちばん》むずしいアプローチ。ここに陣取《じんど》る魚《さかな》は完全《かんぜん》に野性《やせい》を取《と》り戻《もど》したといえる。流《なが》れの巻《ま》き返《かえ》しによってたくさん集《あつ》まるエサを効率《こうりつ》よく捕食《ほしょく》している大型《おおがた》のイワナの可能性《かのうせい》もある。Bからクロスストリームでアプローチし、そのまま気《き》をぬかずにYを通過《つうか》させれば、さらに釣《つ》れる可能性《かのうせい》は広《ひろ》がる。

それぞれのポイントへのアプローチ

えん堤《てい》の淵《ふち》　キーワード“大物《おおもの》”

施設内《しせつない》にえん堤《てい》のある管理釣《かんりつ》り場《ば》は意外《いがい》に多《おお》い。
なぜなら、人工物《じんこうぶつ》にもかかわらず、魚《さかな》たちは好《この》んでこの場所《ばしょ》に集《あつ》まるからだ。
当然《とうぜん》、大物《おおもの》もいる。ちょこまかと動《うご》かずにどっしり構《かま》えてアプローチする。

①落《お》ち込《こ》みからの流《なが》れのように、ここではスタンスを移動《いどう》する必要《ひつよう》はほとんどなく、どのアプローチからもX、Y、Zの魚《さかな》を釣《つ》るチャンスがある。キャストはアップストリームからで、必《かなら》ず岸側《きしがわ》からアプローチする。

②×ヘルアーをキャストしたら、コンクリート棚《だな》を転《ころ》がすようなイメージでリーリングする。

③Xでポイントヘルアーを落《お》とし込《こ》む。これが成功《せいこう》すると大物《おおもの》がヒットする確率《かくりつ》が格段《かくだん》にアップする。

④アタリはなくても、そのままリーリングを続《つづ》けると、YとZの魚《さかな》をフォローできる。

えん堤《てい》の淵《ふち》の断面図《だんめんず》

釣《つ》れなくなってからの攻略法《こうりょくほう》

いくら魚影《ぎょえい》の濃《こ》い管理《かんり》釣《つ》り場《ば》といえども、放流《ほうりゅう》から2時間《じかん》も過《す》ぎると、それまでのアタリがウソのようにパッタリと途絶《とだえ》えてしまいます。
これは釣《つ》り人《びと》からのプレッシャーによるもので、
魚《さかな》だってバカではないのです。
しかし、だからといってあきらめたのではつまらない。
ここからがおもしろいと、
わざと放流《ほうりゅう》時間《じかん》を外《はず》してトライする釣《つ》り人《びと》だっているくらいなのです。

あきさせないテクニック
キーワード

“ルアーアクション”

● **ダウンストリームから誘《さそ》う**
今《いま》までの下流側《かりゅうがわ》からのキャストに対《たい》して、上流側《じょうりゅうがわ》から大胆《だいたん》にアプローチする方法《ほうほう》。ねらいはルアーの動《うご》きのざん新《しん》さだが、魚《さかな》の目《め》の前《まえ》に立《た》つだけに、十分注意《じゅうぶんちゅうい》しなければならない。

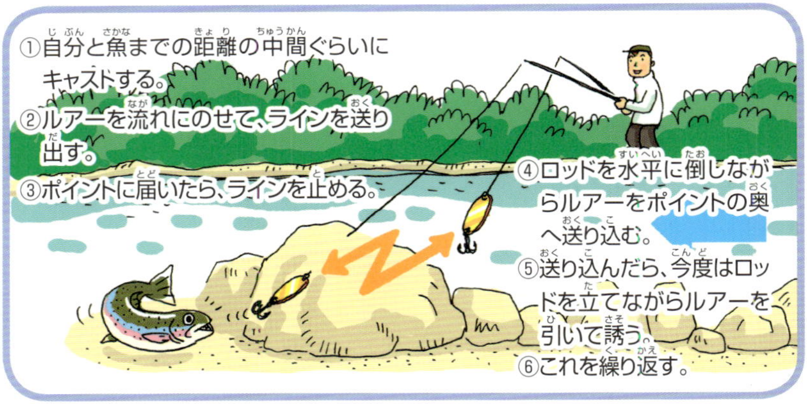

①自分《じぶん》と魚《さかな》までの距離《きょり》の中間《ちゅうかん》ぐらいにキャストする。
②ルアーを流《なが》れにのせて、ラインを送《おく》り出《だ》す。
③ポイントに届《とど》いたら、ラインを止《と》める。
④ロッドを水平《すいへい》に倒《たお》しながらルアーをポイントの奥《おく》へ送《おく》り込《こ》む。
⑤送《おく》り込《こ》んだら、今度《こんど》はロッドを立《た》てながらルアーを引《ひ》いて誘《さそ》う。
⑥これを繰《く》り返《かえ》す。

● **カケアガリに落《お》とし込《こ》む**
今《いま》までの岸《きし》に沿《そ》ってトレースしてくるアプローチ(攻《せ》め方《かた》)が線《せん》であるなら、これはさしずめ点《てん》のアプローチである。対岸《たいがん》にキャストしたら、落《お》とし込《こ》んで縦《たて》の動《うご》きで誘《さそ》う。

①対岸《たいがん》にクロスストリームキャストをする。
②ラインを張《は》ると岸《きし》から離《はな》れてしまうため、緩《ゆる》めたままにする。
③そのままヒラリヒラリとゆっくり落《お》とし込《こ》む。このアクションで誘《さそ》う。

※このアプローチにはスプーンが向《む》いている。形《かたち》は幅広《はばひろ》のティアドロップタイプで、3gの薄《うす》いものがよい。

あきさせないテクニック
キーワード

“ルアーローテーション”

● **魚《さかな》の活性《かっせい》（行動力《こうどうりょく》）に合《あ》わせる**

ルアーを追《お》ってきているのにもかかわらず、最後《さいご》の最後《さいご》で口《くち》を使《つか》わず元《もと》の場所《ばしょ》に戻《もど》ってしまう場合《ばあい》。

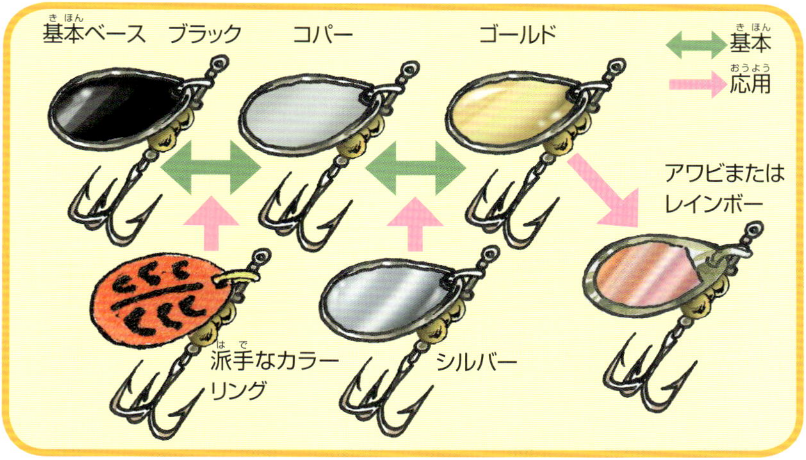

基本《きほん》ベース　ブラック
コパー
ゴールド
基本《きほん》
応用《おうよう》
アワビまたはレインボー
派手《はで》なカラーリング
シルバー

● **ポイントの状況《じょうきょう》に合《あ》わせる**

天候《てんこう》や水質《すいしつ》などの釣《つ》り場全体《ばぜんたい》の状況《じょうきょう》から判断《はんだん》して合《あ》わせていく。

天候《てんこう》に合《あ》わせる	晴《は》れ、日差《ひざ》しの強《つよ》い日中《にっちゅう》	ブラック ⇔ コパー ⇔ ゴールド	朝《あさ》・夕《ゆう》のマズメ、曇《くも》りや雨《あめ》
魚《さかな》の警戒心《けいかいしん》に合《あ》わせる	野性《やせい》に戻《もど》った魚《さかな》	ブラック ⇔ コパー ⇔ ゴールド	放流直後《ほうりゅうちょくご》
水《みず》の色《いろ》に合《あ》わせる	澄《す》んでいるとき	ブラック ⇔ コパー ⇔ ゴールド	濁《にご》っているとき

● **人間《にんげん》に合《あ》わせる**

これは釣《つ》れなくて釣《つ》り人《びと》が飽《あ》きてしまった状態《じょうたい》。気分転換《きぶんてんかん》にもなるし、ルアーをあれこれ試《ため》すのは楽《たの》しいし、新《あら》たな発見《はっけん》もできたりする。

スプーンのローテーション

ティアドロップタイプ

ウィローリーフタイプ

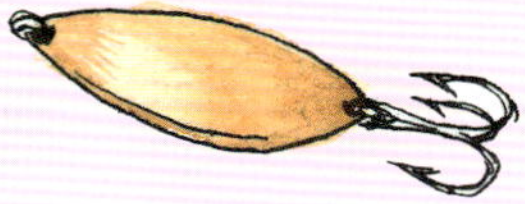

プラグのローテーション

普通《ふつう》のタイプ

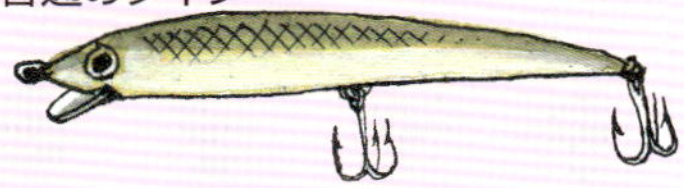

よりリアルなタイプ

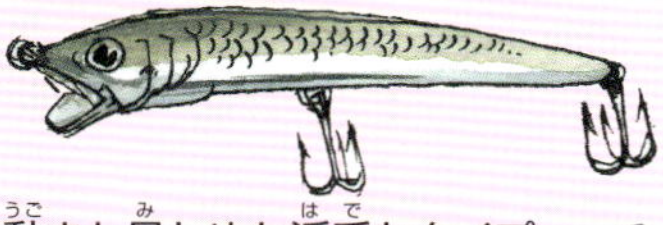

動《うご》きも見《み》ためも派手《はで》なタイプ

サイズを大《おお》きいタイプに変《か》えるのもひとつの手《て》。

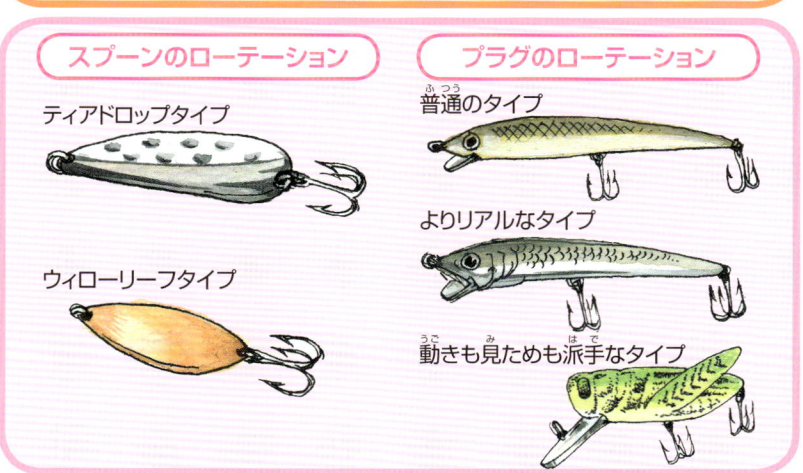

ブラックバス

1950年《ねん》ごろに始《はじ》まった日本《にほん》のバスのルアーフィッシング。長《なが》い年月《ねんげつ》を経《へ》ても、いまだに人気《にんき》は衰《おとろ》えを知《し》りません。人々《ひとびと》を魅了《みりょう》し続《つづ》けたのは、その特別《とくべつ》なゲーム性《せい》にあります。

●釣期《ちょうき》(月《つき》)　(○=良《よ》い　◎=最盛期《さいせいき》)

1	2	3	4	5	6	7	8	9	10	11	12
○	○	○	◎	◎	◎	◎	◎	◎	◎	○	○

スズキ目《もく》サンフィッシュ科《か》

- 分布《ぶんぷ》／1925年《ねん》に移入《いにゅう》され、東北地方《とうほくちほう》より南《みなみ》に生息《せいそく》。
- 体長《たいちょう》／約《やく》50cmまで成長《せいちょう》する。
- 釣法《ちょうほう》／ルアー、フライフィッシング、ウキ釣《づ》り

※ 特定外来生物《とくていがいらいせいぶつ》に指定《してい》

こんな所《ところ》にいるよ

ポイント

バスは待《ま》ち伏《ぶ》せ攻撃型《こうげきがた》の魚《さかな》なので、身《み》を潜《ひそ》められる所《ところ》にいる

釣《つ》り場《ば》は湖《みずうみ》や野池《のいけ》、
流《なが》れの緩《ゆる》い河川《かせん》

ルアーフィッシングで釣《つ》る

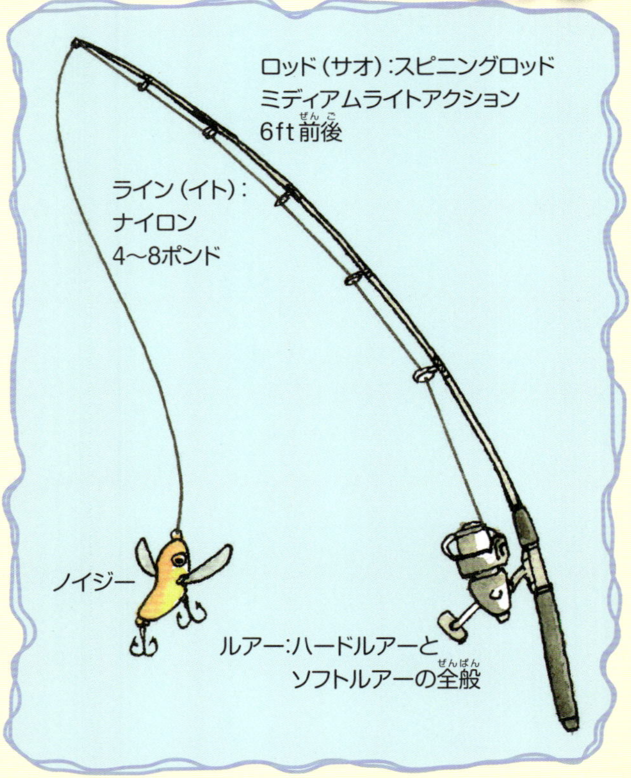
ロッド(サオ):スピニングロッド
ミディアムライトアクション
6ft前後《ぜんご》
ライン(イト):
ナイロン
4~8ポンド
ノイジー
ルアー:ハードルアーと
ソフトルアーの全般《ぜんぱん》

■バスを確実《かくじつ》にキャッチするためのポイント別《べつ》ルアーの使《つか》い方《かた》

トップウォーター編《へん》

ノイジー

ここは身《み》を潜《ひそ》められる所《ところ》が点々《てんてん》とあるため、バスと出会《であ》える確率《かくりつ》が非常《ひじょう》に高《たか》いポイント。枝《えだ》などがガサガサしているその奥《おく》へキャストしたら、長《なが》く止《と》めておくのがコツ。それからリールを巻《ま》いて、音《おと》で誘《さそ》ってみよう。

葉《は》が青々《あおあお》としている所《ところ》よりも、時間《じかん》が経《た》って朽《く》ち果《は》てている木《き》の方《ほう》がポイントになる。

倒木周《とうぼくまわ》りをアプローチ
リーリングすると羽根《はね》に水《みず》の抵抗《ていこう》を受《う》けて“パタパタ”と音《おと》（ノイズ）を出《だ》す。

スイッシャー

岬《みさき》をアプローチするときは、風《かぜ》を考《かんが》えること。夏《なつ》の水温《すいおん》が高《たか》いときは、風《かぜ》の当《あ》たる側《がわ》を丹念《たんねん》に攻《せ》め、春先《はるさき》や晩秋《ばんしゅう》の水温《すいおん》が低《ひく》い季節《きせつ》は、風《かぜ》の当《あ》たらない側《がわ》を攻《せ》める。スイッシャーはタダ巻《ま》きが得意《とくい》なので、岸際《きしぎわ》をトレースして誘《さそ》おう。

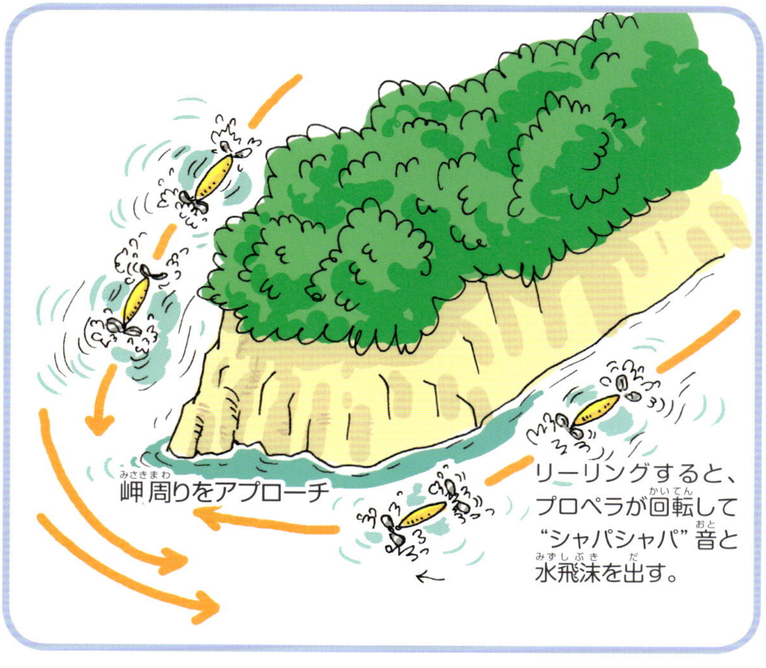
岬周《みさきまわ》りをアプローチ
リーリングすると、プロペラが回転《かいてん》して“シャパシャパ”音《おと》と水飛沫《みずしぶき》を出《だ》す。

■バスを確実《かくじつ》にキャッチするためのポイント別《べつ》ルアーの使《つか》い方《かた》

ワーム編《へん》

エサ釣《つ》りにハリなどの仕《し》かけが必要《ひつよう》なように、ワームだけで魚《さかな》は釣《つ》れません。リグと呼《よ》ばれる仕《し》かけが必要《ひつよう》になります。

基本的《きほんてき》な
4つのリグを
紹介《しょうかい》するよ

基本的《きほんてき》なリグ（仕《し》かけ）

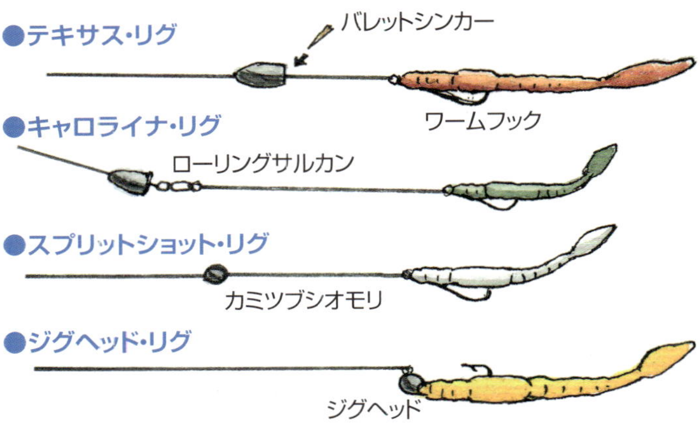
●テキサス・リグ
バレットシンカー
ワームフック
●キャロライナ・リグ
ローリングサルカン
●スプリットショット・リグ
カミツブシオモリ
●ジグヘッド・リグ
ジグヘッド

基本的《きほんてき》なワームのタイプ

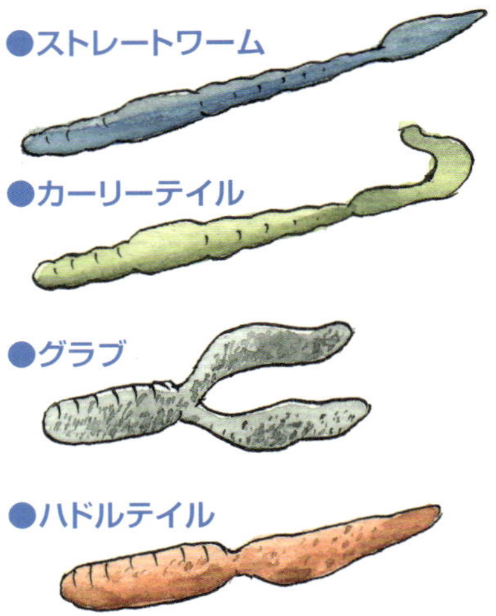
●ストレートワーム
●カーリーテイル
●グラブ
●ハドルテイル

ワームフックの付《つ》け方《かた》

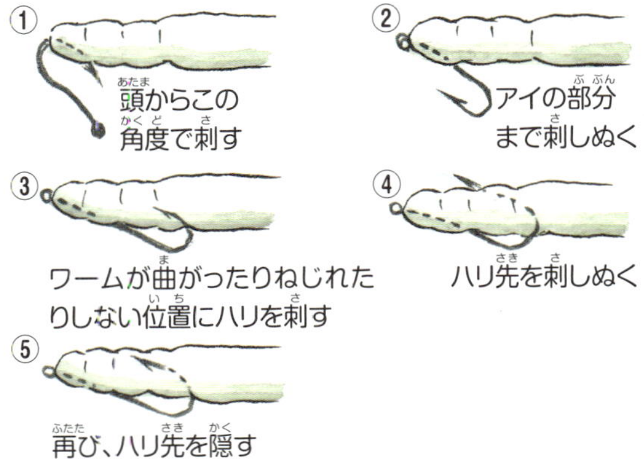
①
頭《あたま》からこの
角度《かくど》で刺《さ》す
②
アイの部分《ぶぶん》
まで刺《さ》しぬく
③
ワームが曲《ま》がったりねじれたりしない位置《いち》にハリを刺《さ》す
④
ハリ先《さき》を刺《さ》しぬく
⑤
再《ふたた》び、ハリ先《さき》を隠《かく》す

よく使《つか》われるワームの基本《きほん》カラー

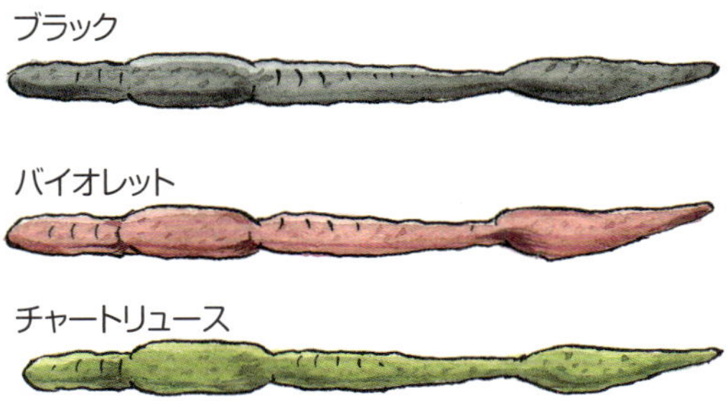
ブラック
バイオレット
チャートリュース

キャロライナ・リグ

カケアガリのことをルアーフィッシングではブレイクラインといいます。ここは小魚《こざかな》が集《あつ》まりやすいだけでなく、深場《ふかば》から浅瀬《あさせ》に上《あ》がってくるバスの通《とお》り道《みち》でもあります。沖《おき》へキャストしたら、底《そこ》をズル引《び》きやボトムバンピングで誘《さそ》ってみよう。

ブレイクラインをアプローチ
底《そこ》を取《と》りやすいリグなので、このポイントを底《そこ》から離《はな》さずアプローチしやすい。

テキサス・リグ

ここに集《あつ》まるバスの多《おお》くは、食《く》い気《け》の立《た》つとても活性《かっせい》の高《たか》い状態《じょうたい》なことが多《おお》い。そのためとても釣《つ》りやすいのだが、テトラの上《うえ》はとても滑《すべ》るためにその真上《まうえ》に立《た》つことは絶対《ぜったい》に止《や》めること。そのかわり、護岸壁《ごがんへき》からガンガン攻《せ》めよう。

テトラポッドが作《つく》り出《だ》す不規則《ふきそく》なポケットを根《ね》がかりを恐《おそ》れず攻《せ》めよう。
テトラポッド周辺《しゅうへん》をアプローチ

■バスを確実《かくじつ》にキャッチするためのポイント別《べつ》ルアーの使《つか》い方《かた》

フロッグ編《へん》

このようなハスやヒシモが群生《ぐんせい》しているポイントをリリーパッドという。真夏《まなつ》にここをアプローチすると、とても楽《たの》しい釣《つ》りになる。沖《おき》にキャストしたフロッグを葉《は》から葉《は》へとカエルように動《うご》かすと、大口《おおぐち》を開《ひら》けてバスが水面《すいめん》を割《わ》って飛《と》び出《だ》すからだ。

リリーパッドの群生地《ぐんせいち》をアプローチ

中空《ちゅうくう》ボディの浮力《ふりょく》が、根《ね》がかりしやすい葉《に》と葉《は》の間《あいだ》をすりぬけてくれる。

■バスを確実《かくじつ》にキャッチするためのポイント別《べつ》ルアーの使《つか》い方《かた》

スピナーベイト、バズベイト編《へん》

ここは人気《にんき》のポイントだけにバスは少《すこ》しスレ気味《ぎみ》になっている。しかし、まだ人気《にんき》のない朝夕《あさゆう》のマズメ時《とき》にはチャンスがあるため、少《すこ》し距離《きょり》を取《と》ってアプローチする。まず、離《はな》れた岸際《きしぎわ》から桟橋《さんばし》の際《きわ》へキャスト。それから桟橋《さんばし》に近《ちか》づいて際《きわ》を真《ま》っ直《す》ぐアプローチする。

●スピナーベイト

●バズベイト

ただ真《ま》っ直《す》ぐ引《ひ》くだけの利点《りてん》をいかして、
桟橋《さんばし》や岸《きし》の際《きわ》をトレースする。
①から⑤は、
キャストする順番《じゅんばん》
①
②
③
④
⑤

スズキ

ルアーフィッシングの世界《せかい》では、スズキはシーバスと呼《よ》ばれるほど人気《にんき》のターゲット。口《くち》にかかったハリを外《はず》そうとするときの“エラ洗《あら》い”は、まさに大迫力《だいはくりょく》のひとことです。

●釣期《ちょうき》(月《つき》)　(○=良《よ》い　◎=最盛期《さいせいき》)

1	2	3	4	5	6	7	8	9	10	11	12
○	○	○	◎	◎	○	○	○	◎	◎	◎	○

スズキ目《もく》スズキ科《か》

- ●分布《ぶんぷ》／北海道《ほっかいどう》より南《みなみ》に生息《せいそく》。
- ●体長《たいちょう》／大《おお》きいものは1mに達《たっ》するものもいる。
- ●釣法《ちょうほう》／ルアー、ウキ釣《づ》り、投《な》げ込《こ》み釣《づ》りなど

こんな所《ところ》にいるよ

ポイント
春《はる》＝河口付近《かこうふきん》なら日中《にっちゅう》でも釣《つ》れる
夏《なつ》＝夜《よる》になってエサを追《お》う
ボラなどの幼魚《ようぎょ》を食《た》べる
晩秋《ばんしゅう》になると、日中《にっちゅう》にも釣《つ》れる

ルアーフィッシングで釣《つ》る

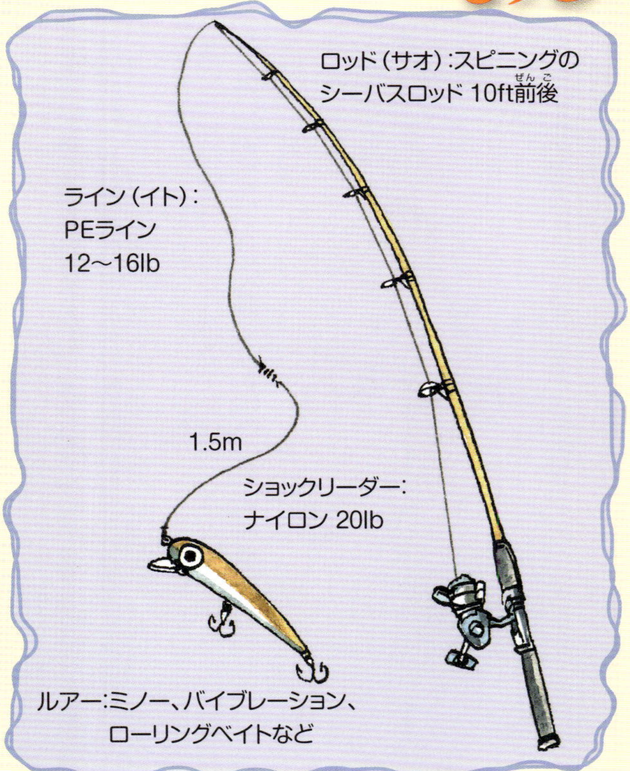

ロッド（サオ）:スピニングのシーバスロッド 10ft前後《ぜんご》
ライン（イト）:PEライン12～16lb
1.5m
ショックリーダー:ナイロン 20lb
ルアー:ミノー、バイブレーション、ローリングベイトなど

スズキのポイント

河口付近《かこうふきん》では、変化《へんか》に富《と》んだ場所《ばしょ》が
スズキのポイントになる。
その理由《りゆう》は、エサの小魚《こざかな》が
集《あつ》まりやすいというだけでなく、
そういった所《ところ》は、
スズキが小魚《こざかな》を待《ま》ち伏《ふ》せしやすかったり、
追《お》い詰《つ》めやすいからである。

夜《よ》釣《す》りのときは…
外灯《がいとう》からの灯《あか》りで、自分《じぶん》の影《かげ》が
水面《すいめん》に映《うつ》らないようにする。

ポイント①

橋《きょう》　脚《きゃく》

スズキ釣《つ》りの代表的《だいひょうてき》なポイント。そのため釣《つ》り人《びと》からのプレッシャーで魚《さかな》はスレている傾向《けいこう》はあるものの、常《つね》に数《かず》は集《あつ》まっているため、必《かなら》ずアプローチしよう。

流《なが》れが速《はや》いときはタイミングをつかみながら徐々《じょじょ》に①、②、③と送《おく》りこんでいく。
①
②
③
上流《じょうりゅう》
下《さ》げ潮《しお》のときの流《なが》れ
海《うみ》
上《あ》げ潮《しお》のときの流《なが》れ
下《さ》げ潮《しお》のときのスタンス
上《あ》げ潮《しお》のときのスタンス

釣《つ》り方《かた》のコツ①

潮《しお》の干満《かんまん》に合《あ》わせてスタンス（立《た》ち位置《いち》）を変《か》える。スズキは橋《はし》の下《した》の暗《くら》い場所《ばしょ》に流《なが》れの方《ほう》を向《む》いて潜《ひそ》み、明《あか》るいところに集《あつ》まる小魚《こざかな》をねらう。

釣《つ》り方《かた》のコツ②

いきなり小魚《こざかな》の集《あつ》まっているポイントへルアーをキャストするのではなく、スズキのいる暗《くら》い方《ほう》へと流《なが》れにのせてUの字《じ》を描《えが》くようにルアーを送《おく》り込《こ》む。

ポイント②

防波堤《ぼうはてい》

エサ釣《つ》りだけでなく、ルアーフィッシングにおいても防波堤《ぼうはてい》は魅力《みりょく》のあるポイント。沖《おき》に伸《の》びているから潮流《しおなが》れもよくて水深《すいしん》もあるため、大《おお》いに期待《きたい》がもてる。

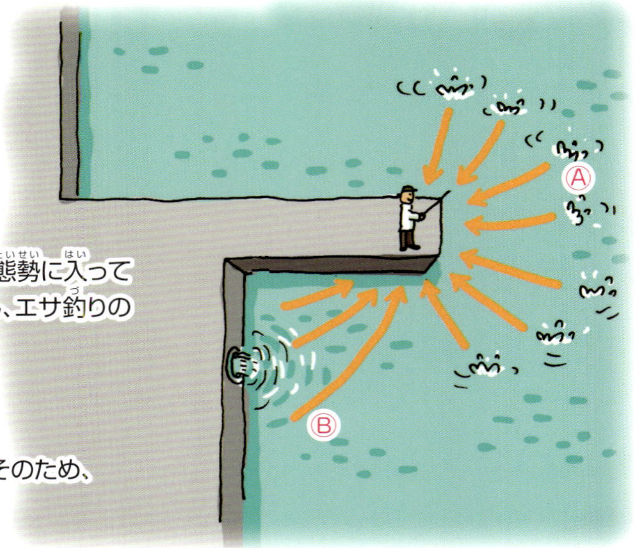

釣《つ》り方《かた》のコツ①

Ⓐは潮《しお》の流《なが》れが速《はや》い分《ぶん》、ここにいるスズキはみな臨戦態勢《りんせいたいせい》に入《はい》っているため、貪欲《どんよく》にルアーを追《お》うので釣《つ》りやすい。ただし、エサ釣《づ》りの人《ひと》も多《おお》いために注意《ちゅうい》しよう。

釣《つ》り方《かた》のコツ②

Ⓑなどの排水口《はいすいこう》のある所《ところ》は常《つね》に水温《すいおん》は安定《あんてい》している。そのため、小魚《こざかな》が集《あつ》まりやすく、必然的《ひつぜんてき》にスズキの魚影《ぎょえい》も濃《こ》い。

リーリング①

● 流《なが》れのある所《ところ》

特《とく》に河口付近《かこうふきん》では、川《かわ》の流《なが》れ＋潮《しお》の干満《かんまん》の影響《えいきょう》から、ほぼ真《ま》っ直《す》ぐにルアーをリーリングすることは不可能《ふかのう》だろう。そのため、流《なが》れの強《つよ》さに対《たい》し、ルアーがどのくらいのカーブを描《えが》くのか、常《つね》に意識《いしき》してリーリングすることが重要《じゅうよう》になる。

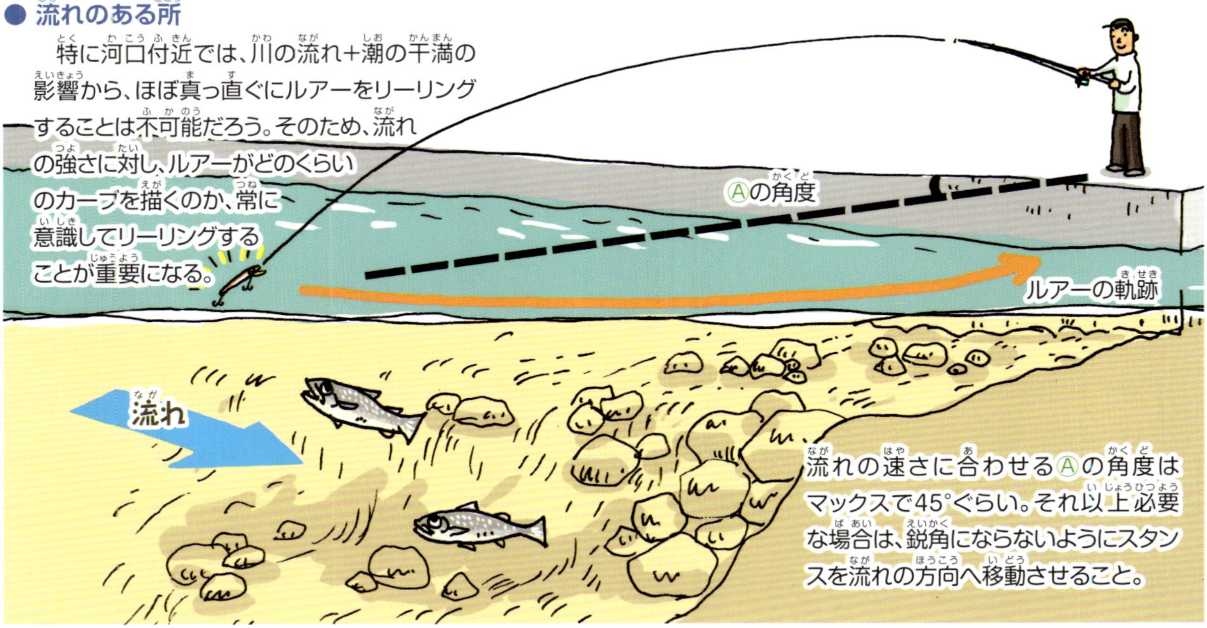

流《なが》れの速《はや》さに合《あ》わせるⒶの角度《かくど》はマックスで45°ぐらい。それ以上《いじょう》必要《ひつよう》な場合《ばあい》は、鋭角《えいかく》にならないようにスタンスを流《なが》れの方向《ほうこう》へ移動《いどう》させること。

リーリング②

● 流《なが》れのない所《ところ》

河口《かこう》から離《はな》れたポイントや、潮《しお》があまり動《うご》いていないときは、あくまで真《ま》っ直《す》ぐにルアーをリーリングする。これはバスなどと違《ちが》って、スズキの場《ば》合《あい》はほとんどトリッキーなアクションを必要《ひつよう》としないからだ。

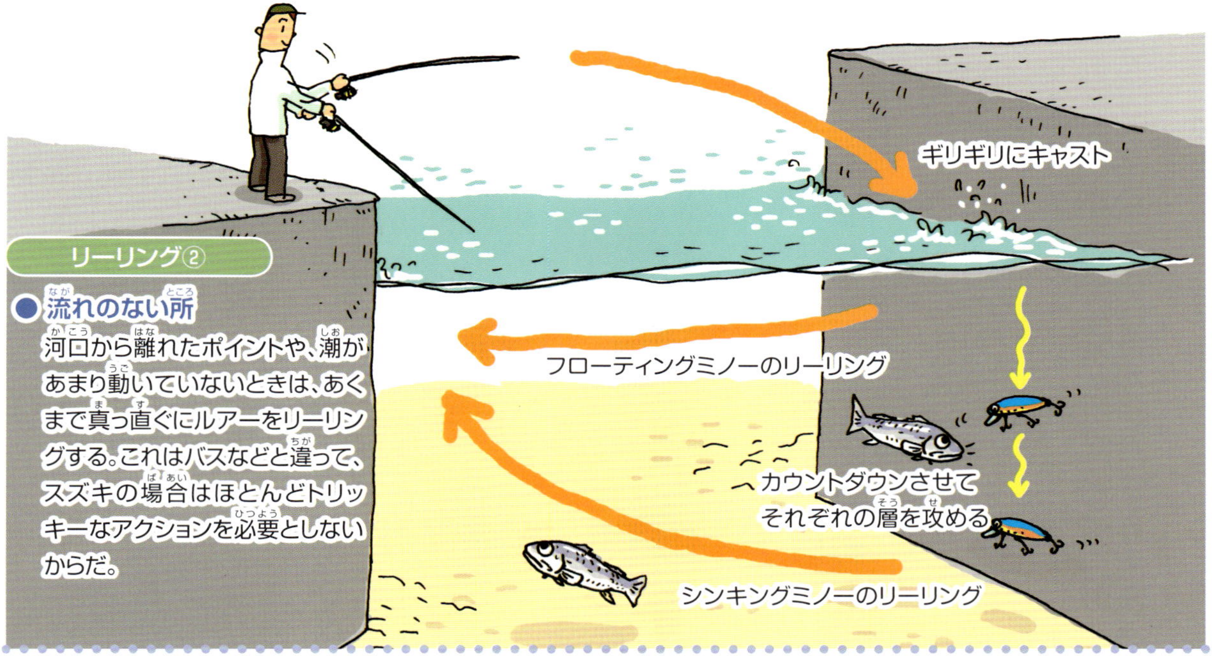
ギリギリにキャスト
フローティングミノーのリーリング
カウントダウンさせて
それぞれの層《そう》を攻《せ》める
シンキングミノーのリーリング

アタリとアワセ

● アタリ

スズキのアタリはそのときの状況《じょうきょう》によって、“コツン”ときたり、“ガツン”とくるなど大きく変《か》わる。

● アワセ

アワセは、最初《さいしょ》のアタリでは決《けっ》してアワセないこと。ただし、そのままリーリングは続《つづ》けて、スズキが反転《はんてん》するのを待《ま》つ。このときにかなりの重《おも》みが伝《つた》わるので、そのときにアワセをする。

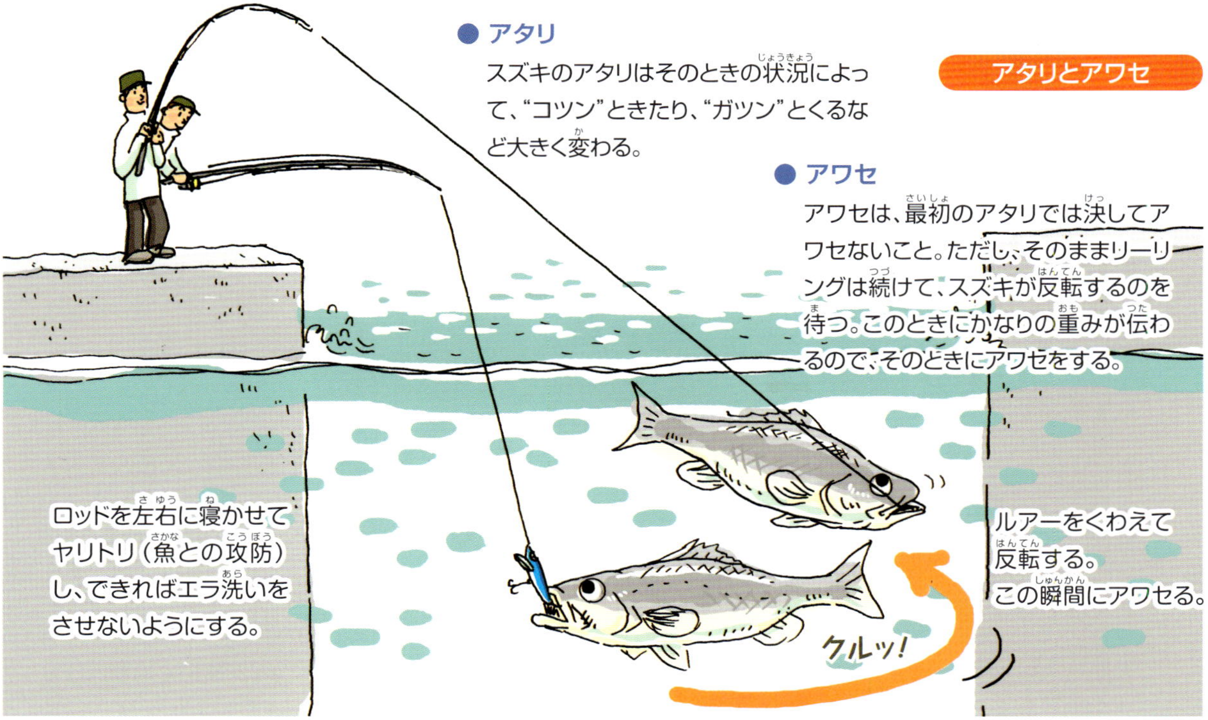
ロッドを左右《さゆう》に寝《ね》かせて
ヤリトリ（魚《さかな》との攻防《こうぼう》）
し、できればエラ洗《あら》いを
させないようにする。
ルアーをくわえて
反転《はんてん》する。
この瞬間《しゅんかん》にアワセる。
クルッ!

ムラソイ

泳《およ》ぎはとても上手《じょうず》なためにルアーをよく追《お》ってくれます。水深《すいしん》10cmの所《ところ》でも釣《つ》れるため、コツさえつかめば、もしかしたらザリガニ釣《づ》りよりかんたんかもしれません。

●釣期《ちょうき》(月《つき》)　(○=良《よ》い　◎=最盛期《さいせいき》)

1	2	3	4	5	6	7	8	9	10	11	12
		○	○	◎	◎	◎	◎	◎	◎	○	

カサゴ目《もく》フサカサゴ科《か》

- 分布《ぶんぷ》／本州中部《ほんしゅうちゅうぶ》より南《みなみ》に生息《せいそく》。
- 体長《たいちょう》／30cmぐらいまでになる。
- 釣法《ちょうほう》／ルアーフィッシング、投《な》げ込《こ》み釣《づ》り、穴釣《あなづ》りなど

こんな所にいるよ

ポイント
岩《いわ》の周辺《しゅうへん》
岩《いわ》と岩《いわ》のすき間《ま》

ルアーフィッシングで釣《つ》る

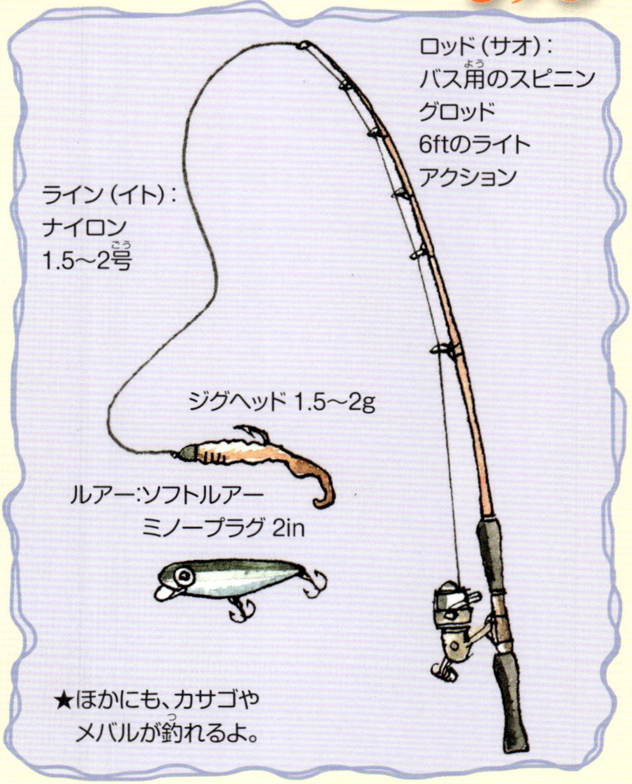

ロッド(サオ)：
バス用《よう》のスピニングロッド
6ftのライトアクション
ライン(イト)：
ナイロン
1.5～2号《ごう》
ジグヘッド 1.5～2g
ルアー:ソフトルアー
ミノープラグ 2in
★ほかにも、カサゴやメバルが釣《つ》れるよ。

釣《つ》り方《かた》

潮《しお》が引《ひ》いたら、とにかくここぞと思《おも》う岩《いわ》の周囲《しゅうい》をかたっぱしからアプローチしていく。

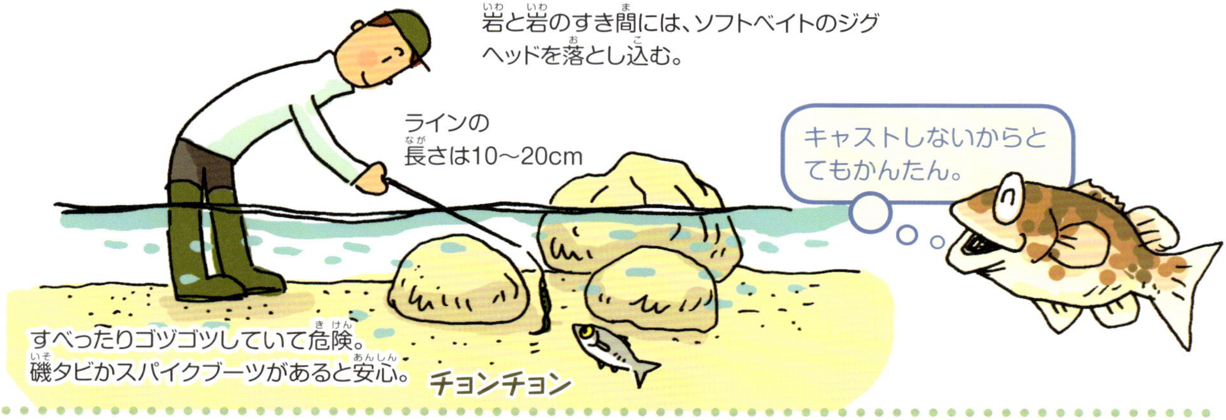

岩《いわ》と岩《いわ》のすき間《ま》には、ソフトベイトのジグヘッドを落《お》とし込《こ》む。
ラインの長《なが》さは10～20cm
キャストしないからとてもかんたん。
すべったりゴツゴツしていて危険《きけん》。磯《いそ》タビかスパイクブーツがあると安心《あんしん》。
チョンチョン

●ミノープラグの誘《さそ》い方《かた》

岩《いわ》の周囲《しゅうい》で∞を描《えが》くように誘《さそ》う。魚《さかな》がいれば、スゴイ勢《いきお》いで食《く》いついてくる。

アワセたら、間髪《かんぱつ》入《い》れずに取《と》り込《こ》む。モタモタしていると岩《いわ》のすき間《ま》に逃《に》げ込《こ》まれてしまう。

すき間《ま》のなかでエラを広《ひろ》げられてしまうと、引《ひ》っ張《ぱ》りだせなくなる。

★注意《ちゅうい》!!

釣《つ》りに気《き》を取《と》られていると、潮《しお》の満《み》ちてきているのに気《き》づかないことがある。また、高波《たかなみ》にも常《つね》に注意《ちゅうい》していよう。

ちょくちょく沖《おき》に視線《しせん》を向《む》けること。

ナマズ

　一時期《いちじき》、ナマズは減《へ》ってしまって心配《しんぱい》されましたが、近年《きんねん》はその数《かず》も増《ふ》え、初心者《しょしんしゃ》でも釣《つ》れるようになりました。ルアーはトップウォーターが抜群《ばつぐん》に楽《たの》しいです。

●釣期《ちょうき》(月《つき》)　(○=良《よ》い　◎=最盛期《さいせいき》)

1	2	3	4	5	6	7	8	9	10	11	12
			○	◎	◎	◎	○	○	○		

ナマズ目《もく》ナマズ科《か》

●分布《ぶんぷ》／北海道《ほっかいどう》から九州《きゅうしゅう》までに生息《せいそく》。
●体長《たいちょう》／約《やく》60cmまで成長《せいちょう》する。
●釣法《ちょうほう》／ルアーフィッシング、ウキ釣《づ》り、投《な》げ込《こ》み釣《づ》りなど

こんな所《ところ》にいるよ

ポイント
ポイントの上《うえ》をゆっくり動《うご》かして誘《さそ》う
護岸《ごがん》されたコンクリートの割《わ》れ目《め》などにいる

ルアーフィッシングで釣《つ》る

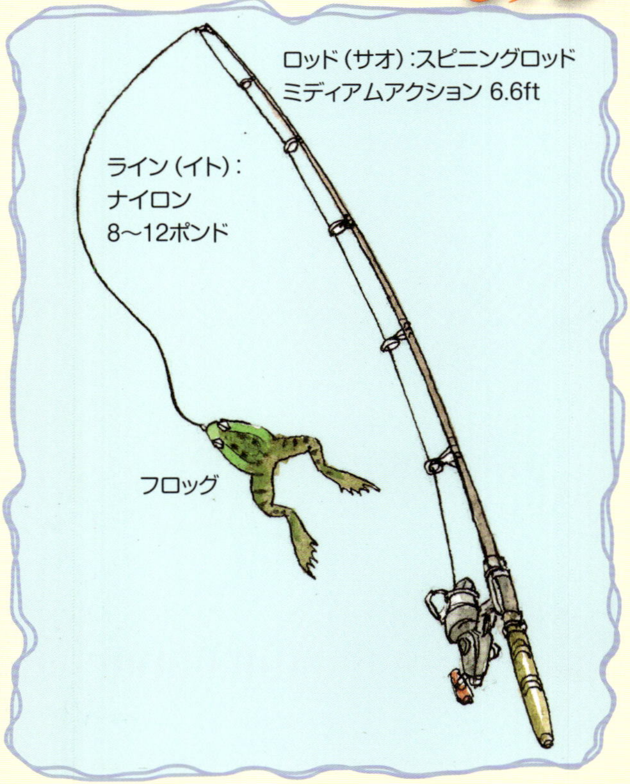
ロッド(サオ):スピニングロッド
ミディアムアクション 6.6ft
ライン(イト):
ナイロン
8~12ポンド
フロッグ

PART 6

さらに詳しくなるための情報編

海《うみ》のエサ

海《うみ》のエサを大《おお》きく分《わ》けると、生《い》きているもの、冷凍《れいとう》(コマセ)のもの、人工《じんこう》のものなどの三《みっ》つに分《わ》けられる。なかでも、虫《むし》エサと呼《よ》ばれるエサが苦手《にがて》な人《ひと》には、人工《じんこう》エサがオススメ。

●虫《むし》エサ

サナギ

●ジャリメ（イソゴカイ）

●アオイソメ

■ゴカイの付《つ》け方《かた》

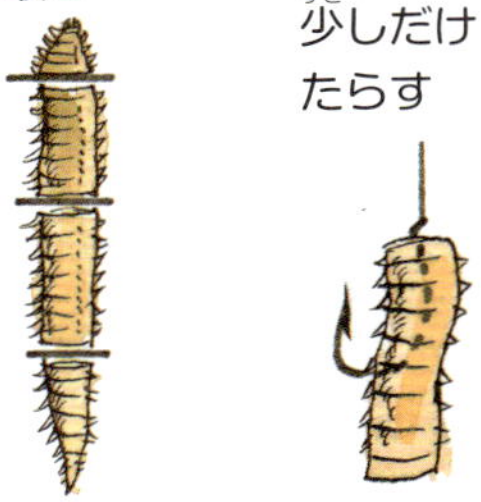

頭《あたま》は取《と》る
少《すこ》しだけたらす

■アオイソメの付《つ》け方《かた》

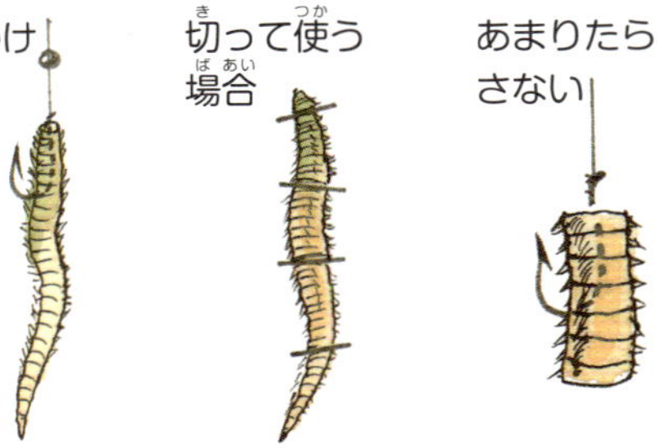

一匹《いっぴき》かけ
切《き》って使《つか》う場合《ばあい》
あまりたらさない

専用《せんよう》のパウダー

ぬめってうまく付《つ》けられなかったり、さわるのが苦手《にがて》な人《ひと》にオススメ。

■オキアミ　パック売《う》りされていて、生《なま》、ボイル、加工《かこう》されたものがある。

一般的《いっぱんてき》な付《つ》け方《かた》

① 尾《お》を取《と》る

② 背《せ》に沿《そ》って刺《さ》し、結《むす》び目《め》まで隠《かく》す

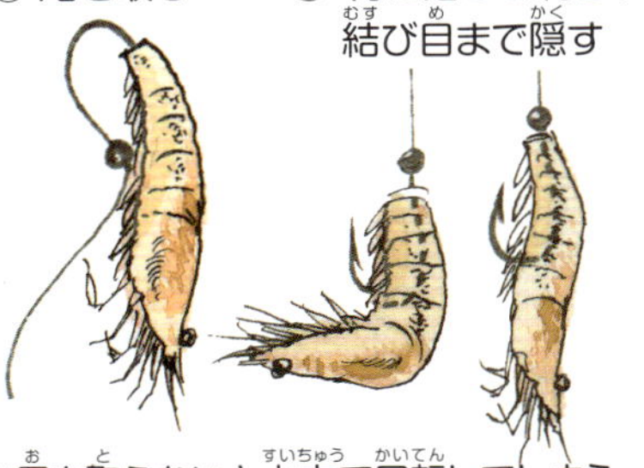

※尾《お》を取《と》らないと水中《すいちゅう》で回転《かいてん》してしまう。

食《く》いの悪《わる》いときの付《つ》け方《かた》①

① 頭部《とうぶ》を取《と》る

② 尻《しり》から刺《さ》して腹《はら》側《がわ》にハリ先《さき》を出《だ》す

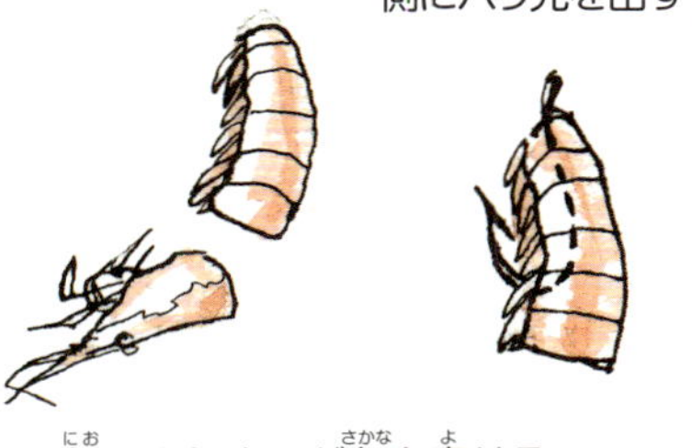

※ 匂《にお》いやうまみが魚《さかな》を寄《よ》せる。

食《く》いの悪《わる》いときの付《つ》け方《かた》②

① 一匹《いっぴき》は背《せ》の方《ほう》へハリを出《だ》す

② そのハリに背中《せなか》合《あ》わせにもう一《いっ》匹《ぴき》も刺《さ》す

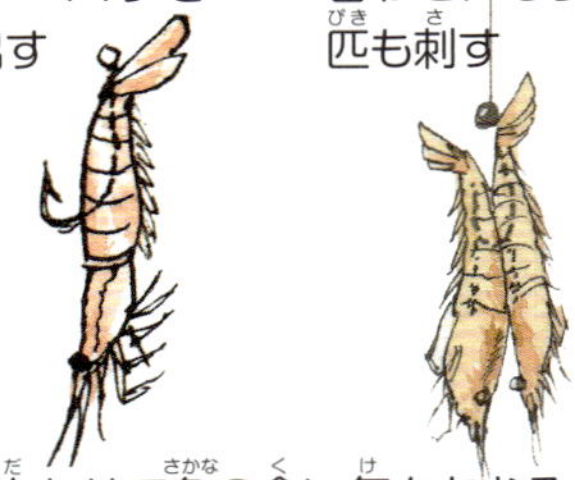

※ 目立《めだ》たせて魚《さかな》の食《く》い気《け》をあおる。

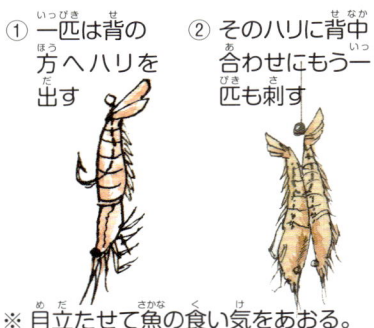

●コマセ

コマセは釣《つ》り人《びと》それぞれのこだわりで作《つく》られる。
ここに紹介《しょうかい》するのはオーソドックスな作《つく》り方例《かたれい》である。

① アミ（つなぎとして入《い》れる）

② 配合《はいごう》エサ（集魚力《しゅうぎょりょく》をアップさせる）

バッカン

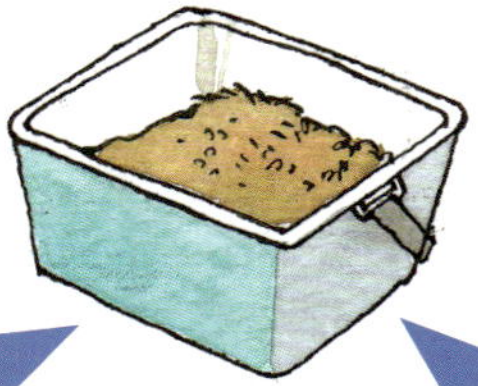

③ コマセカッターでオキアミを入《い》れる

よく混《ま》ぜればできあがり

●ハンペン　●サヨリの付《つ》けエサ

① ストローで刺《さ》す

ハンペン

ストロー

息《いき》を入《い》れてぬく

② ぬかれたハンペン

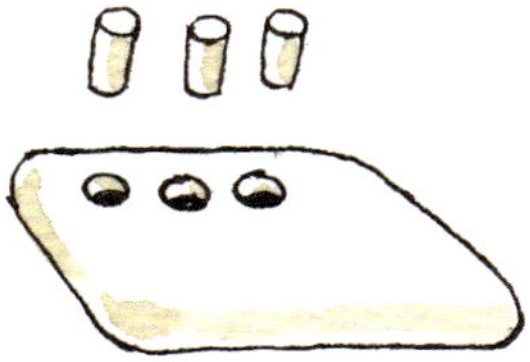

③ ハリが隠《かく》れるようにていねいに刺《さ》す

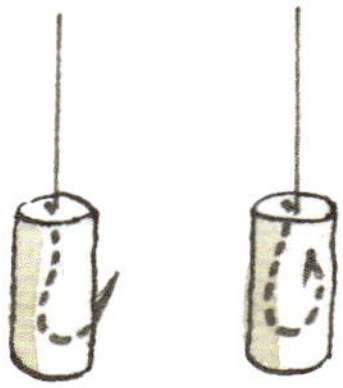

●人工《じんこう》エサ

虫《むし》エサが苦手《にがて》な人《ひと》にはうれしいエサ。
ただし、生《い》きエサよりも食《く》いは落《お》ちるのも事実《じじつ》。

人工《じんこう》ワーム

チューブエサ

練《ね》り玉《だま》エサ

川《かわ》のエサ

海《うみ》のエサに負《ま》けず劣《おと》らず、川《かわ》で使《つか》われるエサの種類《しゅるい》は豊富《ほうふ》だ。一般《いっぱん》には、生《い》きエサと練《ね》りエサに分《わ》けられる。

●カワムシ

川釣《かわづ》りでもっとも使《つか》われる代表的《だいひょうてき》なエサ。

カワムシ専用《せんよう》ネット

■カワムシの採《と》り方《かた》

川下《かわしも》のネットに向《む》かって、上流《じょうりゅう》から川底《かわぞこ》を“ゴソゴソ”とやる。

大《おお》きい石《いし》は手《て》で直接返《ちょくせつかえ》す。

石《いし》の裏《うら》にいるカワムシ

エサ箱《はこ》に水《みず》ゴケなどを入《い》れると、エサが長持《ながも》ちする。

●カゲロウの幼虫《ようちゅう》

●カワゲラの幼虫《ようちゅう》

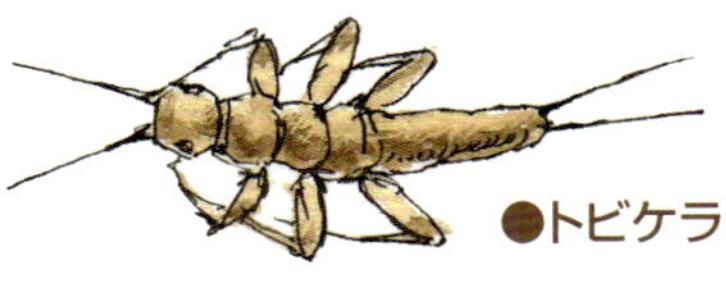

●トビケラの幼虫《ようちゅう》

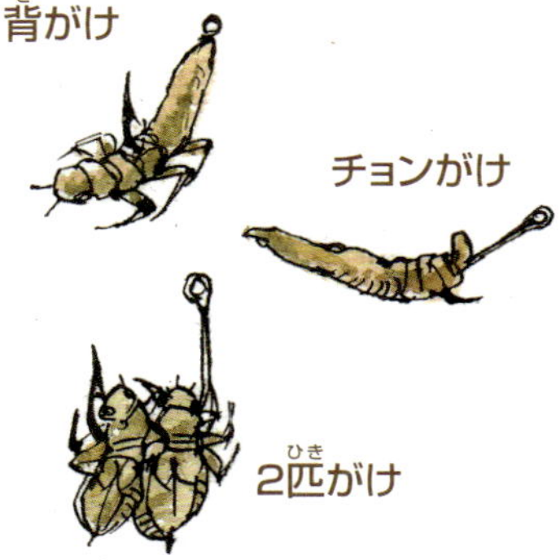

背《せ》がけ

チョンがけ

2匹《ひき》がけ

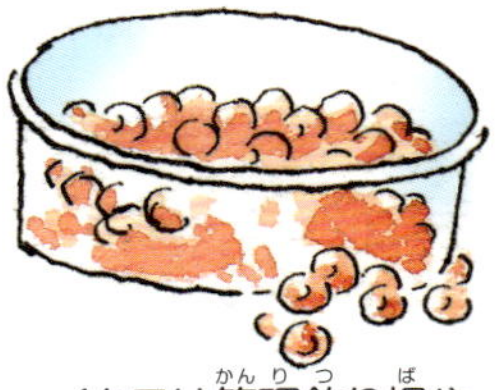

イクラは管理釣《かんりつ》り場《ば》や渓流《けいりゅう》でよく使《つか》う

●キジ（シマミミズ）

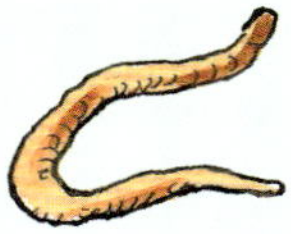

●ドバミミズ（太《ふと》くて大《おお》きい）

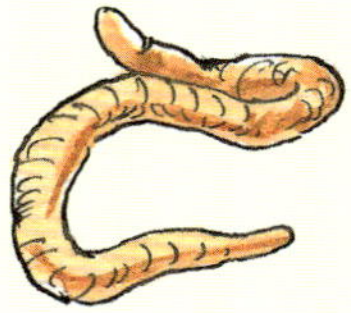

チョンがけ

縫《ぬ》い刺《さ》し

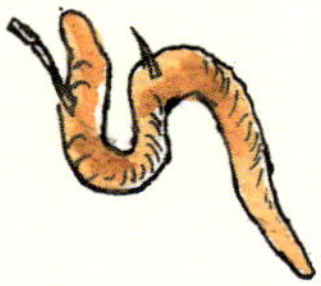

●アカムシ（ユスリカの幼虫《ようちゅう》）

房《ふさ》がけ

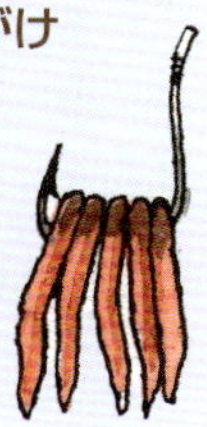

チョンがけ

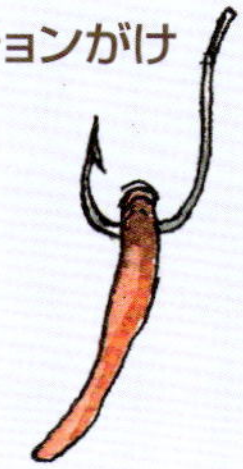

付《つ》け方《かた》は チャート 97ページへGo!

●サシ（ギンバエの幼虫《ようちゅう》）

チョンがけ

指《ゆび》で太《ふと》いお尻《しり》の方《ほう》を押《お》すと
2個《こ》の突起《とっき》がでる。
その近《ちか》くに刺《さ》すと身《み》はつぶれない。

●練《ね》りエサ

① 容器《ようき》に粉末状《ふんまつじょう》の練《ね》りエサと水《みず》を入《い》れて練《ね》る。

② 水《みず》は一度《いちど》に入《い》れずに、練《ね》り具合《ぐあい》を見《み》ながら入《い》れていく。

③ 耳《みみ》たぶぐらいの固《かた》さに練《ね》れたら完成《かんせい》。

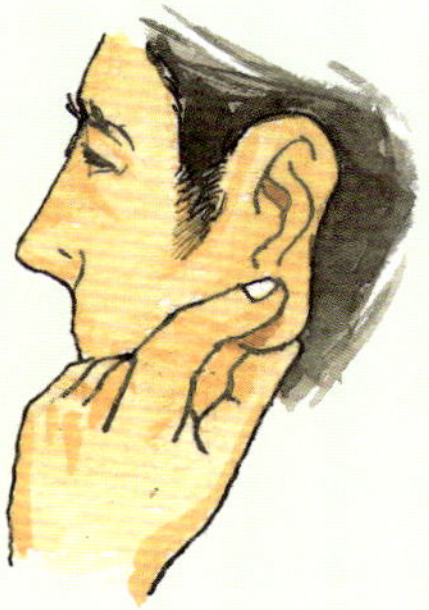

サオの基礎知識《きそちしき》

それぞれの釣法《ちょうほう》に合《あ》わせるため、サオにはたくさんの種類《しゅるい》があります。ここでは、初心者《しょしんしゃ》が扱《あつか》いやすいサオと基礎的《きそてき》なことについて紹介《しょうかい》します。

高価《こうか》だけど軽《かる》くて
弾力性《だんりょくせい》のあるカーボン素材《そざい》と、
ちょっと重《おも》いけど
安価《あんか》で丈夫《じょうぶ》なグラス素材《そざい》の、
2タイプのサオが主流《しゅりゅう》だよ。

●サオの種類《しゅるい》

振《ふ》り出《だ》しザオと継《つ》ぎザオがあり、それぞれ用途《ようと》で分《わ》けられる。

振《ふ》り出《だ》しザオ

- 万《ばん》能《のう》　ザ　オ
- 渓《けい》流《りゅう》　ザ　オ
- ヘ　ラ　ザ　オ
- 投《な》　げ　ザ　オ
- 清《せい》流《りゅう》　ザ　オ

継《つ》ぎザオ

- スピニングロッド
- ベ　イ　ト　ロ　ッ　ド

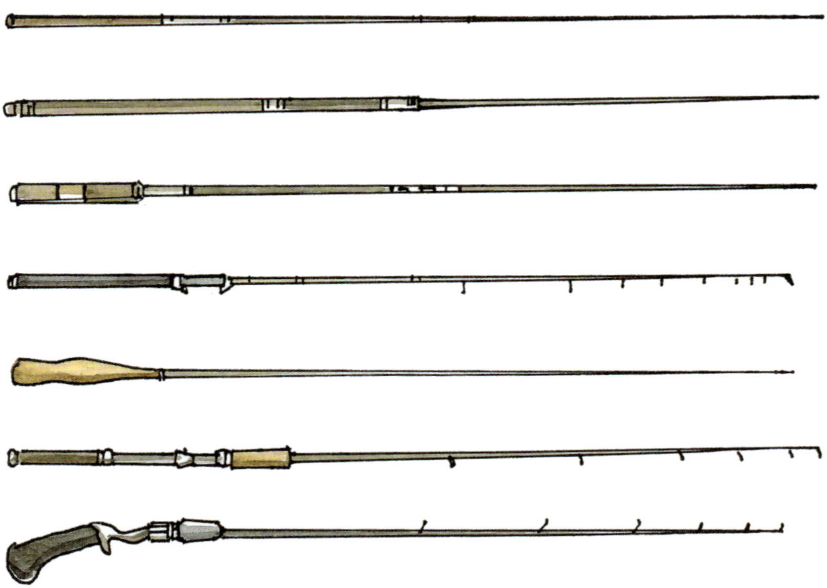

サオの各《かく》部《ぶ》の名《めい》称《しょう》

☆万《ばん》能《のう》ザオなど

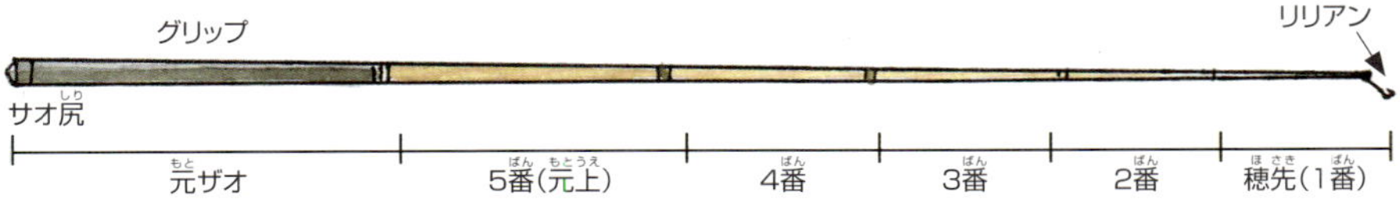

グリップ
リリアン
サオ尻《しり》
元《もと》ザオ
5番《ばん》(元上《もとうえ》)
4番《ばん》
3番《ばん》
2番《ばん》
穂先《ほさき》(1番《ばん》)

☆ルアーロッド
投《な》げザオなど

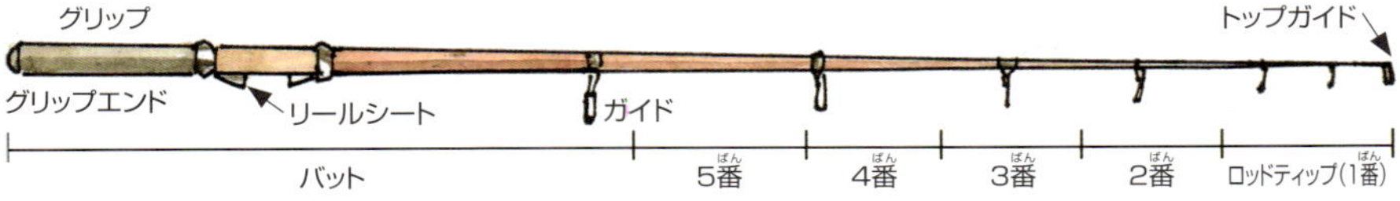

グリップ
トップガイド
グリップエンド
リールシート
ガイド
バット
5番《ばん》
4番《ばん》
3番《ばん》
2番《ばん》
ロッドティップ(1番《ばん》)

サオの調子《ちょうし》(テーパー)と硬《かた》さ(アクション)

●サオの調子《ちょうし》(テーパー)

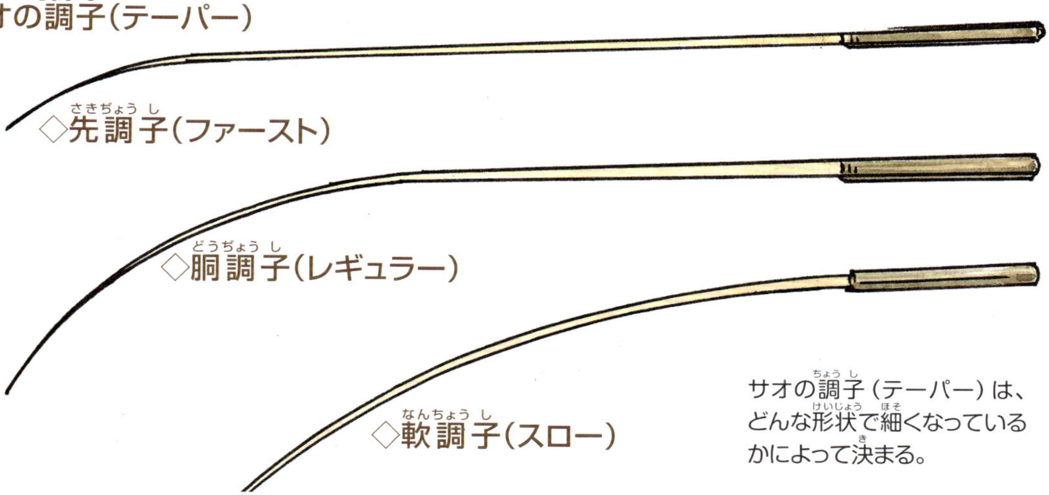

サオの調子《ちょうし》(テーパー)は、どんな形状《けいじょう》で細《ほそ》くなっているかによって決《き》まる。

●サオの硬《かた》さ(アクション)

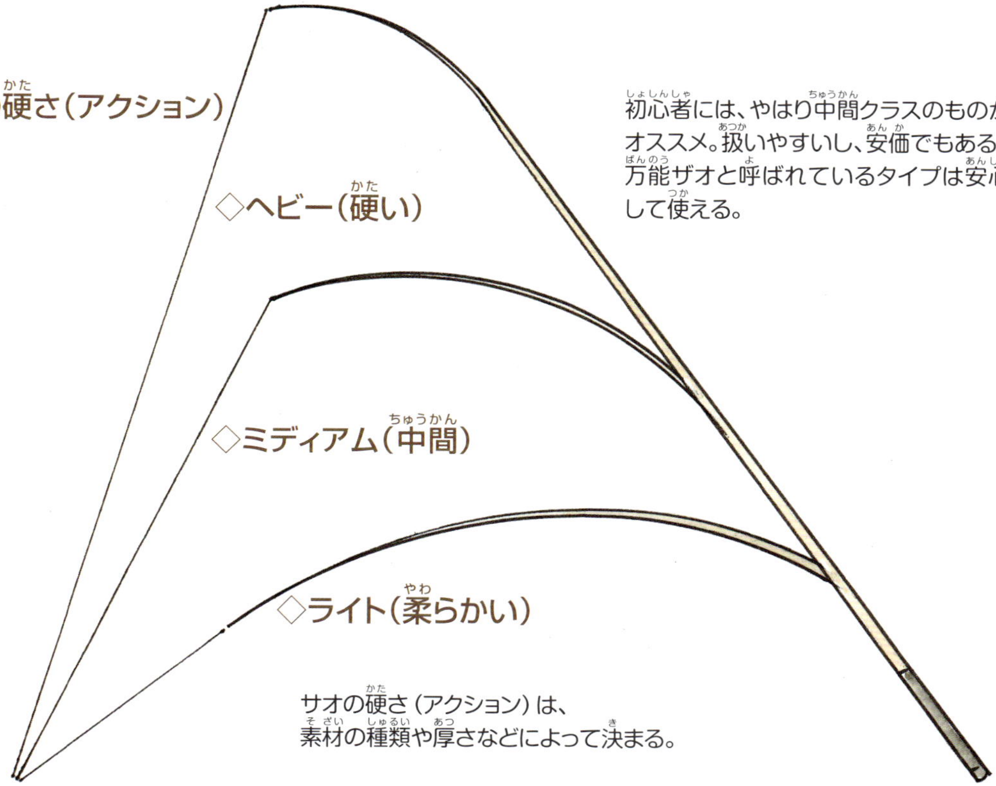

初心者《しょしんしゃ》には、やはり中間《ちゅうかん》クラスのものがオススメ。扱《あつか》いやすいし、安価《あんか》でもある。万能《ばんのう》ザオと呼《よ》ばれているタイプは安心《あんしん》して使《つか》える。

サオの硬《かた》さ(アクション)は、素材《そざい》の種類《しゅるい》や厚《あつ》さなどによって決《き》まる。

■よいサオの選《えら》び方《かた》

よいサオは上下《じょうげ》に振《ふ》ったとき、横《よこ》にブレることなく直線的《ちょくせんてき》な反復《はんぷく》になる。

○

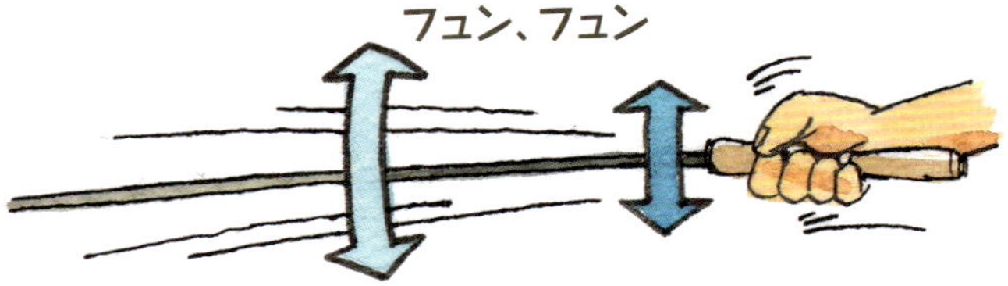

フュン、フュン

悪《わる》いサオは上下《じょうげ》に振《ふ》ると、左右《さゆう》にブレたり、円《えん》を描《えが》いたりしてしまう。

×

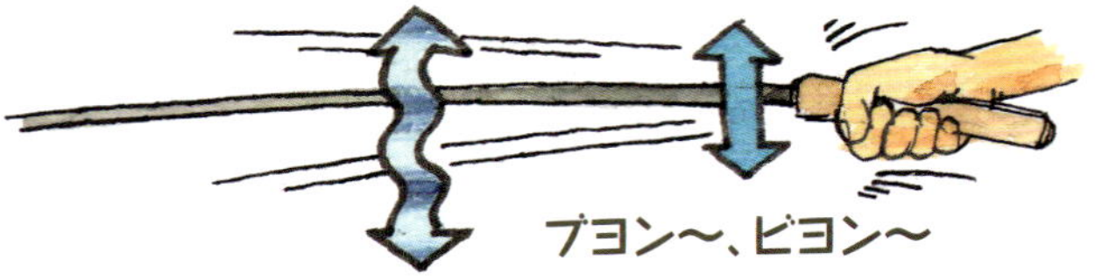

ブヨン〜、ビヨン〜

■やさしいサオの取《と》り扱《あつ》い方《かた》

持《も》ち運《はこ》ぶ

×
○
テクテク

移動《いどう》するときは、サオを後《うし》ろ向《む》きにして運《はこ》ぶこと。サオ先《さき》を前《まえ》にすると障害物《しょうがいぶつ》に当《あ》たる危険性《きけんせい》がある。

無理《むり》せずねじらない

ウウゥッ
真《ま》っ直《す》ぐ入《い》れる

根《ね》がかりなどを無理《むり》して外《はず》さないこと。サオを継《つ》ぐときは決《けっ》してねじりながら入《い》れないこと。外《はず》せなくなる原因《げんいん》。

乱暴《らんぼう》にしない

無理《むり》な衝撃《しょうげき》が加《くわ》わると折《お》れてしまうため、注意《ちゅうい》。

ポキッ

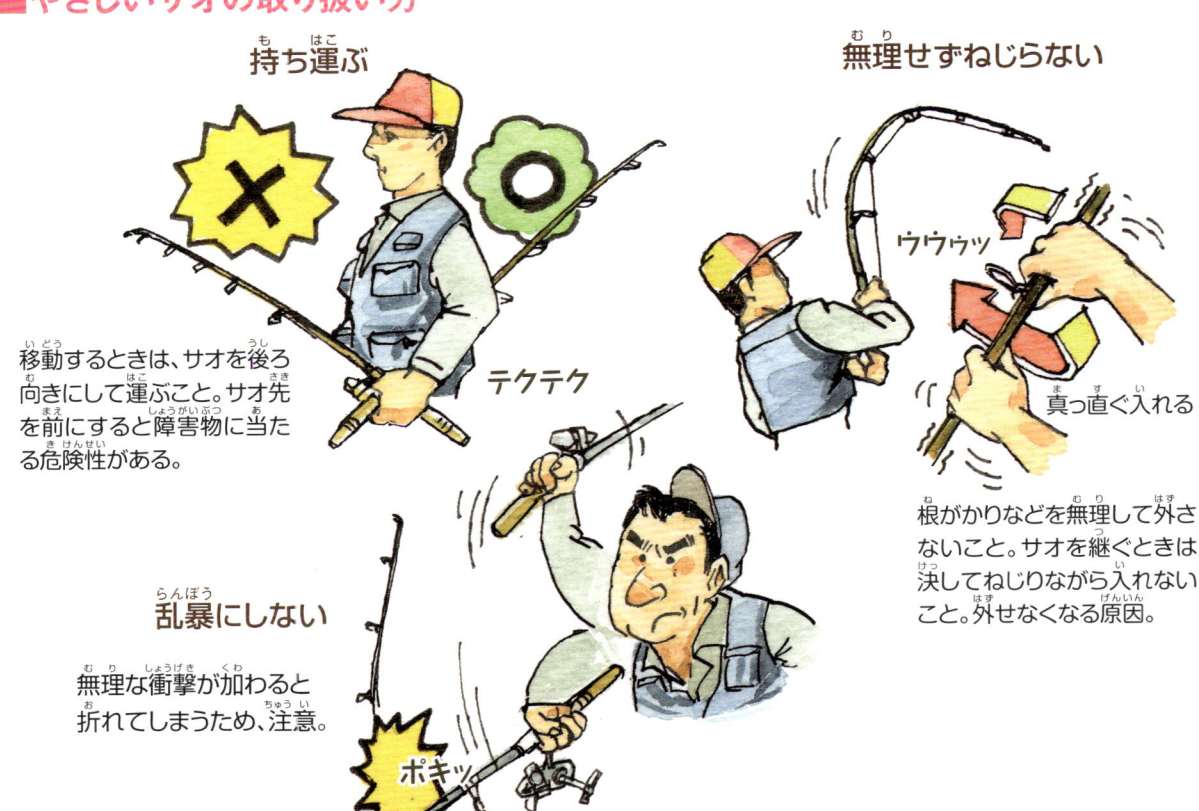

サオの点検《てんけん》

振《ふ》ったときにガタついているなら、
継《つ》ぎ目《め》やガイド、リールシートなどを必《かなら》ず点検《てんけん》しておくこと。
場合《ばあい》によって修理《しゅうり》の必要《ひつよう》もある。

ガイドの周辺《しゅうへん》は特《とく》にチェックしておこう。これを怠《おこた》ると、大物《おおもの》がかかったとき、ガイドが外《はず》れる!? なんてことも。取《と》り込《こ》めないばかりか、サオを折《お》られるという最悪《さいあく》のケースもある。

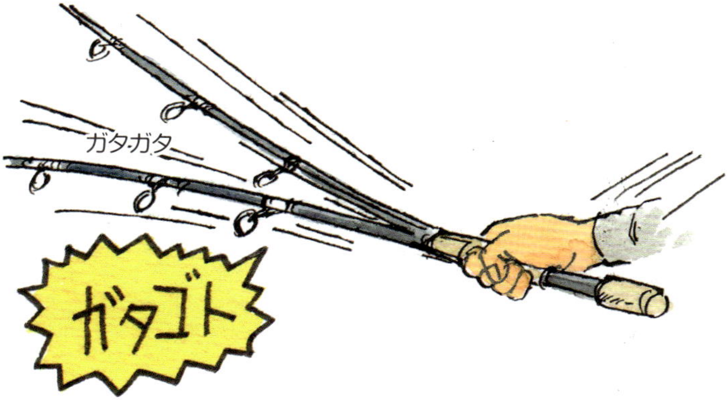
ガタガタ
ガタゴト

ポロ!
ランカーヒット

サオの手《て》入《い》れ

グラスやカーボンのサオは水洗《みずあら》いがとても効果的《こうかてき》。

投《な》げザオなどは濡《ぬ》れタオルで洗《あら》うように拭《ふ》いてから乾《かわ》いたタオルで水分《すいぶん》を取《と》る。

そしてどちらも必《かなら》ず影干《かげぼ》しをして完全《かんぜん》に乾《かわ》かすこと。

影干《かげぼ》し

振《ふ》り出《だ》しザオはサオ尻《じり》から1本《ぽん》1本《ぽん》ぬいて水洗《みずあら》いし、乾《かわ》いたタオルで拭《ふ》く。

振《ふ》り出《だ》しザオ

リールの基礎知識《きそちしき》

リールを知《し》ると、不思議《ふしぎ》と釣《つ》りの世界《せかい》が広《ひろ》がります。それはイトを巻《ま》き取《と》ったり収納《しゅうのう》したりするだけでなく、ドラグというシステムによって、大物《おおもの》との勝負《しょうぶ》に格段《かくだん》と強《つよ》くなれるからです。

■リールの各部《かくぶ》の名称《めいしょう》

リールフット
サオのリールシートに固《こ》定《てい》する。

ストッパーレバー
ハンドルを逆回転《ぎゃくかいてん》させるときに使《つか》う。根《ね》がかりなど、急《きゅう》にイトを出《だ》したいときに使《つか》う。

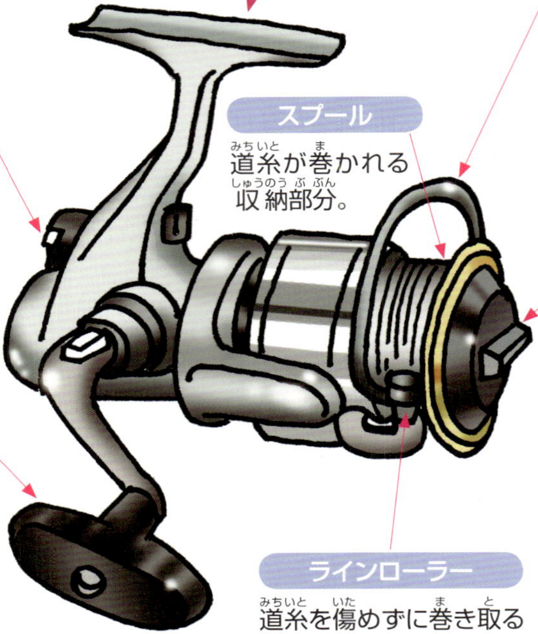

スプール
道糸《みちいと》が巻《ま》かれる収納《しゅうのう》部分《ぶぶん》。

ベイルアーム
回転《かいてん》して道糸《みちいと》を巻《ま》き取《と》る。キャストのときはここを起《お》こす。この状態《じょうたい》で巻《ま》き取《と》ることができる。

ドラグ
ここを調節《ちょうせつ》することによって、道糸《みちいと》にテンションをかけることが可能《かのう》。

ハンドル
取《と》り外《はず》して、右利《みぎき》き、左利《ひだりき》きに対応《たいおう》できる。

ラインローラー
道糸《みちいと》を傷《いた》めずに巻《ま》き取《と》るためのもの。

■スピニングリールの種類《しゅるい》

●投《な》げ釣《づ》り専用《せんよう》のリール

スプールは長《なが》くて先細《さきぼそ》りになっている。これはキャスト時《じ》にかかる抵抗《ていこう》を和《やわ》らげるための形状《けいじょう》。

●レバーブレーキ搭載《とうさい》リール

魚《さかな》とのヤリトリをより繊細《せんさい》に行《おこな》うためのもの。磯釣《いそづ》りでよく使《つか》われる。

リールの表記《ひょうき》を知《し》る

リールにはその機構《きこう》や大《おお》きさなどによって、それぞれポテンシャルに違《ちが》いがある。
ただし、そんなにむずかしいものではなく、初心者《しょしんしゃ》は、マッチするイトの号数《ごうすう》ぐらいをチェックしておけばよい。

商品名	BR-2000s	
重量	260g	
ギヤ比	5:1	※1
ドラグ耐久力	3kg	※2
破壊耐久力	6kg	※3
ボールベアリング数	4	※4
イト巻き量	0.20=315、 0.30=130(mm=m) 10=120、 14=90(lb=yd)	※5

※1 ハンドル1回転《かいてん》に対《たい》し、スプールは5回転《かいてん》を表《あらわ》す。
※2 引《ひ》っ張《ぱ》り強度《きょうど》を示《しめ》す。
※3 6kg以上《いじょう》の力《ちから》が加《くわ》わると壊《こわ》れることを示《しめ》す。
※4 滑《なめ》らかな回転《かいてん》に必要《ひつよう》。多《おお》いほど高価《こうか》な傾向《けいこう》がある。
※5 太《ふと》さやポンドによって巻《ま》ける長《なが》さを表示《ひょうじ》。初心者《しょしんしゃ》はここに注目《ちゅうもく》しよう。

収納《しゅうのう》のためのリリースボタン

ハンドルの付《つ》け根部分《ねぶぶん》にあるボタンを押《お》しながらハンドルを倒《たお》すと、よりコンパクトになる。

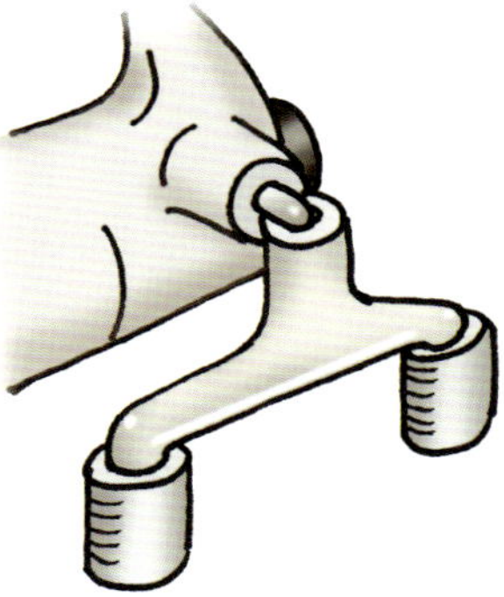

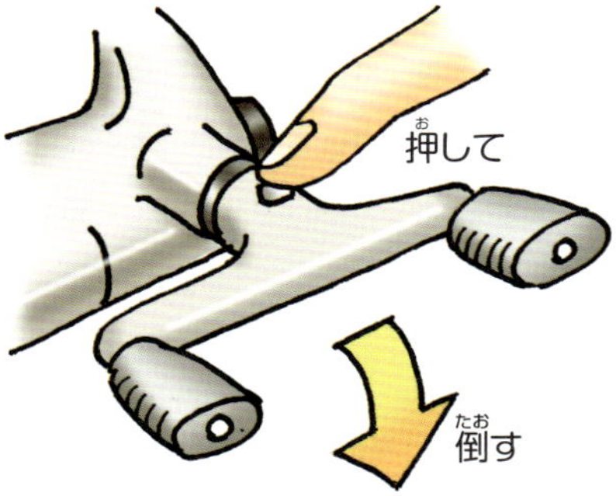

リールのドラグと調整方法《ちょうせつほうほう》

ここを調節《ちょうせつ》すると、道糸《みちいと》にブレーキをかけることができる。大物《おおもの》とのヤリトリのときは、相手《あいて》を疲《つか》れさせて、ヤリトリを有利《ゆうり》に進《すす》められる。

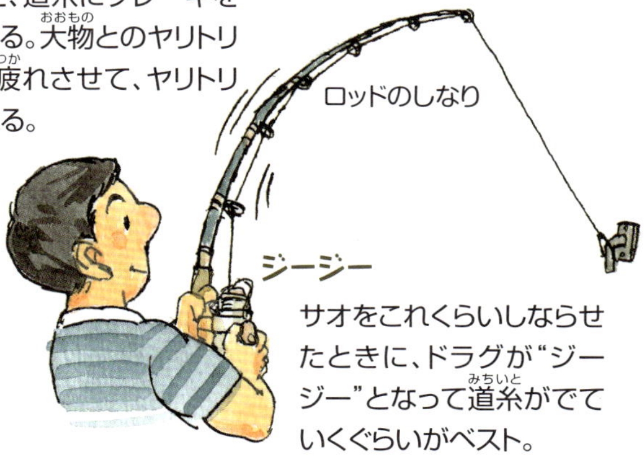

サオをこれくらいしならせたときに、ドラグが“ジージー”となって道糸《みちいと》がでていくぐらいがベスト。

ドラグはスプールの頭部分《あたまぶぶん》にあるノブを回《まわ》して調節《ちょうせつ》する。

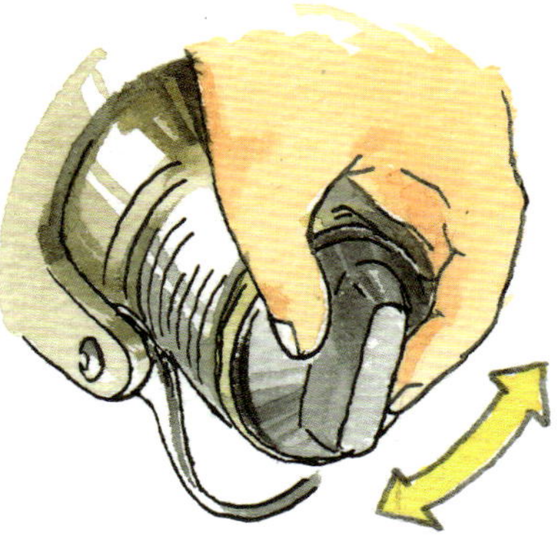

■ハンドルの交換《こうかん》

スピニングリールは、使《つか》う人《ひと》の利《き》き腕《うで》に合《あ》わせてハンドルの向《む》きをチェンジすることが可能《かのう》。
通常《つうじょう》なら、右《みぎ》利《き》きの人《ひと》は左《ぎだり》ハンドル（右腕《みぎうで》でサオを操作《そうさ》）、左《ひだり》利《き》きの人《ひと》はその逆《ぎゃく》の右《みぎ》ハンドル（左腕《ひだりうで》でサオを操作《そうさ》）にセットする。

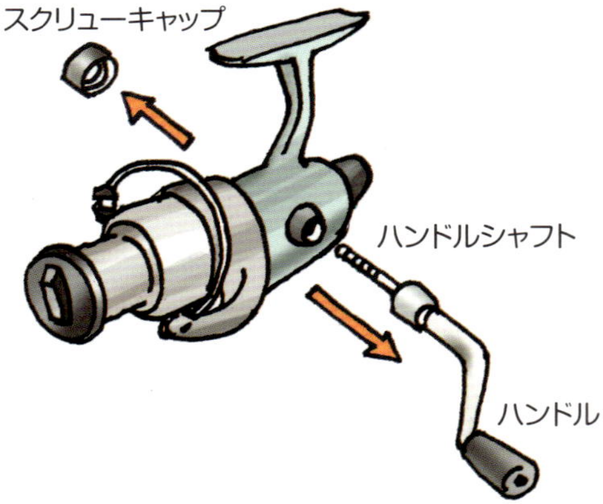
スクリューキャップ
ハンドルシャフト
ハンドル

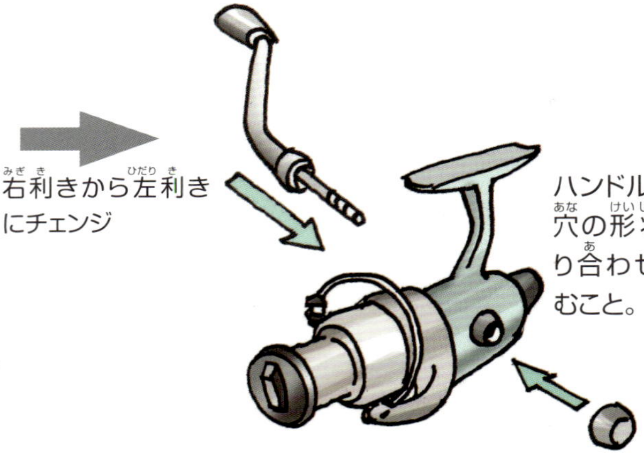
右《みぎ》利《き》きから左《ひだり》利《き》きにチェンジ

ハンドルシャフトと穴《あな》の形状《けいじょう》をしっかり合《あ》わせて差《さ》し込《こ》むこと。

■リールとリールザオについて

リールにはいくつか種類《しゅるい》があって、それに併《あわ》せて専用《せんよう》のサオがある。例《たと》えば、ベイトリール用《よう》のサオにスピニングリールを併《あわ》せても使《つか》うことはできないので注意《ちゅうい》。当《とう》然《ぜん》その逆《ぎゃく》も不可《ふか》。

■イトの巻《ま》き方《かた》

濡《ぬ》れタオルを巻《ま》き、ある程《てい》度《ど》抵抗《ていこう》をかけながら巻《ま》いていく。

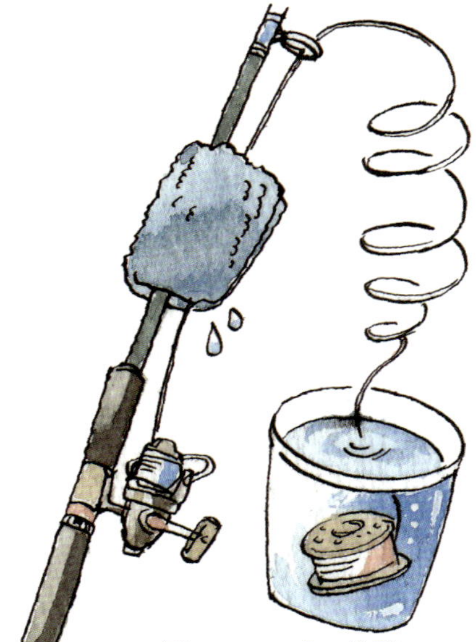

水《みず》につけて巻《ま》く場合《ばあい》もある。

■スプールと道糸《みちいと》の結《むす》び方《かた》

① スプールに道糸《みちいと》を巻《ま》きつける。

② 巻《ま》きつけた先《さき》に輪《わ》を作《つく》り、図《ず》のように4～5回《かい》巻《ま》いて、しっかり締《し》めれば完成《かんせい》。

スプールの適正量《てきせいりょう》

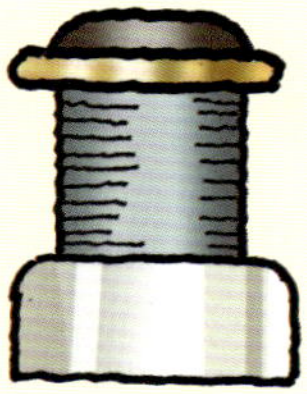

✕ 少《すく》ない場合《ばあい》

キャストのときにスプールのエッジに擦《こす》れてしまい、イトを傷《いた》めるばかりか、遠投《えんとう》ができない。

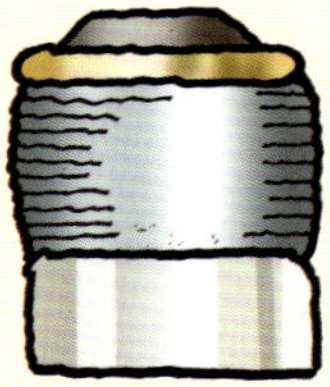

✕ 巻《ま》きすぎの場合《ばあい》

キャストすると、イトが塊《かたまり》となってガイドに絡《から》まってしまう。最悪《さいあく》はサオが折《お》れるケースもある。

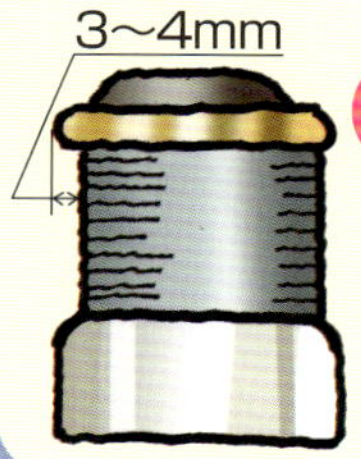

○ 適正量《てきせいりょう》

初心者《しょしんしゃ》はスプールのエッジから3～4mm前後《ぜんご》浅《あさ》めに巻《ま》こう。

■リールのメンテナンス

①濡《ぬ》れタオルで汚《よご》れや砂《すな》、塩分《えんぶん》などを拭《ふ》き取《と》る。

②乾《かわ》いたタオルで水気《みずけ》を切《き》り、部品《ぶひん》によってはオイルを差《さ》しておく。

※オイルを差《さ》してはいけない部品《ぶひん》もあるため注意《ちゅうい》。

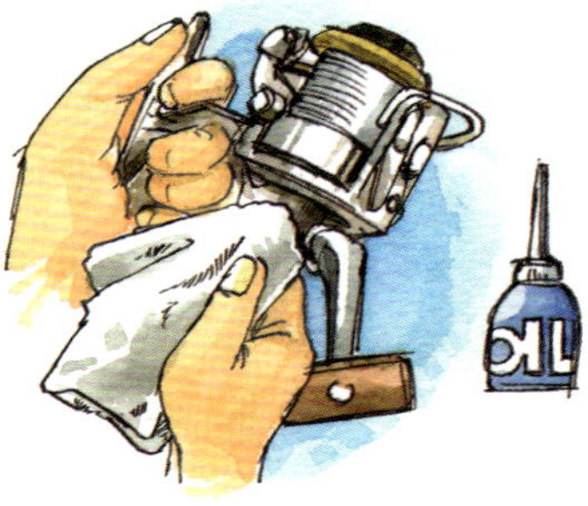

リールは精密《せいみつ》機械《きかい》である。とても便利《べんり》な物《もの》だけど、メンテナンスを怠《おこた》ると、調子《ちょうし》が悪《わる》くなる道具《どうぐ》でもある。回転《かいてん》がスムーズでなくなると、イト切《き》れの原因《げんいん》にもなるし、せっかくかかった魚《さかな》とのヤリトリの際《さい》にイトが切《き》れてしまうこともある。

気《き》になる箇所《かしょ》があるときは、購入《こうにゅう》したショップやメーカーに問《と》い合《あ》わせてみよう。

安《やす》かろうが高《たか》かろうがおくせずにいろいろと聞《き》いてみよう。なぜなら、**道具《どうぐ》を大切《たいせつ》にすることも上達《じょうたつ》への一歩《いっぽ》**だからね。

ウキの基礎知識《きそちしき》

ウキの役割《やくわり》はとても重要《じゅうよう》です。魚《さかな》のアタリを知《し》らせたり、エサの状態《じょうたい》や底付近《そこふきん》の様子《ようす》も伝《つた》えてくれます。
重量的《じゅうりょうてき》にはとっても軽《かる》いのですが、与《あた》えられた任務《にんむ》はとても重《おも》いのです。

自立《じりつ》ウキ

タナゴだけでなく、クチボソやモロコ釣《つ》りにも使《つか》われる。

環付《かんつ》きウキ

立《た》ちウキとも呼《よ》ばれ、川《かわ》ではコイなどに使《つか》われ、海《うみ》でも大物釣《おおものづ》りによく使《つか》う。

セル玉《たま》ウキ

ウキといえば、このタイプ。もっともポピュラーでとても使《つか》いやすいのが特徴《とくちょう》。

ヘラウキ

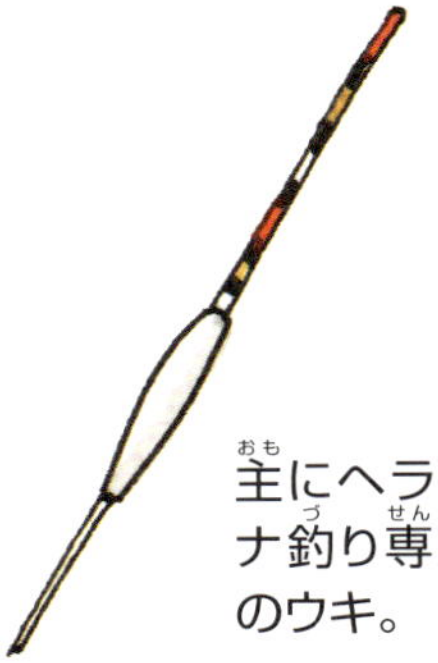

主《おも》にヘラブナ釣《づ》り専用《せんよう》のウキ。

フカセウキ

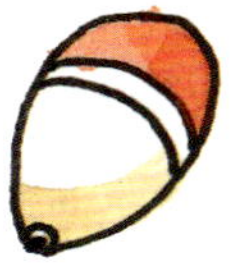

主《おも》に磯《いそ》でメジナ釣《づ》りなどに使《つか》われる。円《えん》すいウキ、ドングリウキとも呼《よ》ばれる。

トウガラシウキ

コマウキとも呼《よ》ばれる、川《かわ》の中《なか》・小物釣《こものづ》り用《よう》。

棒《ぼう》ウキ

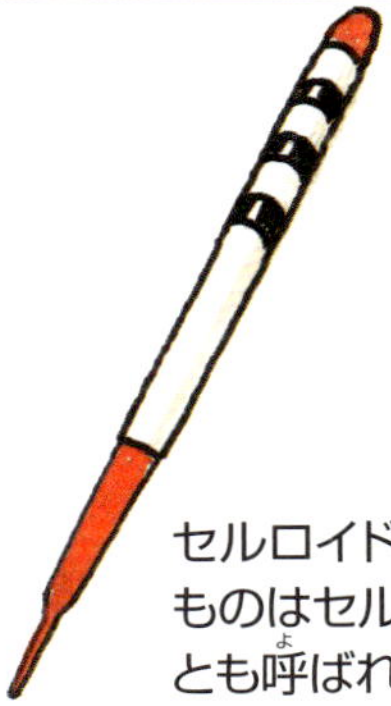

セルロイド製《せい》のものはセルウキとも呼《よ》ばれる。

ハエウキ

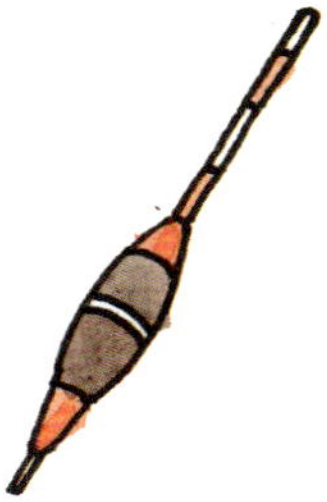

オイカワのフカセ釣《づ》りに使《つか》う。発泡《はっぽう》スチロールなどでできている。

中通《なかどお》しセル玉《たま》ウキ

主《おも》にシモリ仕《し》かけに使《つか》うウキ。

●目印《めじるし》の種類《しゅるい》

ウキではないが、ミャク釣《づ》りにはなくてはならない道具《どうぐ》である。

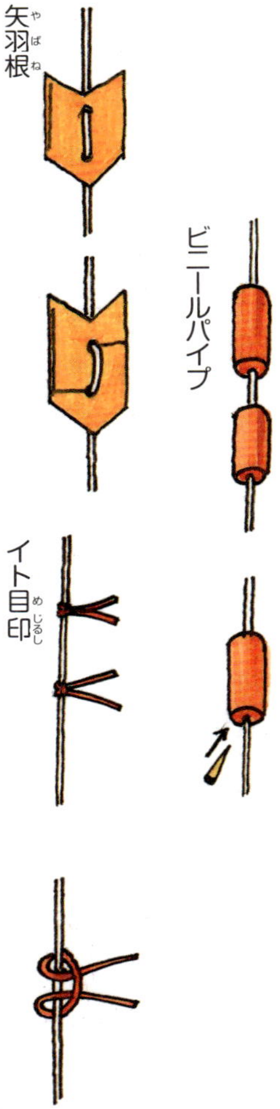

●2つのタイプの使《つか》い方《かた》

①立《た》っている場合《ばあい》

アクティブにポイントを移動《いどう》しながらの釣《つ》りは、目線《めせん》も高《たか》いため、玉《たま》ウキやフカセウキの方《ほう》が便利《べんり》。

②座《すわ》っている場合《ばあい》

ヘラブナ釣《づ》りに代表《だいひょう》されるような1か所《しょ》でじっくり攻《せ》める釣《つ》りには、目線《めせん》は低《ひく》くても見《み》やすい棒《ぼう》ウキやヘラウキに分《ぶ》がある。

●タイプ別《べつ》のセットの方法《ほうほう》

固定式《こていしき》の止《と》め方《かた》

固定式《こていしき》はゴム管《かん》を使《つか》うのが一般的《いっぱんてき》。

ゴム管《かん》(適当《てきとう》な長《なが》さにカットして使《つか》う)

中通《なかどお》しタイプの止《と》め方《かた》

爪《つま》ようじを使《つか》う。

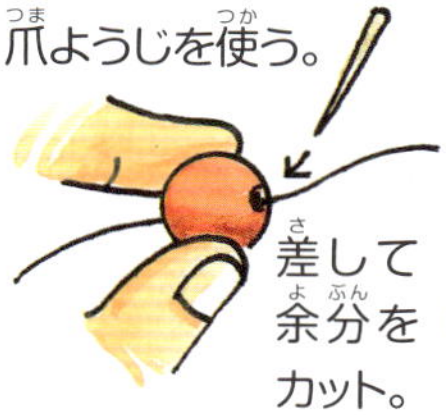

差《さ》して余分《よぶん》をカット。

①道糸《みちいと》を通《とお》す

②もう一度《いちど》通《とお》す。緩《ゆる》めるとタナを自在《じざい》に変《か》えられる。

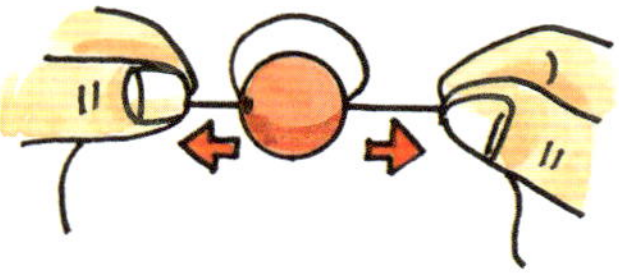

遊動式《ゆうどうしき》の止《と》め方《かた》(ウキ止《と》めイトを使《つか》う)

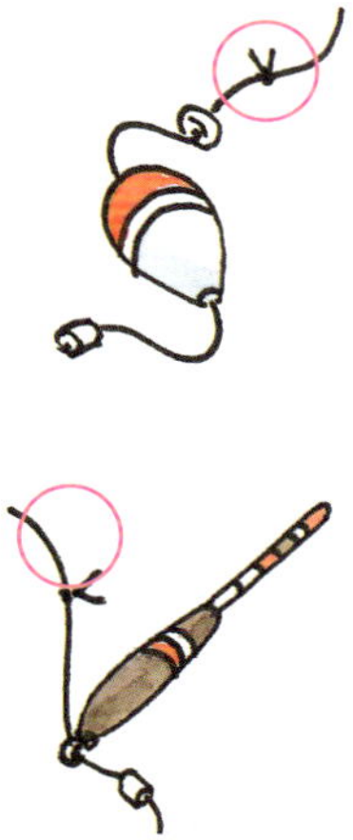

環付《かんつ》きのウキやフカセウキを使《つか》う場合《ばあい》、移動《いどう》できる範囲《はんい》はウキ止《と》めイトによって決《き》める。

●ウキの浮力《ふりょく》の調整法《ちょうせいほう》

①ヘラウキや棒《ぼう》ウキの調整《ちょうせい》の仕方《しかた》

アタリが取《と》りやすくなるよ

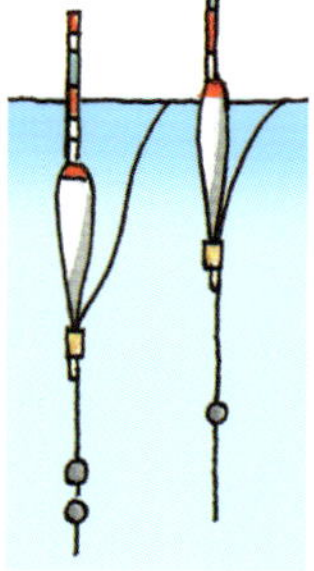

基本《きほん》

ヘラウキならボディ全体《ぜんたい》を、棒《ぼう》ウキなら3分《ぶん》の2くらいを沈《しず》ませる。

風《かぜ》が強《つよ》かったり、波《なみ》のあるときは、オモリを増《ふ》やしてさらに深《ふか》く沈《しず》ませる。

②玉《たま》ウキの調整《ちょうせい》の仕方《しかた》

○
×

○ウキの頭《あたま》がギリギリ見《み》えるくらいがベスト

×確《たし》かに見《み》やすいが、これだと魚《さかな》がエサを口《くち》にしたときの抵《てい》抗《こう》は強《つよ》い。

見《み》やすさよりも
ボクのことを
1番《ばん》に考《かんが》えよう

道糸《みちいと》とハリスの基礎知識《きそちしき》

一《いっ》見《けん》、「イトなんか見《み》た目《め》はどれもいっしょだから、何《なん》でもいいんじゃない」と思《おも》うかもしれません。
しかし、侮《あなど》れないのがイト選《えら》び。
それぞれのタイプには長所《ちょうしょ》・短所《たんしょ》があります。
イト選《えら》びにあれこれ思案《しあん》するようになったら、あなたも一人前《いちにんまえ》の釣《つ》り人《びと》でしょう。

ナイロン

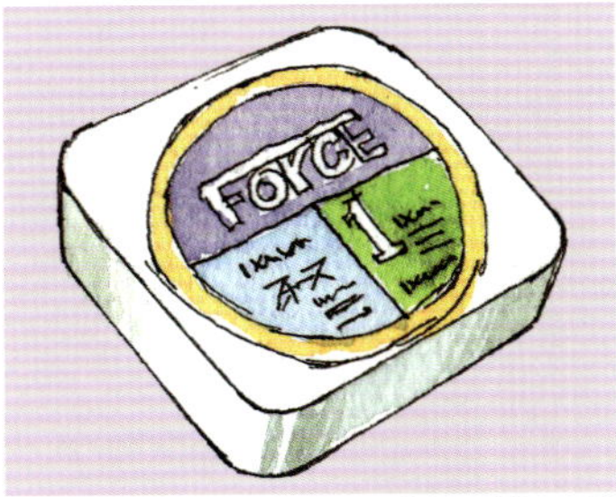

ナイロンはポリアミド製《せい》で他《ほか》と比《くら》べると安価《あんか》である。道糸《みちいと》やハリスなど釣《つ》り全般《ぜんぱん》に使用《しよう》される。

フロロカーボン

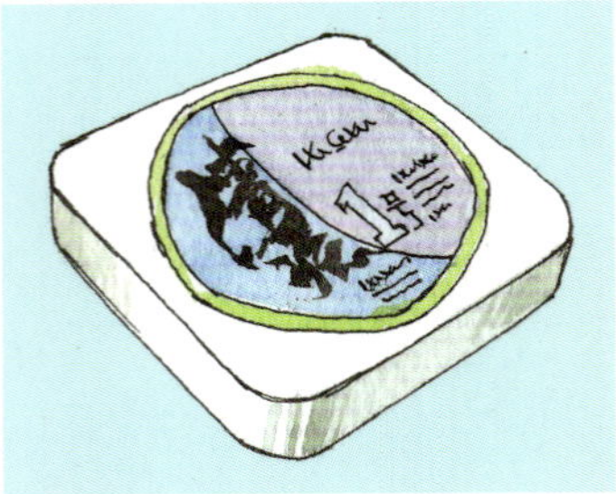

主《おも》に、海《うみ》や川釣《かわづ》りのハリスに使用《しよう》される。またバスのルアーフィッシングにも使《つか》われる。

PEライン

ポリエチレン製《せい》のものを編《あ》み糸《いと》にして使用《しよう》される。主《おも》に道糸《みちいと》として使《つか》われる。

	長《ちょう》　所《しょ》	短《たん》　所《しょ》
ナイロン	①柔《やわ》らかくて伸縮性《しんしゅくせい》に優《すぐ》れている。 ②ショックリーダーに最適《さいてき》で、魚《さかな》とのヤリトリのときにバラしにくい。 ③他《ほか》の素材《そざい》に比《くら》べて安価《あんか》。	①伸縮性《しんしゅくせい》があるために、アタリは伝《つた》わりにくい。 ②吸水性《きゅうすいせい》が高《たか》くて強度《きょうど》が落《お》ちやすい。 ③根《ね》がかりなどの摩擦《まさつ》に弱《よわ》い。
フロロカーボン	①比重《ひじゅう》が高《たか》いため、水《みず》の流《なが》れになじみやすい。 ②伸縮率《しんしゅくりつ》はナイロンより少《すく》ないので、アタリが伝《つた》わりやすい。 ③根《ね》がかりなどの摩擦《まさつ》に強《つよ》い。	①ナイロンよりも高価《こうか》。 ②張《は》りがあるため、道糸《みちいと》には向《む》かない。 ③張力強度《ちょうりょくきょうど》はナイロンに劣《おと》る。
PEライン	①張力強度《ちょうりょくきょうど》はナイロンの約《やく》2～2.5倍《ばい》あるため、より細《ほそ》い径《けい》を選《えら》べる。 ②しなやかなためにリールなどによる巻《ま》きぐせが付《つ》きにくい。 ③伸縮率《しんしゅくりつ》は小《ちい》さいため、とても感度《かんど》がある。	①他《ほか》と比《くら》べるとかなり高価《こうか》。 ②伸縮率《しんしゅくりつ》がないためにショックを吸収《きゅうしゅう》できない。 ③専用《せんよう》（むずかしい）の結《むす》び方《かた》でないと結束《けっそく》できない。

■イトの号数《ごうすう》、直径《ちょっけい》、ポンドの適合性《てきごうせい》と対象魚《たいしょうぎょ》

号数	直径	lb	
0.4	0.104	1	川の小物
0.6	0.128	2	渓流
0.8	0.148	3	川の中物、海の小物
1	0.165	4	川、海の中物
1.5	0.205	6	〃
2	0.235	8	〃
2.5	0.260	10	〃

号数	直径	lb	
3	0.285	12	川の大物・海の中物
4	0.330	16	〃
6	0.405	22	川、海の大物
8	0.470	30	〃
10	0.520	35	〃
12	0.580	45	〃

■仕《し》かけによっていろいろ呼《よ》び名《な》が代《か》わるイト

●ウキ釣《づ》り仕《し》かけ

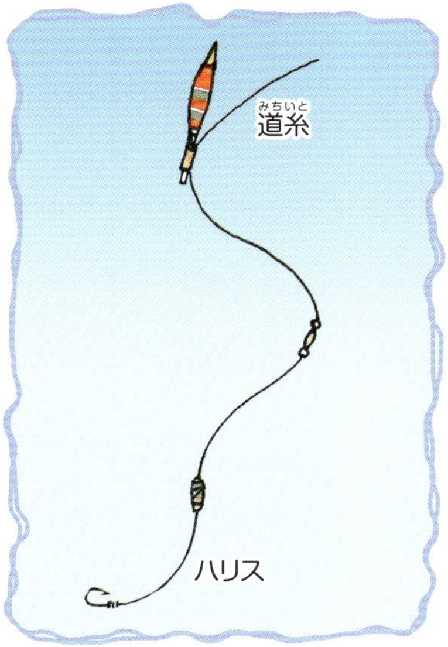
道糸《みちいと》
ハリス

●投《な》げ釣《づ》り仕《し》かけ

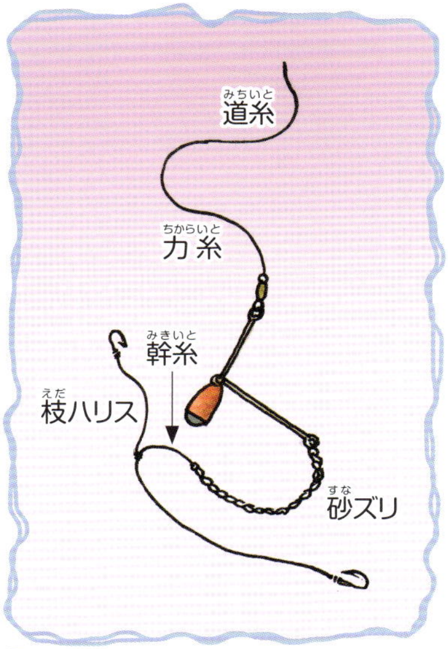
道糸《みちいと》
力糸《ちからいと》
幹糸《みきいと》
枝《えだ》ハリス
砂《すな》ズリ

●ルアー

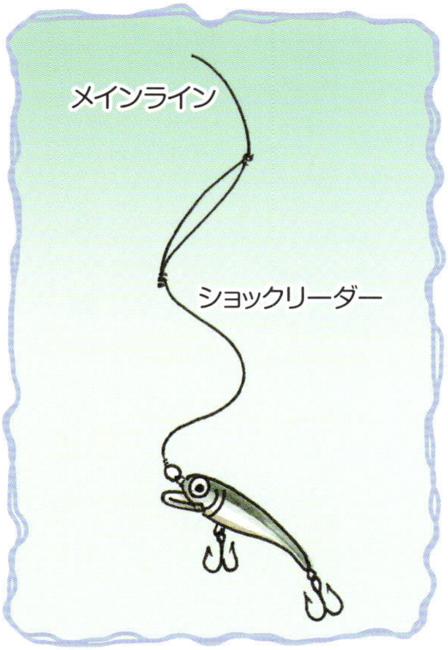
メインライン
ショックリーダー

■ラインチェック

図《ず》のようにして、道糸《みちいと》のチェックはこまめにしておく。ザラザラしていたらすぐに交換《こうかん》しよう。

魚《さかな》に切《き》られてから後悔《こうかい》しないためにね。
また、切《き》れたイトを引《ひ》きながら泳《およ》ぐ魚《さかな》……かわいそうだよね。

オモリの基礎知識《きそちしき》

釣《つ》りの道具《どうぐ》のなかでは地味《じみ》な存在《そんざい》かもしれない。しかし、よくよく見《み》るとそれぞれに特徴《とくちょう》があっておもしろい。だが、おもしろいだけでなく、その形《かたち》に先人《せんじん》たちの知恵《ちえ》がたくさん集《あつ》まった結晶《けっしょう》でもあるのです。

板《いた》オモリ

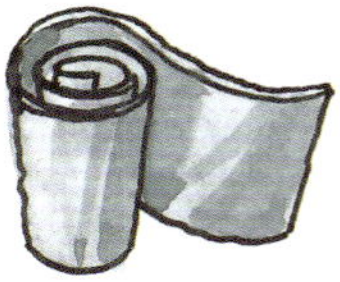

主《おも》に川釣《かわづ》りに使用《しよう》される。薄《うす》くて柔《やわ》らかいので指先《ゆびさき》でちぎることも可能《かのう》。重量調《じゅうりょうちょう》節《せつ》がラクにできる。

ガン玉《だま》オモリ

中《ちゅう》央《おう》の割《わ》れ目《め》にイトを挟《はさ》んで固定《こてい》する。小物釣《こものづ》りやそれぞれの仕《し》かけの調整《ちょうせい》に補助的《ほじょてき》に使《つか》う。

カミツブシオモリ

ガン玉《だま》オモリの楕円形《だえんけい》バージョン。

タイコ型《がた》オモリ

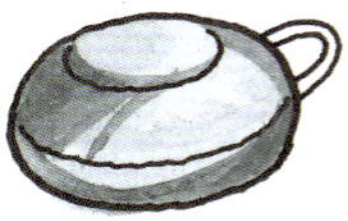

主《おも》にハゼ釣《づ》りなどに使《し》用《よう》。これで底《そこ》を小突《こづ》くと、魚《さかな》にエサをアピールしやすくなる。

中通《なかどお》しオモリ（ナツメ型《がた》）

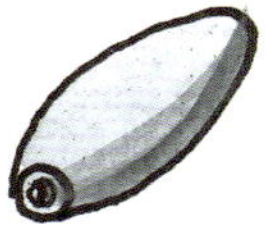

主《おも》に投《な》げ込《こ》み釣《づ》りに使《し》用《よう》。根《ね》がかりの多《おお》いポイントには、この形状《けいじょう》が回《かい》避《ひ》しやすい。

ヒューズオモリ

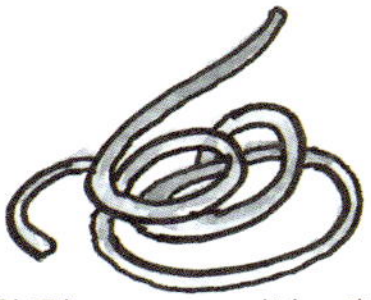

基本的《きほんてき》にはハリの軸《じく》に巻《ま》いたりして二次的《にじてき》な使《つか》い方《かた》をする。名《な》まえのとおりこのオモリの太《ふと》さはアンペアで表示《ひょうじ》される。

中《なか》オモリ

中《なか》イトとセットになったものをいう。これは細《ほそ》オモリで、船《ふね》のカワハギ釣《づ》りなどにも使《つか》われる。

六角《ろっかく》オモリ

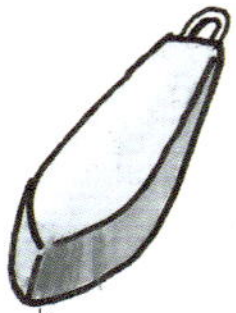

テンビン仕《し》かけやサビキ釣《づ》りなど、オモリが底《そこ》にある仕《し》かけで、潮《しお》などの流《なが》れに負《ま》けないように使用《しよう》する。

舵付《かじつ》きオモリ

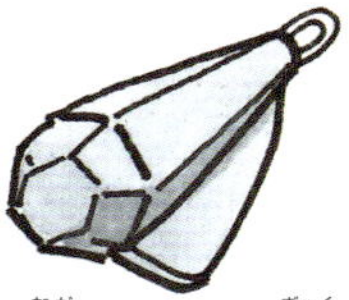

潮《しお》の流《なが》れなどを逆《ぎゃく》に利《り》用《よう》して仕《し》かけを安定《あんてい》させるオモリ。カワハギ釣《づ》りによく使《つか》われる。

ナス型《がた》オモリ

その名《な》の通《とお》り、形《かたち》はナスに似《に》ており、比較的《ひかくてき》根《ね》がかりはしにくい。防波堤《ぼうはてい》釣《づ》りにはなくてはならない存在《そんざい》。

胴付《どうつ》きオモリ

主《おも》に船釣《ふなづ》りに使用《しよう》。この形《かたち》によって、ポイントまで素早《すばや》く仕《し》かけを送《おく》り込《こ》むことができる。

中通《なかどお》しオモリ（小判型《こばんがた》）

ナツメ型《がた》よりも、ポイントに仕《し》かけをしっかりと固定《こてい》したいときに使用《しよう》。この形状《けいじょう》が流《なが》れなどの影響《えいきょう》を回避《かいひ》しやすい。

中通《なかどお》しオモリ（スパイク）

小判型《こばんがた》よりも、さらに強《きょう》力《りょく》に仕《し》かけを固定《こてい》できるオモリ。

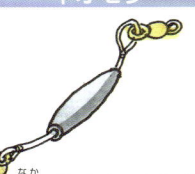

●オモリの役割《やくわり》とは?

①ポイントにエサを正確《せいかく》に留《と》める
②魚《さかな》のいるタナまでエサを正確《せいかく》に送《おく》りこむ

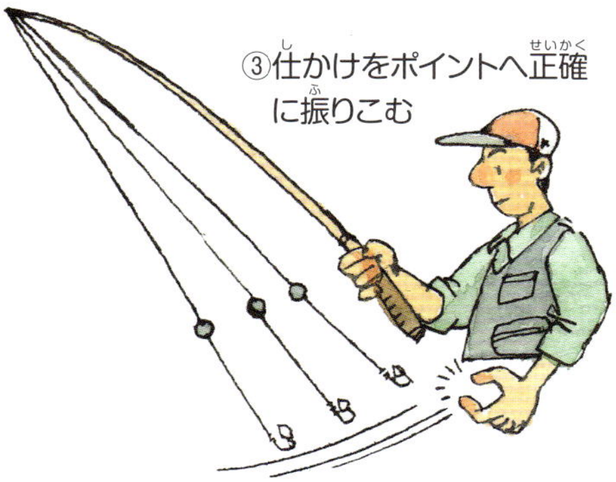
③仕《し》かけをポイントへ正確《せいかく》に振《ふ》りこむ

●ガン玉《だま》オモリのサイズ表記《ひょうき》はちょっと複雑《ふくざつ》

数字《すうじ》が大《おお》きくなるとオモリも大《おお》きくなる。

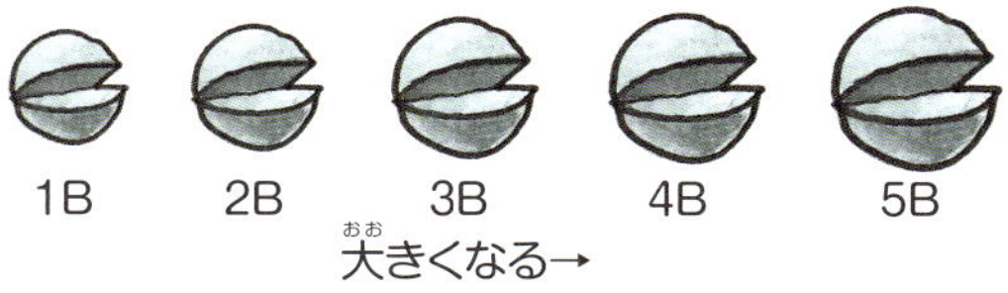
1B
2B
3B
4B
5B
大《おお》きくなる→

ここからは数字《すうじ》が大《おお》きくなると、オモリは小《ちい》さくなる。

8号《ごう》
7号《ごう》
6号《ごう》
5号《ごう》
4号《ごう》
3号《ごう》
2号《ごう》
1号《ごう》
←小さくなる

●ガン玉《だま》の付《つ》け方《かた》

そのままでも付《つ》けられるが、こうするとイトを傷《いた》めずにすむ。

①オモリの大《おお》きさくらいにティッシュをちぎる。
②クルリと巻《ま》いたティッシュの上《うえ》からガン玉《だま》をはさむ。
③しっかりと締《し》め止《と》める。

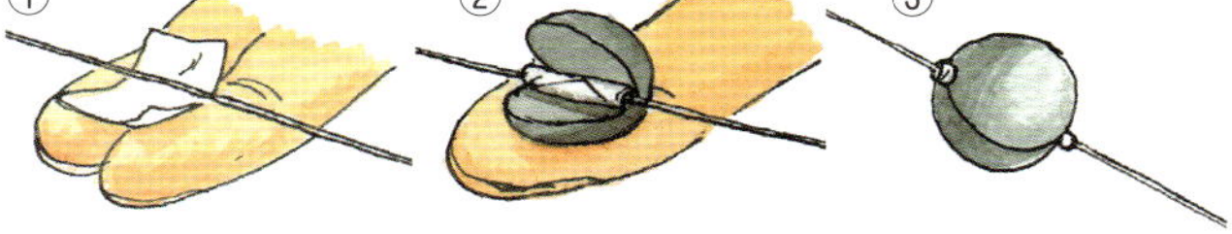
①
②
③

●オモリとハリが一体化《いったいか》しているタイプ

どのタイプも海《うみ》の底物《そこもの》(アイナメ、カサゴ、メバルなど)。また、ジグヘッドはブラックバスのリグにも使用《しよう》される。

チャート 152ページへGo!

ブラクリタイプ
主《おも》に岩《いわ》と岩《いわ》の間《あいだ》やテトラなどのすき間《ま》で、速攻《そっこう》で底《そこ》までエサを落《お》とし込《こ》みたいときに使用《しよう》する。

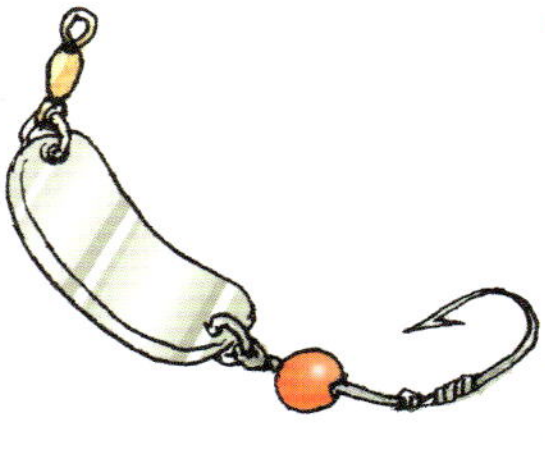

ブラータイプ
この薄《うす》く平《へら》べったい形状《けいじょう》は“ヒラヒラ、ユラユラ”と、ブラクリタイプとは逆《ぎゃく》にゆっくり沈《しず》ませながら魚《さかな》を誘《さそ》いたいときに使《つか》う。

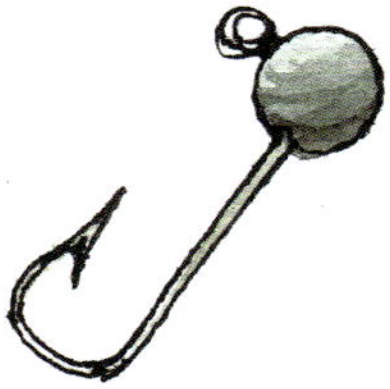

ジグヘッド
海《うみ》の底物《そこもの》やブラックバスのソフトルアーに使《し》用《よう》される。

ハリの基礎知識《きそちしき》

わずか5cmのクチボソから、ときに1mオーバーのコイまで、使用《しよう》されるハリの形《かたち》も大《おお》きさも多彩《たさい》になります。最初《さいしょ》はいろいろと種類《しゅるい》もあって迷《まよ》うところですが、もっとも多用《たよう》できるハリの“袖型《そでがた》”を基準《きじゅん》にすれば大丈夫《だいじょうぶ》です。

魚《さかな》の大《おお》きさは
10cm以下《いか》は袖型《そでがた》1～2号《ごう》
10～20cmは同《おな》じく3号《ごう》
20～30cmは4～6号《ごう》にする。
これは袖型《そでがた》だけでなく、
専用バリにも応用できるよ

●ハリの種類《しゅるい》

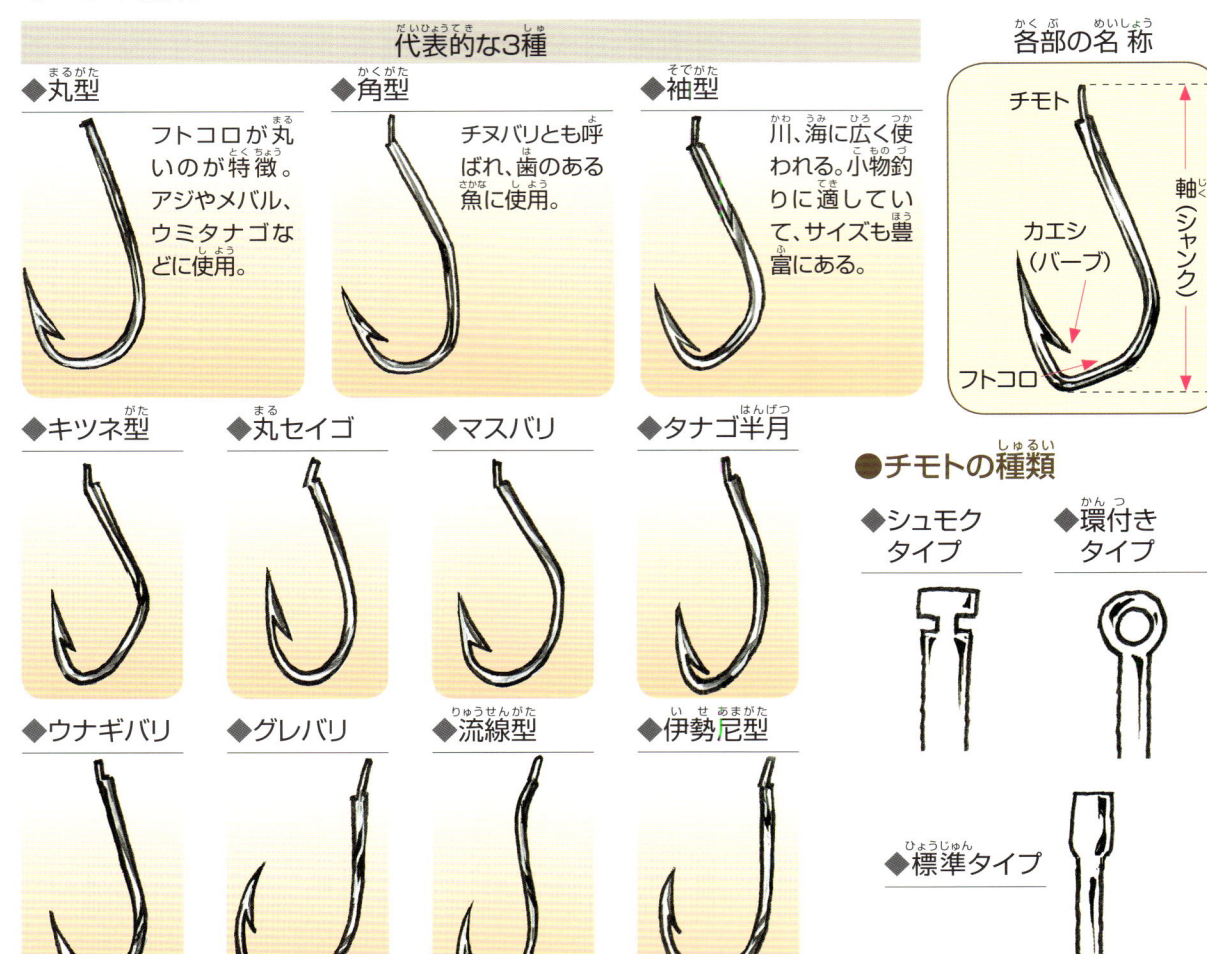

代表的《だいひょうてき》な3種《しゅ》

◆丸型《まるがた》

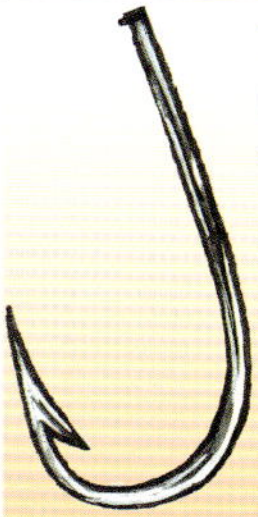

フトコロが丸《まる》いのが特徴《とくちょう》。アジやメバル、ウミタナゴなどに使用《しよう》。

◆角型《かくがた》

チヌバリとも呼《よ》ばれ、歯《は》のある魚《さかな》に使用《しよう》。

◆袖型《そでがた》

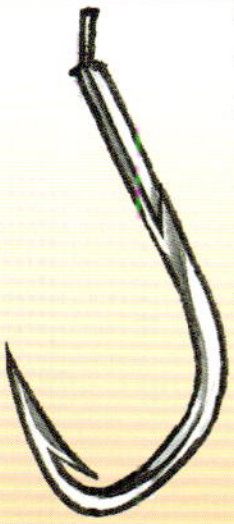

川《かわ》、海《うみ》に広《ひろ》く使《つか》われる。小物釣《こものづ》りに適《てき》していて、サイズも豊富《ほうふ》にある。

各部《かくぶ》の名称《めいしょう》

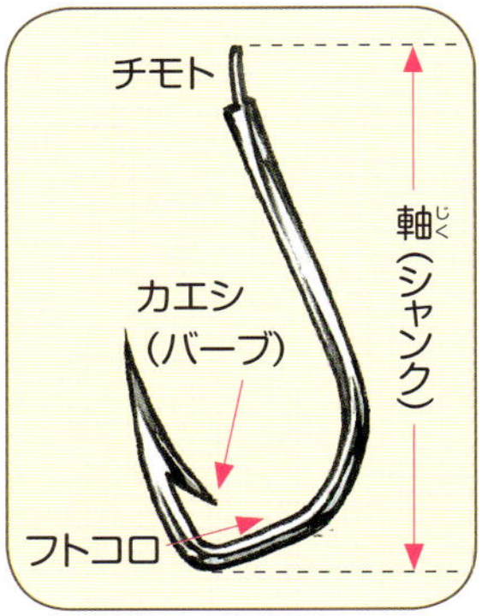

◆キツネ型《がた》

◆丸《まる》セイゴ

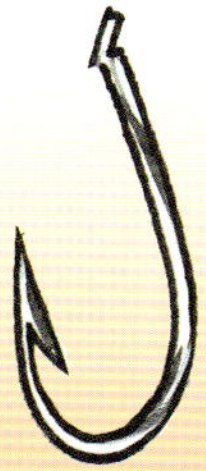

◆マスバリ

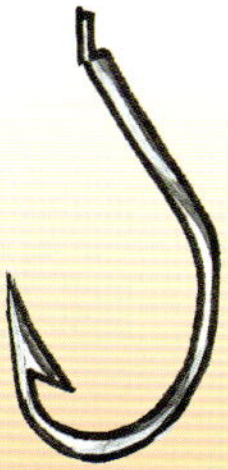

◆タナゴ半月《はんげつ》

◆ウナギバリ

◆グレバリ

◆流線型《りゅうせんがた》

◆伊勢尼型《いせあまがた》

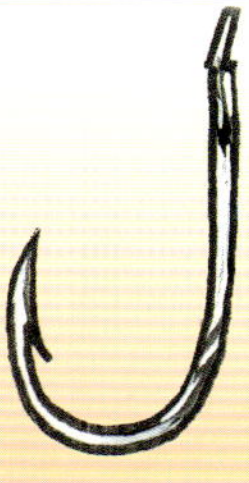

●チモトの種類《しゅるい》

◆シュモクタイプ

◆環付《かんつ》きタイプ

◆標準《ひょうじゅん》タイプ

ヨリモドシ・テンビンの基礎知識《きそちしき》

たまにヨリモドシを必要《ひつよう》としない仕《し》かけはあるものの、これもなくてはならない道具《どうぐ》のひとつです。
テンビンにはそれぞれの用途《ようと》に併《あわ》せて種類《しゅるい》も豊富《ほうふ》。
例《たと》えば、"名古屋《なごや》テンビン"のように個性的《こせいてき》なものまであります。

●ヨリモドシ

ヨリモドシの役目《やくめ》とは?

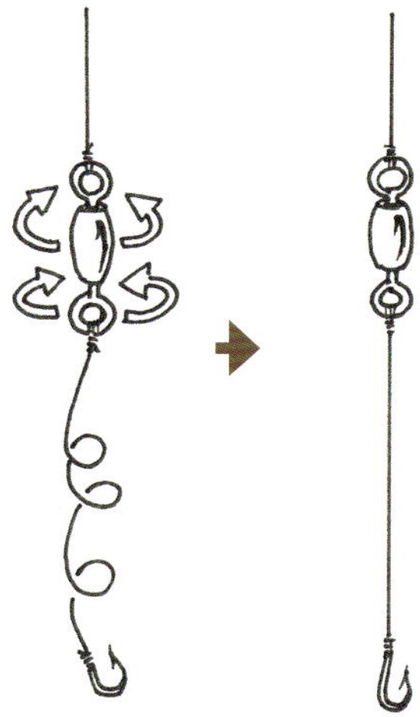

道糸《みちいと》とハリスにヨレができても、このようにヨリモドシが回転《かいてん》してくれて、ヨレを解消《かいしょう》してくれるよ。

一般的《いっぱんてき》に使《つか》われるヨリモドシ

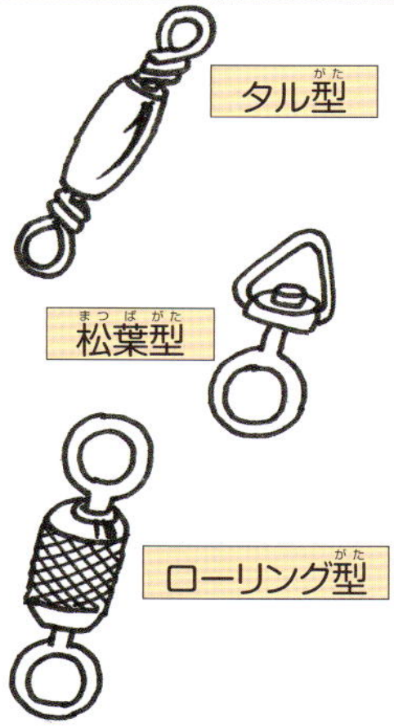
タル型《がた》
松葉型《まつばがた》
ローリング型《がた》

その他《ほか》のタイプ

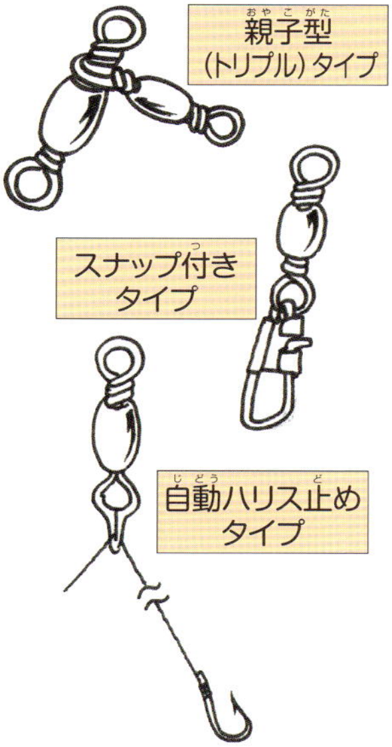
親子型《おやこがた》(トリプル)タイプ
スナップ付《つ》きタイプ
自動《じどう》ハリス止《ど》めタイプ

●テンビン

テンビンの役目《やくめ》は、この長《なが》く伸《の》びた腕《うで》!? が、道糸《みちいと》とハリスが絡《から》むのを防《ふせ》いだり、魚《さかな》のハリがかりをスムーズになるよう助《たす》けてくれるものである。

固定式《こていしき》T字型《じがた》タイプ

全般《ぜんぱん》に使《つか》われるタイプ。底《そこ》を探《さぐ》ったり、小《こ》突《づ》いて誘《さそ》うのに向《む》いている。

遊動式《ゆうどうしき》タイプ

ハリスと道糸《みちいと》が直結《ちょっけつ》しているため、アタリが明確《めいかく》なのが特徴《とくちょう》。

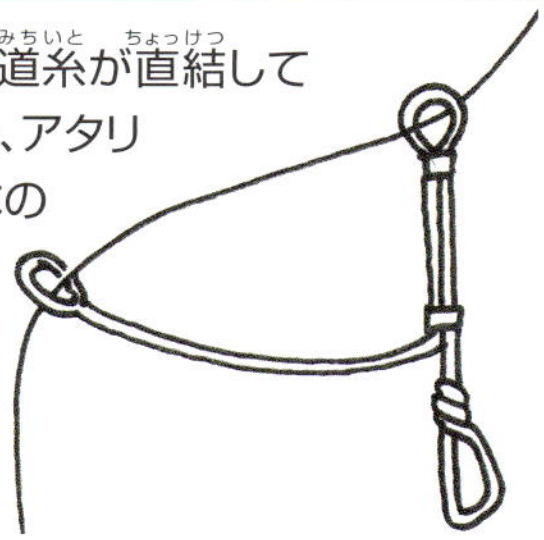

ジェットテンビン

投《な》げ釣《づ》り用《よう》で、根《ね》がかりも回避《かいひ》できる。

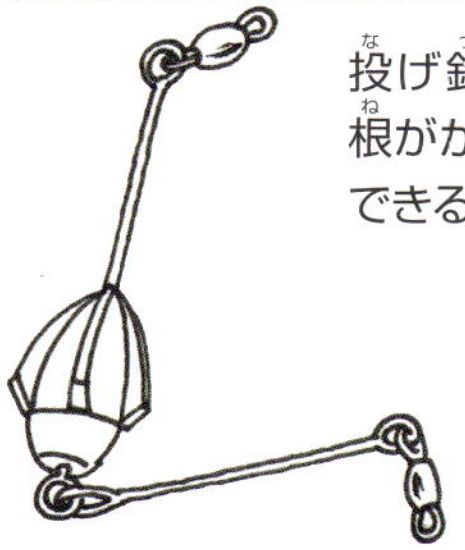

仕《し》かけの各部《かくぶ》の結《むす》び方《かた》

市《し》販《はん》の仕《し》かけを使《つか》っているうちはそんなに必要《ひつよう》ありませんが、
自分《じぶん》で仕《し》かけを作《つく》るとなると様々《さまざま》な結《むす》び方《かた》を
マスターしなければなりません。
そこで、基本《きほん》となるいくつかの結《むす》び方《かた》を紹介《しょうかい》します。

●イトとイトの結《むす》び方《かた》

ブラットノット

① 2本《ほん》のイトを重《かさ》ね、左側《ひだりがわ》を3〜4回《かい》巻《ま》きつけてから
イトの間《あいだ》に通《とお》す

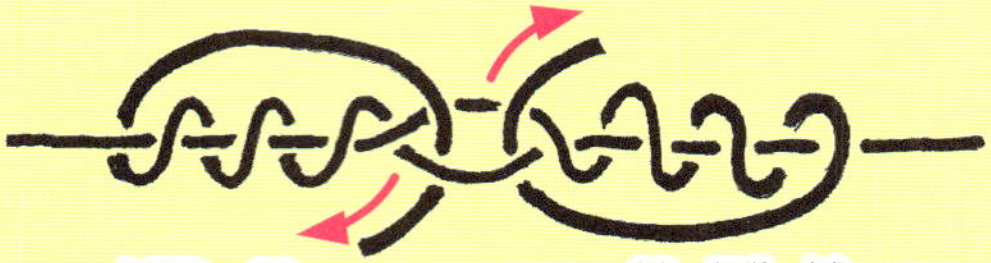

②右側《みぎがわ》も同《おな》じようにしてから同《おな》じ間《あいだ》に通《とお》す

③両《りょう》サイドから引《ひ》いて締《し》め、余分《よぶん》を
カットする

電《でん》車《しゃ》結《むす》び

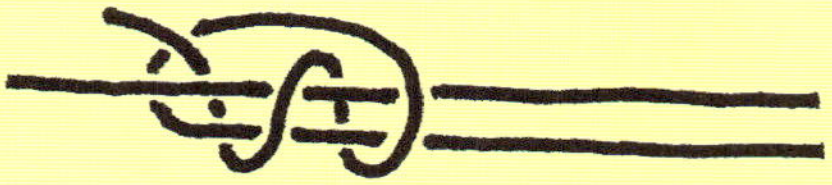

① 2本《ほん》のイトを重《かさ》ねてから、左側《ひだりがわ》に輪《わ》を作《つく》って
そのなかを3〜4回《かい》巻《ま》く

②右側《みぎがわ》も同《おな》じように巻《ま》く

③両《りょう》サイドから引《ひ》いて締《し》め、余分《よぶん》を
カットする

8の字《じ》結《むす》び

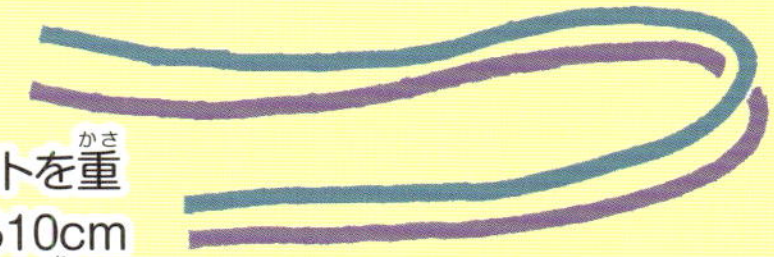

① 2本《ほん》のイトを重《かさ》ねてから10cmぐらいで折《お》り返《かえ》す

②折《お》り返《かえ》しを2〜3回《かい》よってから、一端《いったん》の2本《ほん》を輪《わ》のなかに通《とお》す

③本《ほん》イトだけを引《ひ》いて締《し》める

●ルアー（ヨリモドシ）の結《むす》び方《かた》

ユニノット

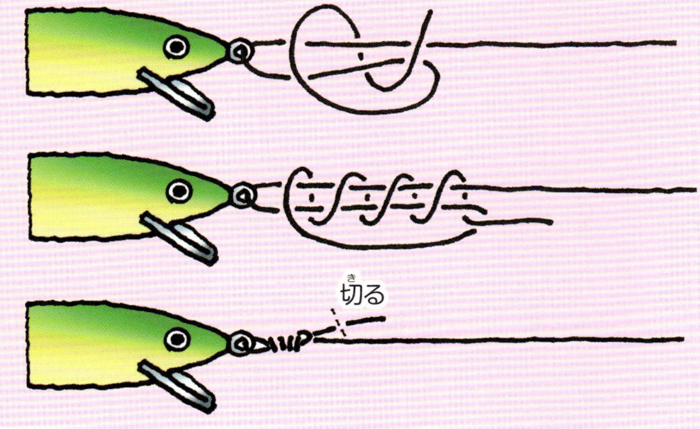

①ルアーのアイ（ラインを結《むす》ぶ環《わ》）にラインを通《とお》し、輪《わ》を作《つく》る

②輪《わ》と通《とお》したラインをいっしょに4〜5回《かい》巻《ま》く

③ラインをゆっくり引《ひ》いて締《し》め余分《よぶん》をカット

フリーノット

①片結《かたむす》びの輪《わ》を作《つく》り、その端《はし》をアイ（環《わ》）に通《とお》す

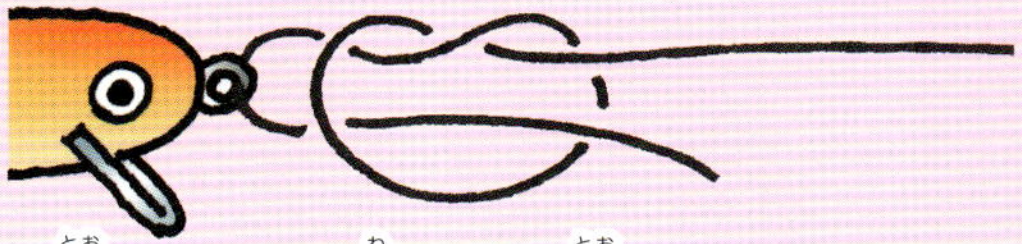

②通《とお》したラインを輪《わ》のなかに通《とお》す

③もう一度《いちど》ラインを通《とお》して輪《わ》を作《つく》る

④ゆっくり締《し》めて輪《わ》の大《おお》きさを1cmくらいに締《し》める

クリンチノット

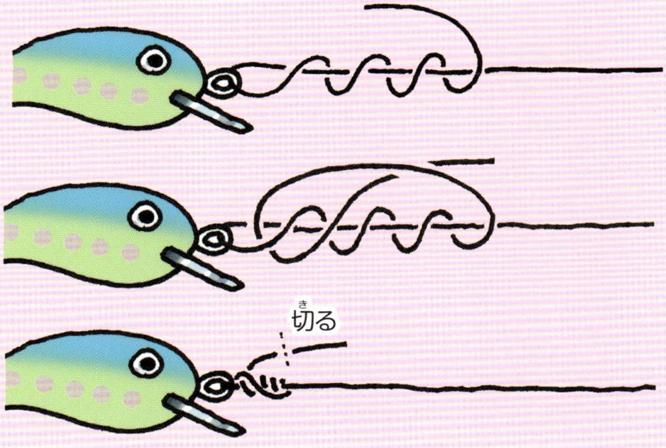

①アイにラインを通《とお》したら、4〜5回《かい》巻《ま》きつける

②アイに一番近《いちばんちか》い輪《わ》のなかにラインの端《はし》を通《とお》し、そのときにできる大《おお》きい輪《わ》にさらに通《とお》す

③ゆっくりと締《し》めてから、余分《よぶん》をカット

●枝《えだ》バリの結《むす》び方《かた》

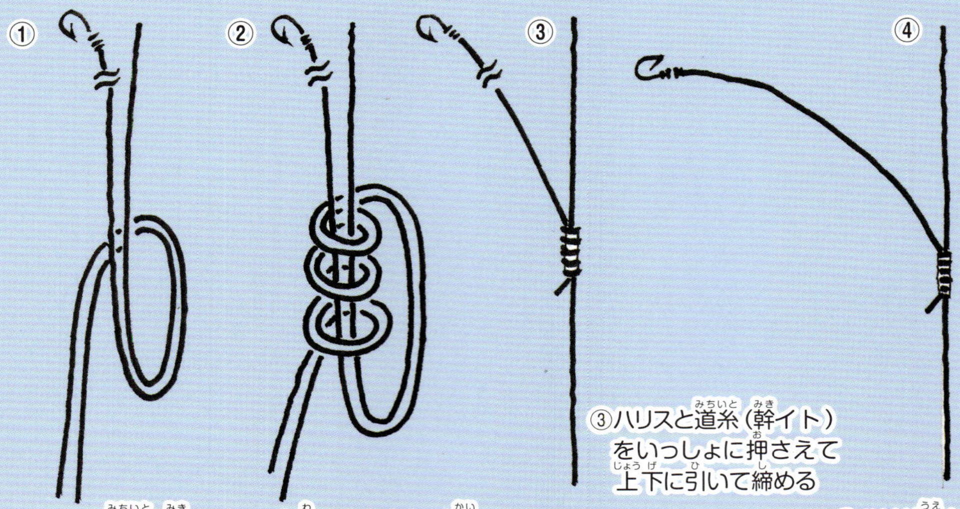

①ハリスと道糸《みちいと》（幹《みき》イト）を重《かさ》ねて輪《わ》を作《つく》る

②輪《わ》のなかを2～3回《かい》巻《ま》く

③ハリスと道糸《みちいと》（幹《みき》イト）をいっしょに押《お》さえて上下《じょうげ》に引《ひ》いて締《し》める

④ハリが上《うえ》を向《む》くようにする

●枝《えだ》バリ用《よう》の輪《わ》の作《つく》り方《かた》

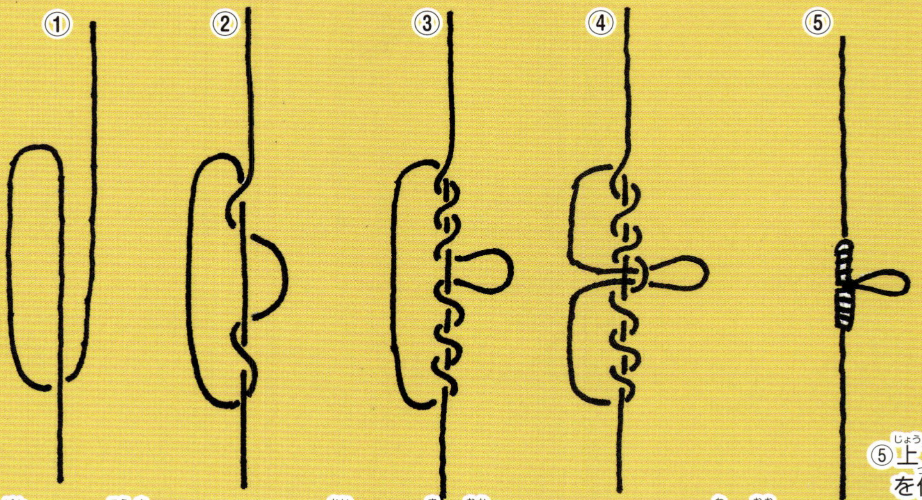

①1本《ぼん》のイトを交差《こうさ》させて輪《わ》を作《つく》る

②そのなかを5回《かい》くらいよりを作《つく》る

③真《ま》ん中《なか》のよりを大《おお》きくして輪《わ》を作《つく》る

④その輪《わ》に大《おお》きな輪《わ》の端《はし》を通《とお》す

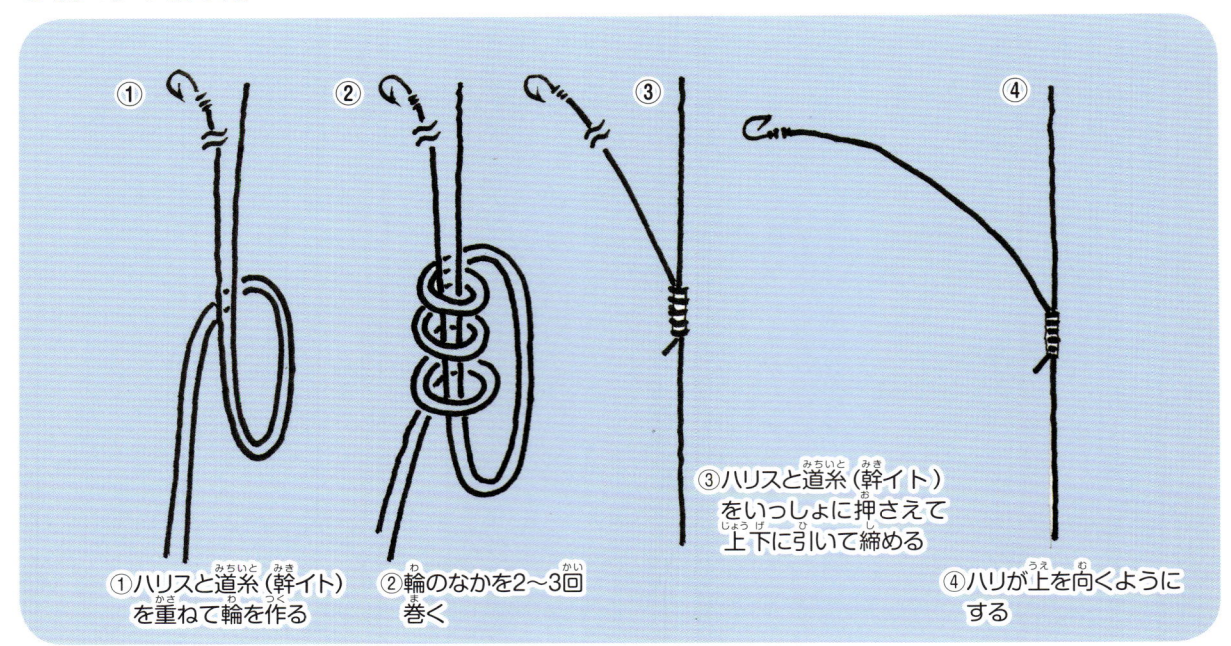

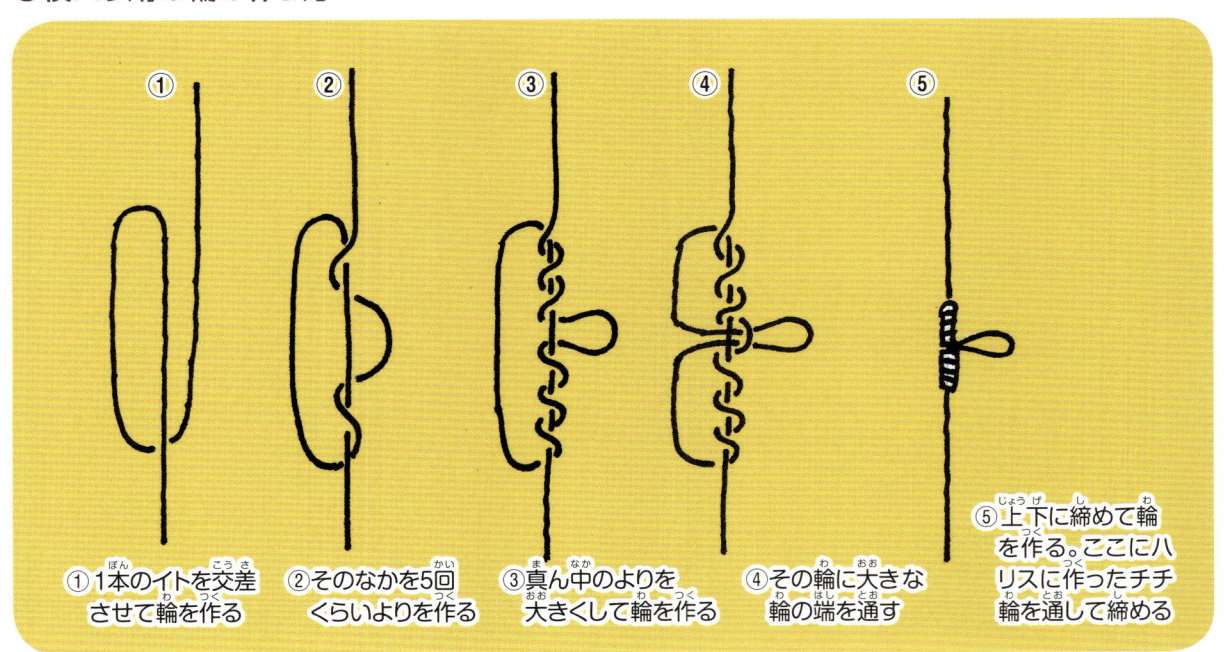

⑤上下《じょうげ》に締《し》めて輪《わ》を作《つく》る。ここにハリスに作《つく》ったチチ輪《わ》を通《とお》して締《し》める

●ハリの結《むす》び方《かた》

本結《ほんむす》び

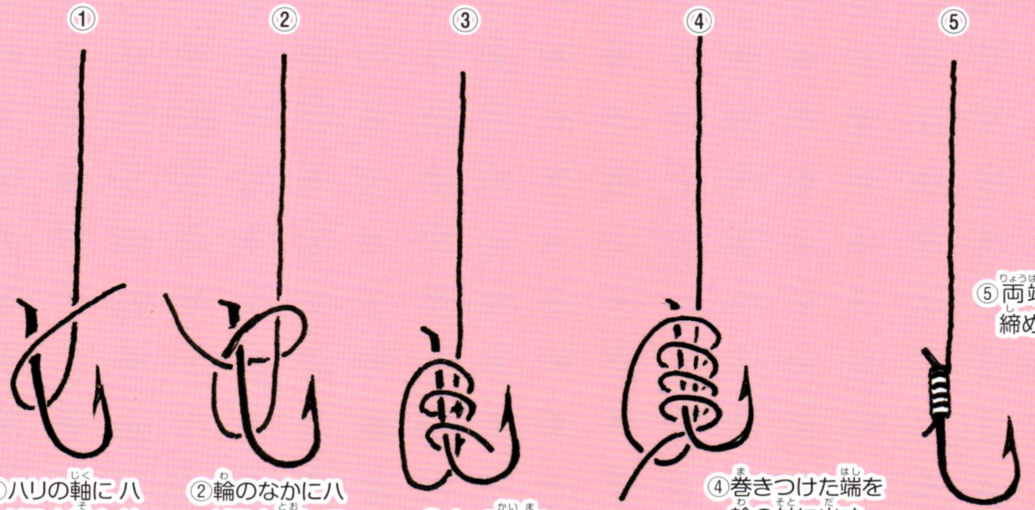

①ハリの軸《じく》に ハリスを沿《そ》わせて輪《わ》を作《つく》る

②輪《わ》のなかにハリスを通《とお》して軸《じく》ごと巻《ま》く

③ 4〜5回《かい》巻《ま》いていく

④巻《ま》きつけた端《はし》を輪《わ》の外《そと》に出《だ》す

⑤ 両端《りょうはし》を引《ひ》いて締《し》めたら完成《かんせい》

外《そと》かけ結《むす》び

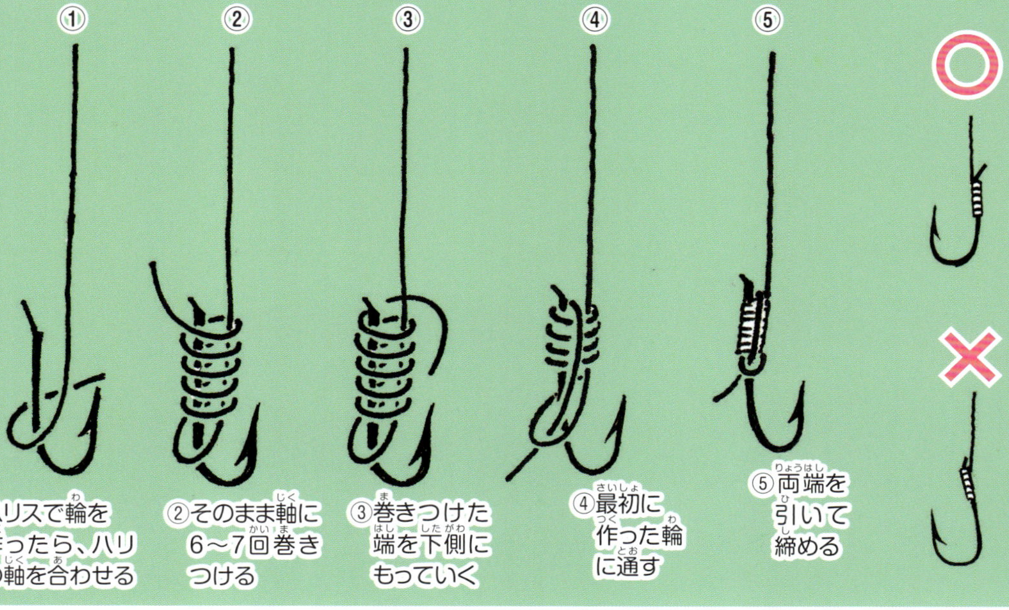

①ハリスで輪《わ》を作《つく》ったら、ハリの軸《じく》を合《あ》わせる

②そのまま軸《じく》に 6〜7回《かい》巻《ま》きつける

③巻《ま》きつけた端《はし》を下側《したがわ》にもっていく

④最初《さいしょ》に作《つく》った輪《わ》に通《とお》す

⑤両端《りょうはし》を引《ひ》いて締《し》める

結《むす》び目《め》はハリの内側《うちがわ》にくるようにする

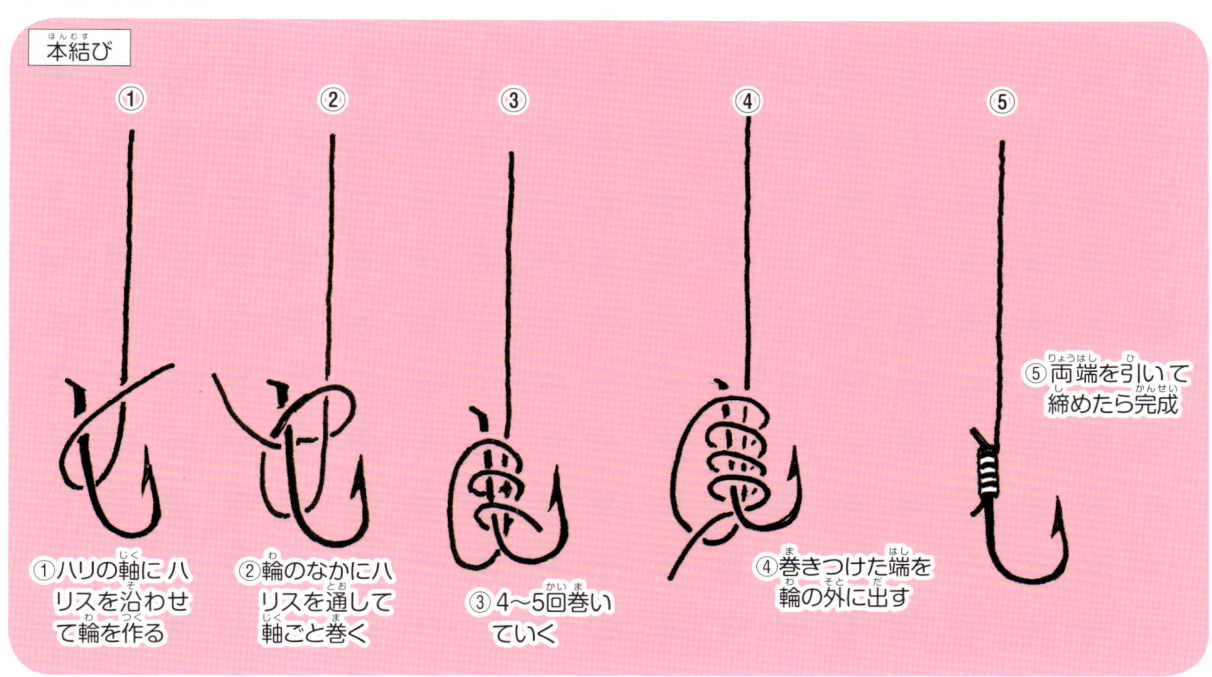

海《うみ》・川《かわ》にいる危険《きけん》な魚《さかな》と生《い》き物《もの》

海《うみ》

海《うみ》にはさわったり食《た》べたりすると、
なかには死《し》の危険《きけん》をもたらす魚《さかな》もいます。
ここにあげた魚《さかな》はその代表種《だいひょうしゅ》です。
他《ほか》に見《み》なれない魚《さかな》が釣《つ》れても、
むやみにさわらずにメゴチバサミなどを使《つか》って対処《たいしょ》しましょう。

ゴンズイ

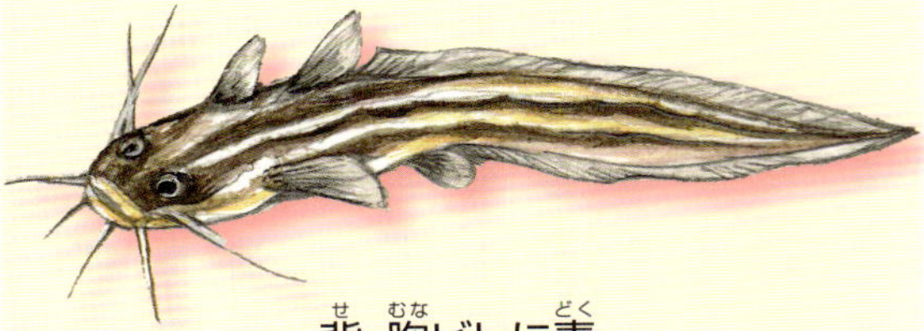

背《せ》、胸《むな》ビレに毒《どく》

フ グ

歯《は》が危険《きけん》

エ イ

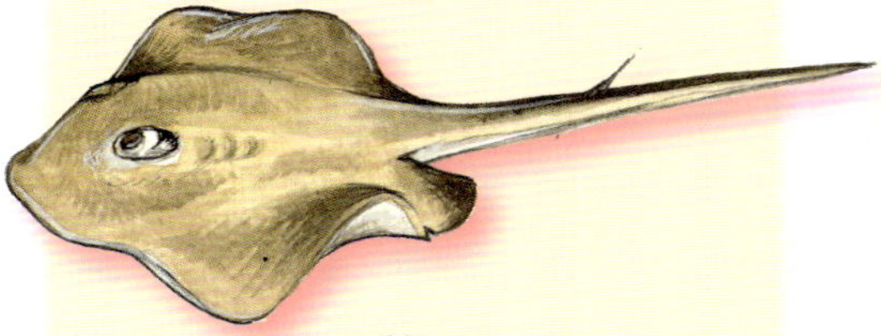

尾《お》に毒《どく》のトゲ

オニオコゼ

背《せ》ビレに猛毒《もうどく》

ハオコゼ

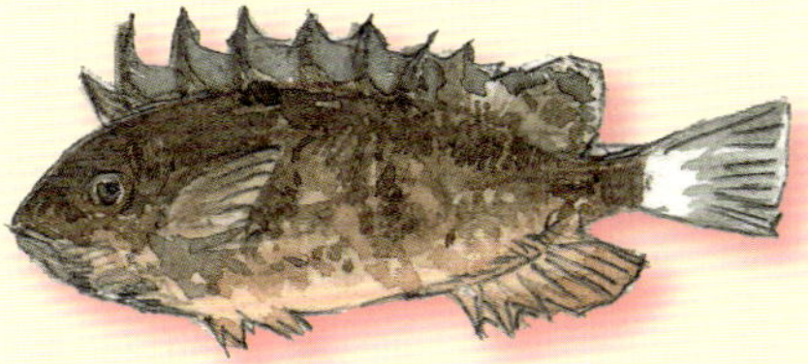

背《せ》ビレに毒《どく》

ウツボ

歯《は》は鋭《するど》く危険《きけん》

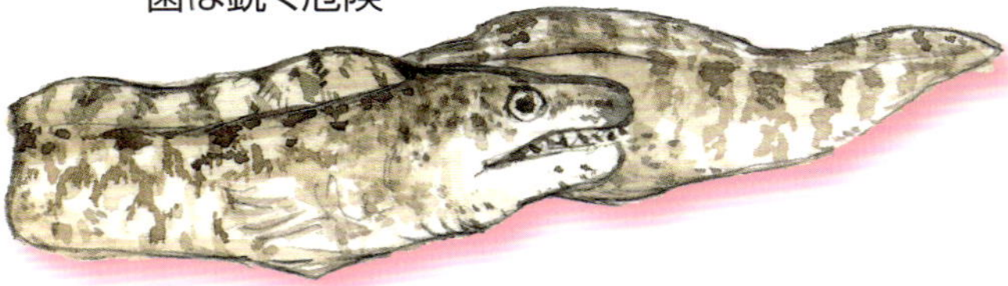

タチウオ

鋭《するど》い歯《は》

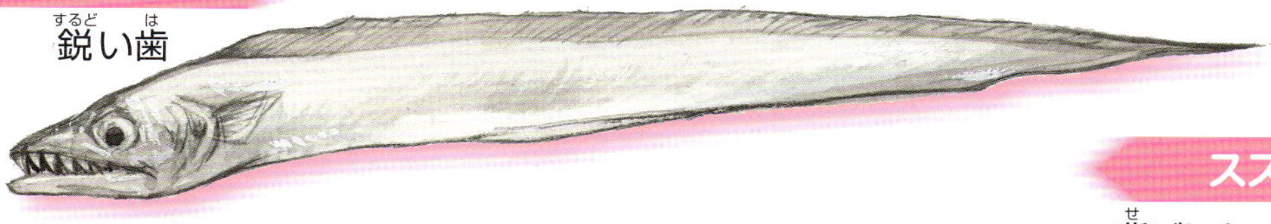

スズキ

背《せ》ビレとエラが危険《きけん》

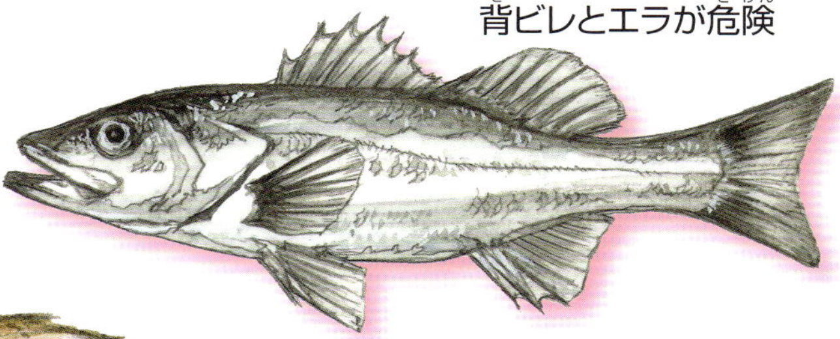

ネズミゴチ

ヒレなどに注意《ちゅうい》

カサゴ

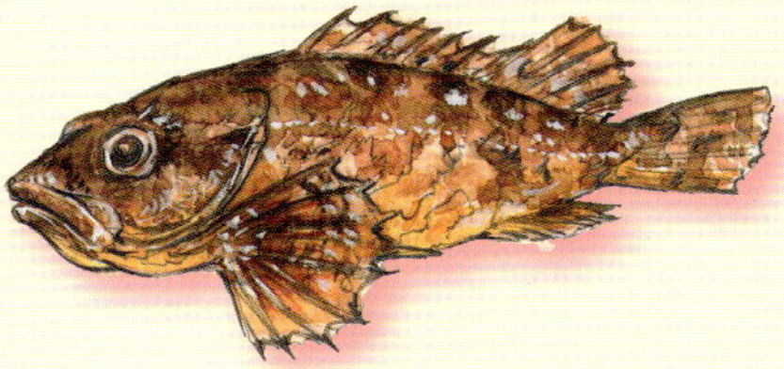

背《せ》、尻《しり》ビレ、顔《かお》に棘《とげ》がある

アイゴ

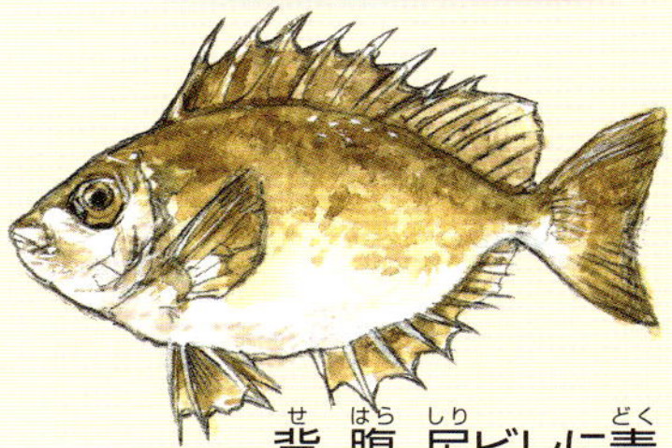

背《せ》、腹《はら》、尻《しり》ビレに毒《どく》

川
かわ

川《かわ》には特《とく》に強《つよ》い毒《どく》を持《も》つ魚《さかな》はいない。
しかし、危険《きけん》な生物《せいぶつ》はいる。

マムシ

噛《か》まれると危険《きけん》。
すぐに医者《いしゃ》の診察《しんさつ》を
受《う》けなければならない

スズメバチ

アレルギー体質《たいしつ》の
人《ひと》は刺《さ》されると危険《きけん》なので
注意《ちゅうい》

知《し》っていると釣《つ》りがますます楽《たの》しくなる

釣《つ》り用《よう》語《ご》事《じ》典《てん》

→は同《おな》じ意《い》味《み》なので→の項目《こうもく》を参照《さんしょう》

あ行《ぎょう》

【アイ】
ルアーやハリに付《つ》いている環《わ》のことで、主《おも》にイトを結《むす》ぶためのもの。アイレットともいう。

【あおる】
アワセのときや、魚《さかな》を誘《さそ》うときの動作《どうさ》。サオ全体《ぜんたい》を大《おお》きく上《あ》げて行《おこな》う。

【上《あ》げ潮《しお》】
潮《しお》が満潮《まんちょう》に向《む》かって、水位《すいい》が徐々《じょじょ》に高《たか》くなっていくさま。満《み》ち潮《しお》ともいう。

【アタリ】
魚《さかな》がエサを食《く》ったときに見《み》る、ウキやサオ先《さき》などに出《で》る変化《へんか》。

【アブレ】
→ボウズ。

【アベレージサイズ】
釣《つ》れる魚《さかな》の平均《へいきん》サイズのこと。

【荒食《あらぐ》い】
魚《さかな》が普段《ふだん》よりも活発《かっぱつ》にエサを食《た》べるようす。

【アワセ】
サオを操作《そうさ》して、魚《さかな》の口《くち》にハリをかけるための動作《どうさ》のこと。

【居食《いぐ》い】
魚《さかな》がエサに食《く》いついたのにもかかわらず、サオ先《さき》やウキに変化《へんか》が見《み》えないこと。

【一荷《いっか》】
枝《えだ》ハリスのようなハリがいくつもある仕《し》かけに、一度《いちど》に3匹《びき》以上《いじょう》かかること。

【居着《いつ》き】
1か所《しょ》にじっとしている魚《さかな》のこと。

【イソメ】
海釣《うみづ》り用《よう》のエサ。

【イトふけ】
サオ先《さき》から水面《すいめん》までの間《あいだ》で道糸《みちいと》がたるむこと。

【イトよれ】
イトがねじれたりして、くせがついてしまうこと。

【入《い》れ食《ぐ》い】
仕《し》かけを投入《とうにゅう》するとすぐに釣《つ》れ、次《つぎ》から次《つぎ》へとたくさん釣《つ》れること。

【ウイード】
水草《みずくさ》が密生《みっせい》している所《ところ》。ブラックバスなどのポイントになる。

【ウエーダー】
腰《こし》や胸《むね》まである濡《ぬ》れない加工《かこう》を施《ほどこ》してある着衣《ちゃくい》。

【ウキ下《した》】
ウキからハリまでの間《あいだ》を指《さ》す。

【打《う》ち込《こ》み】
ねらったポイントに仕《し》かけを投入《とうにゅう》すること。

【上潮《うわじお》】
海面《かいめん》に近《ちか》い表層《ひょうそう》を流《なが》れる潮《しお》のこと。

【エサ取《と》り】
主《おも》に外道《げどう》の小魚《こざかな》を指《さ》していて、ハリにかからずエサだけを取《と》られてしまう。

【エサもち】
水中《すいちゅう》でハリにエサが付《つ》いているときの時間《じかん》の長《なが》さ。

【枝《えだ》ハリス】
道糸《みちいと》の先《さき》ではなく、その途中《とちゅう》にハリスを結《むす》ぶこと。枝《えだ》バリ、枝《えだ》スともいう。

【追《お》い食《ぐ》い】
一度《いちど》バレた魚《さかな》が逃《に》げずにすぐさまエサを食《く》うこと。または、枝《えだ》ハリスなどの仕《し》かけに続《つづ》けて魚《さかな》がかかること。

【陸《おか》っぱり】
岸《きし》から釣《つ》ること。

【置《お》きザオ】
サオ立《た》てなどを利用《りよう》してアタリを待《ま》つさま。

【送《おく》り込《こ》み】
魚《さかな》の口《くち》へ十分《じゅうぶん》にハリを刺《さ》し通《とお》すため、サオを操作《そうさ》してイトを魚《さかな》の方《ほう》へ出《だ》してやること。

【オダ】
木《き》の枝《えだ》などで作《つく》る人工的《じんこうてき》な魚《さかな》の棲《す》み家《か》。主《おも》に池《いけ》や沼《ぬま》などにある。

【オデコ】
→ボウズ。

【おまつり】
自分《じぶん》の仕《し》かけが他《ほか》の釣《つ》り人《びと》の仕《し》かけとからんでしまうこと。

【おやバリ】
二本《にほん》バリ仕《し》かけでメインとなるハリ。

か行《ぎょう》

【ガイド】
リールザオに付《つ》いている道糸《みちいと》を通《とお》すための環《わ》。穂先《ほさき》のものをトップガイドという。

【カウントダウン】
仕《し》かけやルアーなどをねらう水深《すいしん》まで数《かず》を数《かぞ》えて、落《お》としていくこと。

【カエシ】
ハリ先《さき》にある内側《うちがわ》に尖《とが》っている部分《ぶぶん》。主《おも》にかかった魚《さかな》が外《はず》れるのを防《ふせ》いだり、エサもちを保《たも》つ役目《やくめ》がある。

【カケ上《あ》がり】
水中《すいちゅう》の深場《ふかば》から浅瀬《あさせ》に向《む》かって上《あ》がっていく斜面《しゃめん》のこと。

【型《かた》】
魚《さかな》の大《おお》きさをさす。

【活性《かっせい》】
魚《さかな》の行動力《こうどうりょく》のことで、活発《かっぱつ》でエサをよく取《と》る状態《じょうたい》を「活性《かっせい》が高《たか》い」という。

【からアワセ】
アタリがなくても、とりあえずアワセてみる動作《どうさ》。食《く》いの悪《わる》いときやアタリが明確《めいかく》でないときに効果《こうか》がある。

【川虫《カワムシ》】
カゲロウ類《るい》、カワゲラ類《るい》、トビケラ類《るい》の総称《そうしょう》。川釣《かわづ》りのエサになる。

【聞《き》く】
魚《さかな》がかかっていないか、そっとイトを張《は》って様子《ようす》をうかがうさま。

【キジ】
エサのミミズのこと。

【擬似《ぎじ》バリ】
エサに似《に》せて作《つく》られたルアーや毛《け》バリのこと。擬似《ぎじ》エサともいう。

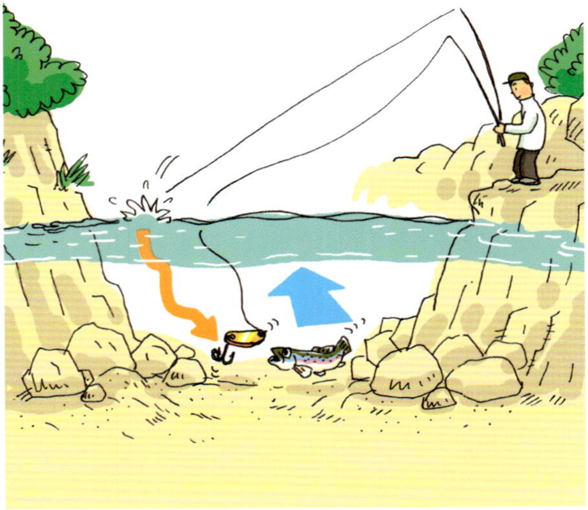

【汽水域《きすいいき》】
川《かわ》の下流域《かりゅういき》など、淡水《たんすい》と海水《かいすい》がまじり合《あ》っている所《ところ》。

【キャスティング】
仕《し》かけなどをポイントにめがけて投入《とうにゅう》すること。キャストともいう。

【キャッチ】
魚《さかな》を取《と》り込《こ》むこと。

【キャッチ・アンド・リリース】
資源保護《しげんほご》を目的《もくてき》として、釣《つ》った魚《さかな》を少《すく》ないダメージに努《つと》めて優《やさ》しく逃《に》がしてやる行為《こうい》。

【魚信《ぎょしん》】
→アタリ。

【禁漁期《きんりょうき》】
特定《とくてい》の場所《ばしょ》や魚種《ぎょしゅ》に対《たい》して釣《つ》りを禁止《きんし》する期間《きかん》のこと。主《おも》に産卵期《さんらんき》をはさんで設定《せってい》されている。

【食《く》い上《あ》げ】
エサを食《く》った魚《さかな》が、表層《ひょうそう》に向《む》かって上《あ》がってくること。大抵《たいてい》はイトふけになる。

【食《く》い渋《しぶ》り】
魚《さかな》の食《く》いがすこぶる悪《わる》いこと。

【口切《くちぎ》れ】
口《くち》が切《き》れてハリが外《はず》れしまい、魚《さかな》に逃《に》げられてしまうこと。

【クリア・ウォーター】
水《みず》が澄《す》んでいて、透明度《とうめいど》が高《たか》いこと。

【消《け》し込《こ》む】
強《つよ》い魚《さかな》の引《ひ》きによって、一気《いっき》にウキが水中《すいちゅう》へ引《ひ》きずり込《こ》まれてしまうこと。

【外道《げどう》】
ねらっている対象魚《たいしょうぎょ》以外《いがい》の魚《さかな》のこと。

【ゴカイ】
海釣《うみづ》り用《よう》のエサ。

【小突《こづ》く】
オモリで底《そこ》をたたいて魚《さかな》を誘《さそ》うこと。

【ゴボウ抜《ぬ》き】
ハリがかりした魚《さかな》を一気《いっき》に水中《すいちゅう》から引《ひ》き上《あ》げること。

【コマセ】
魚《さかな》を集《あつ》めて釣《つ》りやすくするためにまくエサ。

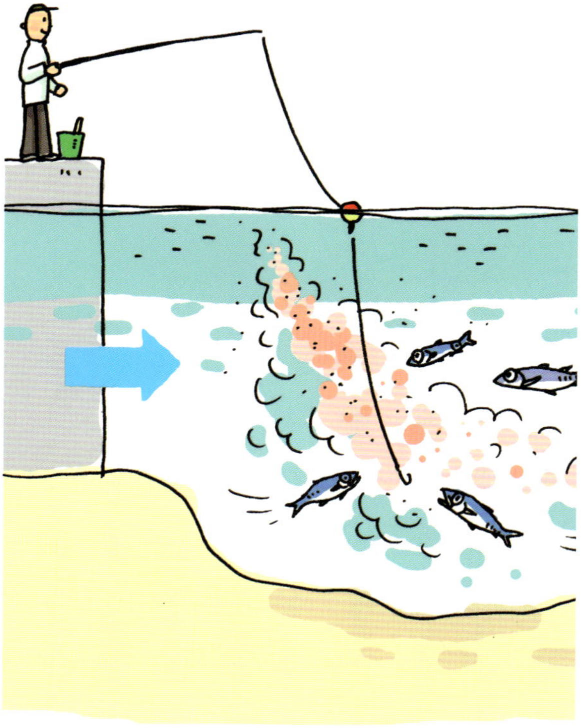

【五目釣《ごもくつ》り】
ひとつのポイントでいろいろな魚《さかな》が釣《つ》れること。サビキ釣《づ》りが代表的《だいひょうてき》。

【婚姻色《こんいんしょく》】
産卵期《さんらんき》が近《ちか》づくと変化《へんか》する魚体《ぎょたい》の色《いろ》、または現《あらわ》れる模様《もよう》などのこと。

さ行《ぎょう》

【サーフェス】
表層《ひょうそう》のこと。または水面《すいめん》に近《ちか》い部分《ぶぶん》。

【サオ尻《じり》】
サオ先《さき》とは逆《ぎゃく》(手元側《てもとがわ》)の末端部分《まったんぶぶん》。

【先《さき》イト】
道糸《みちいと》の先《さき》に結《むす》ぶイト。主《おも》にクッションの役目《やくめ》をする。

【先《さき》オモリ】
仕《し》かけの末端《まったん》にオモリを付《つ》けること。

【下《さ》げ潮《しお》】
干潮《かんちょう》に向《む》かって引《ひ》いていく潮《しお》のこと。引《ひ》き潮《しお》ともいう。

【ささ濁《にご》り】
水《みず》がうっすらと笹《ささ》の葉色《はいろ》に濁《にご》っている状態《じょうたい》。

【サシ】
川釣《かわづ》りのエサ。ハエの幼虫《ようちゅう》。

【サラシ】
水面《すいめん》が白《しろ》く波立《なみだ》っている所《ところ》。

【ザラ瀬《せ》】
底《そこ》が小石《こいし》で覆《おお》われている緩《ゆる》い瀬《せ》のこと。

【地磯《じいそ》】
陸続《りくつづ》きの磯場《いそば》のこと。

【潮《しお》おもて】
潮《しお》の流《なが》れが直接当《ちょくせつあ》たる所《ところ》。

【潮《しお》どおし】
潮《しお》の動《うご》きのこと。

【潮《しお》まわり】
潮《しお》の干満《かんまん》の動《うご》きのこと。

【潮目《しおめ》】
潮《しお》と潮《しお》との境目《さかいめ》のこと。

【時化《しけ》】
天候《てんこう》の悪化《あっか》によって、海《うみ》が大荒《おおあれ》れになり危険《きけん》な状態《じょうたい》になること。

【止水《しすい》】
水《みず》の流《なが》れが止《と》まっている所《ところ》。

【絞《しぼ》り込《こ》む】
魚《さかな》の引《ひ》きが強《つよ》く、サオが大《おお》きくしなること。締《し》め込《こ》みともいう。

【シャクる】
サオを上下《じょうげ》にあおってエサを踊《おど》らせて魚《さかな》を誘《さそ》うこと。

【出世魚《しゅっせうお》】
成長《せいちょう》するにつれ、呼《よ》び名《な》が変《か》わる魚《さかな》。ブリやスズキなどが有名《ゆうめい》。

【捨《す》て石《いし》】
護岸《ごがん》や流《なが》れの勢《いきお》いを弱《よわ》めるために沈《しず》められた石《いし》。絶好《ぜっこう》のポイントとなる。

【捨《す》てオモリ仕かけ】
根《ね》がかりしたとき、イトが切《き》れてかんたんにオモリが外《はず》れる仕《し》かけ。

【ストライク】
→アタリ。

【スレ】
魚体《ぎょたい》の口《くち》以外《いがい》のところにハリがかかってしまうこと。

【スレっからし】
魚《さかな》が釣《つ》り人《びと》や仕《し》かけに対《たい》して、警戒心《けいかいしん》を増《ま》しているようす。

【スレバリ】
カエシのないハリのことで魚《さかな》へのダメージが少《すく》ない。

【瀬頭《せがしら》】
瀬《せ》の流《なが》れの始《はじ》まり。

【瀬尻《せじり》】
瀬《せ》の終《お》わり。

【遡行《そこう》】
川《かわ》の上流《じょうりゅう》を目指《めざ》すこと。

【底《そこ》を切《き》る】
エサやオモリを底《そこ》から離《はな》すこと。

【底《そこ》をとる】
ウキや目印《めじるし》などからオモリの着底《ちゃくてい》を判断《はんだん》して水深《すいしん》を把握《はあく》すること。

【底釣《そこづ》り】
エサを底《そこ》につけて釣《つ》る方法《ほうほう》。

【底物《そこもの》】
アイナメやカサゴなど、底《そこ》に生息《せいそく》するものの総称《そうしょう》。

た行《ぎょう》

【タチ】
水深《すいしん》。

【立《た》ち込《こ》む】
水《みず》のなかに入《はい》って釣《つ》りをすること。

【タックル】
釣《つ》り道具全《どうぐぜん》般《ぱん》の総称《そうしょう》。

【タナ】
魚《さかな》のいる層《そう》のこと。

【タナとり】
魚《さかな》のいる層《そう》に、仕《し》かけを合《あ》わせること。

【淡水域《たんすいいき》】
水《みず》に海水《かいすい》などの塩《しお》けがない所《ところ》。

【力《ちから》イト】
投《な》げ釣《づ》りなどのときに、イトが切《き》れないよう負荷《ふか》のかかる道糸《みちいと》の先《さき》に結《むす》ぶ太《ふと》いイト。

【チモト】
ハリスを結《むす》ぶハリの軸《じく》の部分《ぶぶん》。結《むす》びめがぬけない形状《けいじょう》になっている。

【釣果《ちょうか》】
釣《つ》りの成果《せいか》。釣《つ》った魚《さかな》の数《かず》。

【調子《ちょうし》】
サオの曲《ま》がり具合《ぐあい》。

【チョンがけ】
エサを弱《よわ》らせないために、身《み》のはじに小《ちい》さくハリを刺《さ》すこと。

【継《つ》ぎザオ】
何本《なんぼん》かに分《わ》かれているのを継《つ》いで一本《いっぽん》にするサオ。種類《しゅるい》に並《なみ》み継《つ》ぎや印籠《いんろう》継《つ》ぎがある。

【付《つ》けエサ】
ハリに付《つ》けるエサのこと。

【釣《つ》り座《ざ》】
釣《つ》りをするときに、釣《つ》り人《びと》が確保《かくほ》する場所《ばしょ》のこと。

【手返《てがえ》し】
魚《さかな》の取《と》り込《こ》み後《ご》、エサを付《つ》けてから仕《し》かけの再投入《さいとうにゅう》までの一連《いちれん》の動作《どうさ》。

【デキ】
その年《とし》に生《う》まれた1年未満《ねんみまん》の幼魚《ようぎょ》のこと。

【テグス】
釣《つ》りイトのこと。

【手尻《てじり》】
サオよりも仕《し》かけの方《かた》が長《なが》いこと。

【手釣《てづ》り】
道糸《みちいと》を直接手《ちょくせつて》に持《も》ってする釣《つ》り。サオは使《つか》わない。

【テンカラ釣《つ》り】
和式《わしき》毛《け》バリ釣《づ》りのこと。主《おも》に渓流《けいりゅう》のイワナやヤマメをねらうときの釣法《ちょうほう》。

【テンション】
ラインに張《は》りをもたせる。

【通《とお》し刺《さ》し】
エサのなかにハリ全体《ぜんたい》を隠《かく》すか、またはハリ全体《ぜんたい》を一度《いちど》刺《さ》しぬくこと。

【通《とお》し仕《し》かけ】
ハリまで一本《いっぽん》のイトでできている仕《し》かけ。

【ドバミミズ】
大型《おおがた》のミミズのこと。

【ドブ釣《づ》り】
淵《ふち》やトロ場《ば》のような緩《ゆる》やかな流《なが》れでの釣法《ちょうほう》。一般《いっぱん》にはアユのドブ釣《づ》りが有名《ゆうめい》。

【友釣《ともづ》り】
アユ釣《づ》りでもっとも有名《ゆうめい》な釣法《ちょうほう》。縄張《なわば》りを持《も》つ習性《しゅうせい》を利用《りよう》した日本独特《にほんどくとく》な釣《つ》り方《かた》。

【ドラグ】
リールに装備《そうび》されている機構《きこう》。魚《さかな》の引《ひ》きに対《たい》してイトが切《き》れないようにスプールを逆回転《ぎゃくかいてん》させてイトを送《おく》り出《だ》す仕組《しく》みになっている。

【ドラグフリー】
流《なが》れに対《たい》して不自然《ふしぜん》にならないように、流《なが》れにのせて自然《しぜん》に仕《し》かけを流《なが》すこと。

【取《と》り込《こ》み】
かかった魚《さかな》を手中《しゅちゅう》に収《おさ》める行為《こうい》のこと。

【トロ場《ば》】
流《なが》れがよどんでいて、深《ふか》くなっている所《ところ》。淵《ふち》ともいう。

な行《ぎょう》

【投《な》げ込《こ》み釣《づ》り】
ウキを使《つか》わずに、比較的重《ひかくてきおも》たいオモリを利用《りよう》する釣法《ちょうほう》。

【投《な》げ釣《づ》り】
岸《きし》から仕《し》かけを遠投《えんとう》する釣法《ちょうほう》。代表的《だいひょうてき》なのはシロギス釣《づ》り。

【ナブラ】
魚《さかな》の群《む》れのこと。

【ナメ底《ぞこ》】
川底《かわぞこ》が一枚岩《いちまいいわ》で形成《けいせい》されている所《ところ》。

【ナライ】
北風《きたかぜ》のこと。

【縫《ぬ》い刺《ざ》し】
エサをまるで縫《ぬ》うように付《つ》けるエサの刺《さ》し方《かた》。

【根《ね》】
底《そこ》にある障害物《しょうがいぶつ》のこと。

【根《ね》がかり】
底《そこ》の障害物《しょうがいぶつ》などにハリやオモリが引《ひ》っかかってしまうこと。

【根《ね》ずれ】
底《そこ》の障害物《しょうがいぶつ》などに道糸《みちいと》やハリスがこすれてしまうこと。

【年《ねん》なし】
生《い》きた年数《ねんすう》もわからないほどの大物《おおもの》のこと。

【のされる】
魚《さかな》の引《ひ》きに負《ま》けてサオが寝《ね》てしまうさま。サオと道糸《みちいと》が一直線《いっちょくせん》になってしまうため、サオの弾力《だんりょく》はいかせず、イトを切《き》られてしまうことが多《おお》い。

【野釣《のづ》り】
自然《しぜん》の中《なか》で釣《つ》りをすること。

【乗《の》っ込《こ》み】
産卵《さんらん》のために深場《ふかば》から浅瀬《あさせ》へ魚《さかな》が移動《いどう》し、集《あつ》まること。

【のベザオ】
継《つ》ぎ目《め》のない一本《いっぽん》ザオのこと。

は行《ぎょう》

【バックラッシュ】
ベイトリール（両軸受《りょうじくう》けリール）のキャスト時《じ》に起《お》こるライントラブル。ラインの出《で》ていくスピードよりもスプールが速《はや》く回転《かいてん》してしまうのが原因《げんいん》。

【バーブレスフック】
→スレバリ。

【バイト】
→アタリ。

【早《はや》アワセ】
アタリの瞬間《しゅんかん》に、即座《そくざ》にアワセること。

【バレる】
ヤリトリの際《さい》に、魚《さかな》に逃《に》げられてしまうこと。
バレともいう。

【ヒット】
魚《さかな》がハリにかかること。

【ヒロ（尋《ひろ》）】
長《なが》さの単位《たんい》。大人《おとな》が両腕《りょううで》をいっぱいに広《ひろ》げた指先《ゆびさき》から指先《ゆびさき》までの範囲《はんい》。
1ヒロ＝約《やく》1.5m。

【ファイト】
ハリにかかった魚《さかな》が逃《に》げようと必死《ひっし》に暴《あば》れるさま。

【フカセ釣《づ》り】
軽《かる》めのオモリか、またはオモリをまったく使《つか》わない釣法《ちょうほう》。

【ふかんど】
川《かわ》の深《ふか》い所《ところ》。

【房《ふさ》かけ】
ひとつのハリに複数《ふくすう》のエサをつけること。

【フッキング】
→アワセ。

【ブッコミ釣《づ》り】
→投《な》げ込《こ》み釣《づ》り。

【フトコロ】
ハリの軸《じく》からハリ先《さき》までのカーブしている部分《ぶぶん》。

【フライフィッシング】
西洋式《せいようしき》毛《け》バリ釣《づ》りのこと。

【プラグ】
木材《もくざい》や発泡《はっぽう》ウレタン、プラスチックで作《つく》られるルアーの総称《そうしょう》。

【ブラクリ釣《づ》り】
オモリのすぐ下《した》にハリが付《つ》いている仕《し》かけ。主《おも》にアイナメなどの底物《そこもの》釣《づ》りに使《つか》われる。

【ベタなぎ】
風《かぜ》もなく、水面《すいめん》は穏《おだ》やかな状態《じょうたい》のこと。

【ヘチ】
岸際《きしぎわ》のこと。

【蛇口《へびぐち》】
サオの先端《せんたん》にある道糸《みちいと》を結《むす》ぶ部分《ぶぶん》。

【ポイント】
魚《さかな》がいる所《ところ》。またはエサを食《た》べる位置《いち》。

【ボウズ】
その日《ひ》の釣果《ちょうか》が一匹《いっぴき》も釣《つ》れずに終《お》わること。

【穂先《ほさき》】
サオの先端部分《せんたんぶぶん》のこと。

【ボトム】
底《そこ》のこと。

【ポンドテスト】
イトの限界負荷重量《げんかいふかじゅうりょう》を表《あらわ》したもの。単位《たんい》はlbで表記《ひょうき》される。

ま行《ぎょう》

【撒《ま》きエサ】
→コマセ。

【まごバリ】
二本《にほん》バリ仕《し》かけで補助《ほじょ》の役割《やくわり》をするハリ。

【マズメ】
魚《さかな》がもっとも釣《つ》れやすい時間帯《じかんたい》。陽《ひ》が傾《かたむ》く朝《あさ》と夕方《ゆうがた》が一般的《いっぱんてき》。

【身切《みぎ》れ】
スレでかかった魚《さかな》が、自《みずか》らの身《み》を暴《あば》れ切《き》って逃《に》げていくこと。

【向《む》こうアワセ】
釣《つ》り人《びと》がアワセをしなくても、魚《さかな》の方《ほう》で勝手《かって》にハリがかりすること。

【モジリ】
水面近《すいめんちか》くで魚《さかな》が反転《はんてん》することによってできる波紋《はもん》のこと。

【モタレ】
微妙《びみょう》な重《おも》さが手元《てもと》へと伝《つた》わるアタリのこと。

【持《も》ちザオ】
サオを手《て》ににぎって釣《つ》ること。反対《はんたい》にサオを何《なに》かに置《お》いて釣《つ》ることを置《お》きザオという。

や行《ぎょう》

【やぶこぎ】
岸《きし》に生《は》えている植物《しょくぶつ》をかきわけて、ポイントを移動《いどう》すること。

【やぶ沢《さわ》】
両岸《りょうぎし》にアシなどが群生《ぐんせい》している川幅《かわはば》の狭《せま》い所《ところ》。釣《つ》りにくい所《ところ》のひとつ。

【ヤリトリ】
かかった魚《さかな》との攻防《こうぼう》のこと。

【雪代《ゆきしろ》】
雪《ゆき》どけ水《みず》のことで、白《しろ》っぽく濁《にご》ることが多《おお》い。

【寄《よ》せエサ】
→コマセ。

【よどみ】
流《なが》れが止《と》まっているかのように見《み》える所《ところ》。

【ヨブ】
主《おも》に投《な》げ釣《づ》りでの好《こう》ポイント。潮《しお》や波《なみ》によって砂底《すなぞこ》のもり上《あ》がっている所《ところ》。

ら行《ぎょう》

【ライズ】
魚《さかな》の捕食行動《ほしょくこうどう》によって、水面《すいめん》に波紋《はもん》ができたり姿《すがた》が見《み》えたりすること。

【ライン】
イトのこと。

【ラインスラッグ】
→イトふけ。

【ラインブレイク】
魚《さかな》とのヤリトリでイトを切《き》られてしまうこと。

【ランカー】
大物《おおもの》のこと。

【ランディング】
→取《と》り込《こ》み。

【リザーバー】
ダム湖《こ》のような人工湖《じんこうこ》のこと。

【リリース】
釣《つ》った魚《さかな》を放《はな》すこと。

【リーリング】
リールを巻《ま》くこと。

【リトリーブ】
→リーリング。

【ロッドティップ】
→穂先《ほさき》。

わ行《ぎょう》

【ワーム】
ルアーの一種《いっしゅ》で、ソフトルアーに分類《ぶんるい》される。

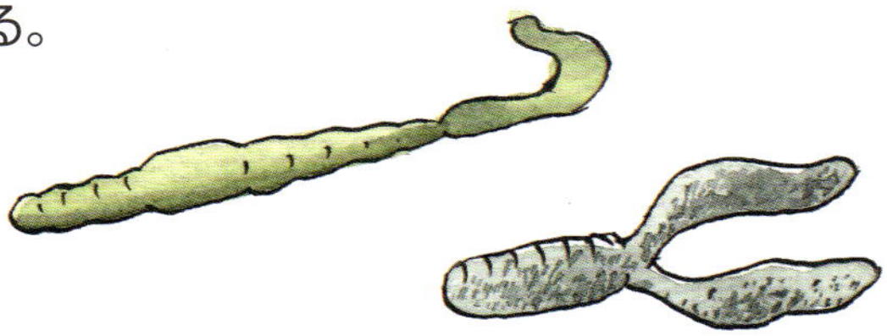

【割《わ》りビシ】
オモリの一種《いっしゅ》。イトを割《わ》れめにはさんで固定《こてい》する。

【ワンド】
湖《みずうみ》などの入《い》り江《え》のこと。

ボクたちを釣《つ》るのにこんなにもたくさんの用語《ようご》があるんだね。

無理《むり》におぼえようとしなくても大丈夫《だいじょうぶ》。釣《つ》りを続《つづ》けていくうちにわかってくるよ。でも、知《し》らない言《こと》葉《ば》が出《で》てきたら見《み》てね。

著者:上田　歩（うえだ あゆむ）

1966年（昭和41年）東京生まれ。東京農業大学卒
フリーランス・フィッシングライター。小学生時代に友人からもらったライギョを飼育したことがきっかけで魚に興味を覚え、その後、クレイジークローラーというルアーの存在からブラックバスを知ったオタクな飼育少年は、その魚に魅せられ、やがてはルアーフィッシングに夢中になる。また、学生時代から始めたフライフィッシングでは、特に北海道での釣りが今でも珠玉の記憶として残こる。大学卒業後、3年間のブランクをおいてフリーのライターに。単行本やムック、雑誌等で執筆を行う。現在では、ルアー、フライ・フィッシングをライフスタイルの中心におき、“釣れる釣り”を展開中。主な著書や連載物に『川釣り』、『釣り大事典』・小学館　フライフィッシング完全マスター・青春出版社　『初めての川釣り』・海悠出版『どーんと釣る』共同通信社など、ほかにも雑誌等で執筆。本人は決してルアーを疑似餌と解釈せずに“誘惑物”と捉えている。

■著者　上田　歩
■カバーデザイン　玉川布美子
■アートディレクション　秋葉勇人デザイン室
■本文デザイン・DTP　温水久夫（PACE Design Office）
■イラスト　もりなをこ　佐藤敏己
■写真　オアシス
■編集　ビーアンドエス

はじめてのつり道具は、2000円で揃えました！
超かんたん！　家族・親子 つり入門

著　者　上田　歩
発行者　櫻井英一
印刷・製本　日経印刷株式会社

発行所　株式会社滋慶出版／つちや書店
東京都千代田区永田町2-4-11
TEL.03-6205-7865
FAX.03-3593-2088
http://tuchiyago.co.jp